대한민국
페미니스트의
고백

대한민국 페미니스트의 고백

김서영 · 최나로 · 안현진 · 이세아 · 홍승희 · 하예나

국지혜 · 홍승은 · 달리 · 조남주 · 파랑

정박미경 · 변경미 · 조박선영 · 박지아 · 김영란 · 전현경 · 이진옥

박미라 · 권혁란 · 제미란 · 김미경 · 황오금희

유지현 · 고은광순 · 유숙열

1997

~

2017

CHAPTER2 **더 이상 개념녀가
되지 않겠다**

일러스트 · 故 난나

대한민국의 페미니스트, 무엇을 왜 고백하는가

1997년에 창간한 페미니스트 저널 이프는 2006년 완간했다. 더 이상 페미니즘 이슈는 뜨겁지 않았고 현장에 남겨진 페미니스트들은 오로지 생존을 위해 밀려드는 업무와 박봉을 견뎌내야 하는 세월을 맞았다. 그리고 10년이 더 흘렀다. 2015년 메르스 갤러리 게시판에서 '미러링'으로 시작된 메갈리아의 탄생과 2016년 5월의 강남역 살인사건을 계기로 페미니즘이 다시 이슈가 되어 꿈틀거리고 있음이 온몸으로 느껴질 만큼 2017년은 온라인에서 TV에서 광장에서 서점에서 상가에서 '페미니즘'과 '페미니스트'를 쉽사리 만날 수 있게 되었다. 그러나 대한민국 여성들의 일상은 구체적으로 무엇이 얼마나… 정말 달라졌을까?

혹자는 20년 전보다 혹은 10년 전보다 지금의 대한민국이 더 여성들에게 잔혹하다고 말하고 다른 한 편에서는 여자들이 너무 많은 기득권을 쥐고도 더 많은 권리를 쟁취하려고 욕심을 부린다는 식으로 평가한다. '페미니즘'에 대해서는 여전히 그 평가가 극단으로 치닫고 있구나, 라는 공감대가 형성되는 가운데 2017년을 맞았다.

2017년은 페미니스트들에게 2015년보다 더 복잡하고 2016년보다 더 치열한 해가 될 것 같다. 숨 죽이고 있었던 그 많은 페미니스트들이 다양한 논의를 이어가고 있었다는 사실이 이미 확인되었으니 복잡하겠고 이제 물러설 곳 없이 바뀐 세상을 만났으니 더 치열해질 수밖에 없겠다. 그렇다. 알고 보면 우리 주변에 생각보다 많은 페미니스트들이 살고 있었다. 그 많은 페미니스트들이 다 어디로 갔을까 싶었으나 알고 보니 우리 곁에 잘 살고 있었다. 그들은 대체 어떻게 견뎌내고 버티며 살아내고 있었을까? 그게 궁금하다고 했다. 이제 막 페미니스트로의 정체성을 드러내고 활동하기 시작한 이들은 그 옛날 '쎄게' 놀았던 언니들이 어찌 사는지 궁금하다고 했고 그 언니들은 젊은 세대들이 어떤 과정을 거쳐 그리도 용감하고 극렬하게 혹은 끝까지 지치지 않고 세상에 페미니즘을 외치는지 궁금했다.

이러한 궁금증이 이 책을 만들었다. 외롭지 않으려고 계보를 이야기하고 소란스런 연대를 꿈꾸는 지금의 페미니스트들이 솔직한 각자의 이야기를 할 수 있고 들을 수 있기를 바랐다.

대한민국은 세대별 경험이 확연히 다르다. 20대부터 60대에 걸친 전세대 페미니스트들의 경험과 이야기를 담아 대한민국 페미니스트의 지형도를 그려보기 위해 필자를 섭외했다. 이 필자들은 페미니스트라는 자기 고백에 동참하고자 적극적으로 의사표시 하고 원고를 몇 차례나 고치는 번거로움을 마다하지 않으며 아픈 상처를 끄집어내는 일에 스스로 의미 부여할 줄 아는 이들이었다. 물론 논란의 여지가 가득한 고백을 남긴 필자도 있을 것이고 동의할 수 없는 페미니즘을 실천하는 이들도 있을 것이다. 그들 각자의 인생경험에 대해 어느 부분은 공감조차 할 수 없을지 모르겠다.

그러나 그도 의미 있으리라고 본다. 여성은 하나의 단일한 주체가 아니므로 페미니즘은 하나의 이상향만 가지고 있지 않다. 그 다양성이 보이기 바란다. 그 다양성으로 인해 혼란스럽기를 바란다. 무엇보다 그 다양성의 공존에 대해 고민해보기를 바란다.

페미니즘은 언제나 질문을 던지지 답을 주지 않는다. 그 열려 있는 답을 향해 앞으로 한 발 내딛을 줄 아는 용기를 가진 이들이 페미니스트이고 특히 대한민국이라는 격변의 시공간을 살고 있는 여성들의 용기는 더 대단한 의미가 있겠다. 그 대단한 용기와 소소하지만 강력한 의미들을 공감할 수 있는 책이 되기를 바란다.

P.S 분명 이 고백에 적극적으로 참여했을 故 난나의 일러스트를 책 한켠에 사용했다. 그녀는 그녀가 원하는 방식으로 우리 곁에 아직 있으므로….

2017년 26인의 페미니스트로부터 고백을 받은 조박선영 씀.

Chapter 1

어떤 남자가
나를 따라왔다

김서영

<경향신문> 기자.
살아남기가 아닌 삶을 원하는 여성.
(잠재적) 페미니스트의 든든한
아군이 되고 싶은 사람.

피해의식이 아니다, '피해의 경험'이다

지난해 5월, 서울 도심 한복판에서 어떤 남자가 나를 따라왔다. 당시 경찰 출입 기자였던 나는 모 경찰서에서 취재를 마치고 나와 기사를 쓸 장소로 가던 참이었다. 그 남자는 경찰서 로비에서부터 나를 쫓아오더니 가방에서 우유팩을 꺼내서 건넸다. 수상한 느낌에 손을 내젓자 그 남자는 고개를 갸우뚱하며 다시 내게 따라붙었다. 길을 건너면 몇 걸음 옆에서 같이 건넜고, 내가 빠르게 걷자 덩달아 걸음의 속도를 높였다. 사람이 모여 있는 장소로 가면 떼어낼 수 있을까싶어 카페로 들어갔는데 그는 카페 안까지 쫓아 들어와 나란히 계산대 앞에 섰다.

경비원이 상주하는 건물을 찾아 들어간 근처 모 회사 로비까지 그 남자는 나를 따라왔다. 로비 안 쪽에 내가, 로비에서 밖으로 나가는 현관문 쪽에 그가 서 있는 상황이 꽤 오래 계속되었다. 20분 넘게 이어진 초조한 대치 속에서 경찰에 신고할 엄두조차 내지 못했다. 여러 번 112를 누르려고 했지만 '경찰이 왔을 때 저 자가 도망치고 없으면 어떡하지', '그런데 이게 경찰에 신고할 거리가 되나', '나만 이상한 사람 되는 것 아닐까' 하는 생각들이 마음을 짓눌렀다. 온 신경이 그 남자의 움직임에 쏠려 잔뜩 긴장됐다.

결국 회사 취재 차량을 건물 앞으로 불러서 차가 도착하자마자 뛰어나가려고 마음먹었다. 10분쯤 후 차가 도착해 앞만 보고 현관문으로 달려 나갔다. 그 순간 그 남자는 나를 쫓아 뛰어와 내가 막 탄 조수석 문을 열려고 하더니 뒷좌석으로 올라탔다. 남성 운전자가 소리를 질러 내쫓고 문을 잠갔지만, 이후에도 그는 잠긴 뒷문 손잡이를 덜컥거리며 한동안을 따라왔다.

비로소 경찰관의 표정이 심각해졌다

일주일쯤 뒤 이 이야기를 그날 내가 출발했던 경찰서의 여성청소년 과 남자 경찰들에게 전했다. 그들이 보인 첫 반응은 "그 사람이 김 기 자님을 많이 좋아하는 것 아닐까요?"였다. 스토킹인지 뭔지 모를 소름 끼치는 경험을 털어놓은 사람을 앞에 놓고 웃으면서 돌려준 답이었다. 그 사람이 회사 차에도 쫓아 탔으며, 전혀 모르는 사이라는 점을 다시 설명해주자 비로소 그들의 표정이 진지해졌다. 내가 몰래 찍어둔 그 남자의 사진을 경찰서 입구를 지키는 의경에게 보여준 후에야 경찰서 에 자주 들락날락하는 정신이상자로 추정된다는 답을 얻었다.

여기까지 성의를 보여준 경찰은 "신고를 하려면 할 수야 있지만 그 남자를 강제로 데려다 조사하고 신원을 조회하면 기록이 남는다", "앞 으로 끝까지 모든 절차를 진행할 것이 아니라면 신고를 하지 않았으면 좋겠다", "정신이 오락가락하는 사람인 것 같으니 신고를 해도 별다를 게 없을 것 같다" 등의 이유를 대며 곤란한 표정을 지어보였다. 결국 그냥 경찰서를 나섰다. 애초에 신고를 안 하길 잘했단 생각마저 들었다. 그러나 이 경험은 한동안 나를 괴롭혔다. 특히 '사건 당시에 왜 신고를 못했을까' 하는 자책이 컸다. 많은 여성이 불쾌한 일이나 피해를 당하고도 제대로 신고하지 못한다는 사실을 알고 있었기 때문에 내게 그런 상황이 닥치면 당연히 신고할 수 있을 줄 알았는데, 당황스런 순간의 나는 단지 힘없고 놀란 어린 여성이었을 뿐이었다. 곱씹으면 곱씹을수록 자괴감을 떨칠 수 없었다.

경찰의 반응도 좌절케 만들었다. 상식적으로만 봐도 어떤 여자가 백주대낮에! 서울 한복판에서! 모르는 남자로부터! 추적당했단 이야기를 '애정의 증거'로 해석할까. 따라다니는 남자가 있을 정도로 인기가 많다는 걸 자랑하기 위해 굳이 '경찰'인 자신들에게 그 이야기를 전했으리라 여겼던 것인지 진심으로 궁금했다. 성범죄를 수사하는 여성청소년과 경찰들의 인식이 전반적으로 이런 수준일까도 의문이었다.

너무 황당해 화조차 나지 않았다.

한동안 그 남자가 나타났던 지역 주변으론 발걸음도 하지 않으며 살던 중, 강남역 인근 화장실에서 한 여성이 전혀 모르는 남성에게 살해당했단 소식을 접했다. 경찰이 피의자 얼굴을 공개하겠다고 했을 때 나는 혹시 그때 나를 쫓아왔던 그 남자가 범인이 아닐까, 두려움에 떨었다. 내가 그 때 신고를 하지 않은 탓에 애꿎은 희생자가 생긴 건 아닐까 불안했다. 여차하면 내가 죽었을 수도 있다는 가능성은 생각조차 하고 싶지 않았다. 불행인지 다행인지 피의자는 그 남자가 아니었지만, 그 남자는 가끔 꿈에서조차 나를 쫓아왔다.

강남역 10번 출구에 촘촘히 붙은 추모 포스트잇을 들여다보고 있자니 20년 전 기억이 떠올랐다. 어느 날 오후, 예닐곱 살 쯤의 나는 샤랄라한 공주님 원피스를 입고 아파트 단지 주변에서 놀고 있었다. 혼자 있는 내게 고등학생 정도로 보이는, 교복을 입은 남학생이 친절하게 말을 걸어왔다. "같이 가자"는 그의 말에 룰루랄라 그를 따라 아파트 지하주차장 계단으로 갔다. 그는 나를 어두컴컴한 계단 아래로 내려 보내고는 자신은 위쪽에서 현관을 막고 서서, 잠시 주저하더니 내게 옷을 벗으라고 말했다. 내가 원피스로 손을 가져가며 이러지도 저러지도 못하는 사이 경비원이 계단 문을 열고 들어왔다. 경비원은 사태를 파악하곤 그를 쫓아낸 뒤 나를 환한 곳으로 데리고 나왔다.

생생한 이미지로 남아있는 어릴 적 기억의 하나다. 희한하게도 그 당시를 위험했던 순간이나 천만다행인 순간으로 여기지도 않았었다. 오히려 별 황당한 일도 다 있네, 쯤으로 치부했던 것 같다. 그 날의 일을 어릴 적 친구들에게 무용담처럼 들떠서 말했던 기억이 난다. 약간의 과장을 섞어서 이야기하는 날 보며 놀라던 친구 어머니의 표정까지 뇌리에 남아있다. 이 기억을 되짚고 나서야 '운이 좋아 살아남았다'는 포스트잇 추모 문구가 나를 강하게 내리쳤다. CCTV도 지금만큼 흔치 않던 시절, 경비원이 조금만 늦게 지하주차장 문을 열었다면, 그 남학생이 조금 덜 망설였더라면, 나를 따라 승용차 뒷좌석에까지 올라탄 그 남자의 손이나 가방에 흉기가 있었다면, 혹은 그가 맨손으로라도 날 붙들거나 내 목을 졸랐다면, 그가 건넸던 것이 우유팩이 아니라 염산이었다면? 무엇보다도, 경비원이나 회사 차 운전자처럼 그 순간 나를 구해줄 남성이 주변에 없었다면? 영락없이 나는 아동 성범죄 피해자가 됐거나 물리적 폭력을 당했을 것이다. 길에서 모르는 남성이 내게 소리를 질렀던 일, 버스에서 누군가가 내 가슴을 움켜쥐었던 일, 초등학생 때 고학년 남학생이 몰래 집에 따라 들어왔던 일 정도는 하도 많아 주워섬기기도 우스울 지경이다. 수많은 '만약에'를 무색하게 해준 '순전한 운' 덕분에 나는 멀쩡히 살아남았다.

그런데 피해자에 감정이입하며 분노하는 여성들을 향해 일부 '한국 남성'(줄여 쓰면 큰일 남)들은 "남성을 잠재적 가해자 취급하지 말라"며 울부짖었다. 여성들의 '피해의식'(피해망상) 때문에 애꿎은 남성들이 범죄자로 몰리고 있다고 했다.

피해의식 때문에 페미니스트가 됐다?

하지만 여성들의 보편적인 '피해 경험'을 망상이나 자격지심으로 격하하는 순간에 이미 그들은 잠재적 가해자가 아닌 '일상적 가해자'다. 피해자가 자신이 당한 피해를 바로 보지 못하게 가로막는 가장 악질적인 가해자 말이다. 요즘의 용어를 빌면, 당시 억울하다 외쳤던 한국 남성들은 여성 전체를 향해 집단적으로 '가스라이팅'[1]을 행한 셈이다. 여성들로 하여금 부당한 것을 부당하게 여기지 못하게, 당연하다고 여기

---

1 가스라이팅(gaslighting)은 상황 조작을 통해 타인의 마음속에 자기 자신에 대한 의심을 불러일으켜 현실감과 판단력을 잃게 만듦으로써 그 사람을 정신적으로 황폐화시키고 그 사람에게 지배력을 행사하여 결국 그 사람을 파국으로 몰아가는 것을 의미하는 심리학 용어이다. 히치콕 영화 〈가스등〉에서 유래되었다. (자료출처 페미위키)

는 것들이 혹시 이상한 건 아닐지 의심하지 못하도록 '피해의식'이란 낙인을 동원한 것이다.

돌아보면 나는 그놈의 '피해의식 있다'는 딱지와 낙인을 피하기 위해 무던히도 애써왔다. 꽤 많은 기회가 있었음에도 위 두 가지 일화를 이토록 자세하게 털어놓는 건 이번이 처음일 정도다. 페미니스트임을 당당하게 내보이고 싶지만 피해 경험을 공개하면 "피해의식 때문에 페미니스트가 됐다", "역시 피해의식 있는 애들이 페미니즘에 빠진다"는 비아냥거리는 소리를 들을 것 같았다. 그 비아냥거림이 페미니스트로서의 내 의견과 주장에 흠집을 내리라 생각했다. 그 탓에 꽤 오래 전 페미니즘의 문제의식에 눈을 떴으면서도 스스로를 페미니스트로 규정하고 밝히는 데에는 늘 주저했다. 페미니스트라고 밝힌 순간 남들에게 피해의식 있는 여자로 비칠 것이 싫었다. 여성학을 공부하고 싶어 했고 관련 세미나도 몇 차례 주최한 사람으로서, 이미 남들은 나를 페미니스트로 생각하고 있을 텐데도 그랬다. 오죽했으면 버지니아 울프를 읽고 있는 내게 교수가 "너 페미니스트니?" 라고 악의 없이 질문했을 때조차 "합리적 자유주의자예요"라고 답했을 정도다. 페미니스트임을 드러내려면 피해의식이 없다는 것부터 증명해야 한다는 강박이 낳은 부끄러운 일화다. 이건 없애버리고 싶은 기억 TOP3 안에 들어간다.

사실 지금도 걱정된다. '페미니스트'가 '불온 딱지' 혹은 '망상병 환자'로 낙인찍히는 세상, 특정 집단 전체가 공유하는 피해 경험이 일부의 피해망상쯤으로 호도되는 세상에서 피해 경험 있는 페미니스트임을 밝히는 것이 어떤 후과를 가져올지 모르겠다. 굳이 안 해도 될 일을 괜히 해서 족쇄 하나를 더 다는 것 같기도 하다.

그럼에도 나의 이야기를 내놓는 건, 여성의 '피해 경험'과 일상적 두려움을 '피해의식'(피해망상)이란 오염으로부터 구하고 싶어서다. 어릴 때 물에 빠져본 적이 있거나 개에게 호되게 물려본 적이 있는 사람이 다 커서도 물가나 개집 주변을 피하는 일은 흔한 일이다. 남성으로부터 직접 위협을 받아봤거나 주변의 피해를 여러 경로로 접한 여성이 남성을 경계하는 것 또한 같은 맥락에서 이해될 일이다. 겉보기로는 범죄자 여부를 파악할 수 없는 상황에서 이는 전혀 피해망상이 아니다. 굳이 따지자면 있을지 없을지 모를 "김치녀가 나를 벗겨먹을지도 몰라 두렵다"는 전형적인 여성혐오야말로 남성의 피해망상에 가까운데도, 애꿎은 여성들의 실제 피해 경험이 피해의식이란 불명예로 덮여있다.

'모든 남성은 잠재적 가해자'란 명제가 참인지 거짓인지 여부는 모르겠다. 허나 '모든 여성은 잠재적 혹은 일상적 피해자'란 명제는 어느 사회에서나 참이다. 아직 직접적 피해를 당한 적 없는 운 좋은 여성이라도, 다른 여성의 피해 경험엔 공감할 수밖에 없는 이유다. 레베카 솔닛이 말했듯 모든 남자가 범죄자는 아니지만 모든 여자는 그런 남자를 두려워하며 살아간다. 바로 이 대목을, 남성들은 기껏해야 머리로밖에 이해하지 못한다. 물론 머리로도 이해하지 못하는 혹은 이해하지 않으려는 자들이 훨씬 많다. 이런 상황 속에서 여성들의 '보편적 피해 경험'이 더 많이 알려지고 힘을 얻을수록 '피해의식' 딱지가 차지할 자리는 점점 줄어들 거라고 믿는다.

내가 쓴 몇몇 기사에 대한 열렬한(?) 반응도 이번 고백을 위한 용기를 북돋아줬다. 강남역 여성 살인 사건과 메갈리아에 대한 기사를 한창 쓸 당시, 구체적인 욕설과 협박이 듬뿍 담긴 항의 메일을 여러 통 받았다. 댓글에서도 나는 한국 남자에게 피해의식이 있는 꼴페미·메퇘지·한녀충·메갈보·메갈년 등으로 불렸다. 어떤 온라인 커뮤니티에선 신상이 털리기도 했다.

그때 깨달았다. 내가 여성으로서 피해를 당한 적이 있는지 없는지 모르는 상황에서도 그들은 날 피해의식 있는 사람이라 여긴다는 것을. 한마디로 '피해의식' 운운은 페미니스트나 여성주의적 발언을 하는 사람을 공격하는 비열한 수단일 뿐이라는 것을. 걱정 없이 살 수 있는 여자, 위협당해 본 적 없는 페미니스트가 될 수 없다면 차라리 피해 경험을 당당히 드러내는 페미니스트가 되는 편이 속 편하고 멋있으리라고 결론 내렸다.

벌써 1년이 지났다. 지난해 나를 쫓아왔던 그 남자의 사진을 여전히 휴대폰 사진첩에 남겨 두고 가끔 찾아본다. 그가 차량 조수석과 뒷좌석 손잡이를 덜컥거리는 장면을 보고 있노라면 '피해자 입장에선 이미 가해자나 다름없지만, 신고조차 되지 않거나 사법처리 되지 않은 남성들'이 얼마나 많이 거리를 활보하고 있을지 궁금해진다. "잠재적 가해자 취급이 억울하다"는 뭇 남성들의 생떼 위로, 지금 이 순간에도 112를 눌렀다 지울 수많은 여성들의 모습이 겹쳐진다.

그때마다 나를 자극한 동년배 페미니스트들을 생각한다. 혼자서 페미니스트 선언을 하기는 무섭고 외롭다. 자신의 피해 경험을 바로 보기도 힘들다. 하지만 지난 2년간 2030 여성들은 온라인에서, 현장에서, 일상에서 자신의 경험과 생각을 털어 놓으며 서로에게 '눈에 보이는' 동지가 됐다. '잠재적 아군' 따위가 아닌 실제 아군을 내 두 눈으로 확인할 수 있는 상황이 얼마나 든든한지는 충실한 아군을 가져본 자만이 안다.

그들의 용감한 고백이 모이고 쌓여 그깟 '피해의식' 낙인을 두려워하던 나를 이 다짐으로 이끌었다. 2017년엔 "나는 페미니스트다"라고 당당히 말하겠다. 어디선가 숨죽인 채 끙끙 앓고 있을 또 다른 잠재적 페미니스트를 위하여.

최나로

메갈리안, <잡지 사심> 에디터.
글 쓰는 페미니스트.

더 더러워지는
중입니다

나는 독립 잡지 〈잡지 사심〉의 에디터다. 남성 월간지 〈맥심〉이 2015년 9월호에서 여성 납치, 살인을 모티브로 표지 화보를 찍고 펴낸 것에 분노가 치밀어, 뭐라도 해야겠다고 생각했다. 마침 인터넷에서 〈맥심〉을 미러링하는 잡지를 만드는데 제작진을 모집한다는 공고를 보았다. 지원 메일을 보냈고 '함께 하자'는 답장이 왔다. 얼굴도 이름도 모르는 사람들과 온라인으로 만나서 잡지를 만들었다. 오직 미러링으로 맥심을 '까는' 것만이 목적인 잡지였다. 결과는 성공적이었다. 입소문이 크게 퍼져 잡지를 1,000부나 인쇄했으니. 게다가 여러 신문사에서 인터뷰를 요청했다.

그쯤 되자 '이왕 깔 것도 많은데 좀 더 해보자'는 의견이 나왔다. 잡지 이름은 여성의 마음을 위한다(For心)는 의미와 여성과 관련된 주제라면 아무리 사사로운 것이라도 전부 다룬다(私心)는 의미를 담아 사심이라고 정했다. 〈잡지 사심〉은 2015년부터 2016년까지 총 다섯 권의 잡지를 펴냈다. 그리고 이 글이 발간될 쯤 여섯 번째 호를 마지막으로 〈이프〉처럼 완간을 한다.

'메갈[1] 잡지'를 만드는 여자, 이제는 말할 수 있다

나는 누가 나와 함께 이 잡지를 만드는 편집진에 참여했는지 알지 못한다. 창간부터 '메갈 잡지'로 아이덴티티가 아예 굳어져버린 우리에게는 제작진의 신상을 보호하는 일이 최우선이었으니까. 각 호마다 게릴라(?)처럼 참여한 사람들은 빼고 1호부터 완간호까지 일관되게 참여한, 실질적 제작진이라고 부를 수 있는 사람은 고작 네 명 정도다. 확실하게 잡지를 만들기 위한 목적을 갖고 모인 사람들이었지만 우리는 소위 '전문 인력'이 아니었다. 우리의 직업과 전공은 모두 달랐고 잡지 제작에 필요한 지식이나 경험은 거의 전무하다시피 했다. 한시적이고 부분적인 도움을 주는 인력까지 넉넉히 잡아도 한 권 펴내는데 참여하는 사람은 네댓 명. 생업이 따로 있는 사람 네댓 명이 신상을 드러내지 않으면서 정기간행물을 만드는 건 쉬운 일이 아니었다. 그럼에도 우리는 이 모든 일을 끝까지 해냈다. 각자가 서로에게, 그리고 모든 여성에게 느끼는 끈끈한 자매애 덕분이었다.

　나를 비롯한 〈잡지 사심〉의 제작진은 메갈리안에 대한 세간의 편견과는 다르게 매우 여리고 섬세하다. 하지만 우리의 잡지는 달랐다. 〈잡지

---

1 메갈리아(Megalia). 중동호흡기증후군 메르스(MERS)의 첫 글자와 게르드 브란튼베르그의 소설 『이갈리아의 딸들』 속 가상 세계 '이갈리아'가 만나 생긴 신조어. 2015년 6월, 한국의 메르스 창궐을 기점으로 온라인에 나타난 여성-페미니스트를 통칭 '메갈리아의 딸들', '메갈리안(Megalian)'이라고 부른다. 온라인에서 남성 중심적이고 성폭력적인 남성들의 언어를 그대로 차용해 되돌려주는 방식인 '미러링'을 사용하는 것이 특징이다. '메갈리안', 또는 짧게 '메갈'이라는 호칭은 좁은 의미로는 2015년 8월 등장한 사이트 메갈리안닷컴(megalian.com)의 회원을 뜻하나 넓은 의미로는 메갈리안의 '미러링' 전략에 우호적인 모든 사람들을 가리킨다.

사심〉은 가부장제를 '비판'하는 것만으로는 만족하지 않고 남근으로 폭력을 휘둘러대는 남성들에게 비난과 욕설과 조롱을 퍼부었다. 5호와 완간호는 비교적 정제된 언어로 쓰였지만, 4호까지만 보더라도 기사에 '실좆[2]'이나 '한남[3]' 같은 비속어와 경멸어가 그대로 나온다. 어찌 보면 자연스러운 일이다. 우리의 뿌리는 그 무시무시하다는(!) '메갈'이었으니. 고백하건대 그 중에서도 가장 래디컬했던 사람이 나였다. 원고 기획 회의에서 나의 기획안은 '킬' 당하기 일쑤였는데, 잡지에 싣기엔 주장이 너무 과격하다는 게 그 이유였다. 여러 번의 검열과 교정을 거쳐 간신히 세상에 나오게 된 나의 기사들 역시, 수정을 거치기 전엔 훨씬 과격하고 극단적이었다. 수정 전 글은 예를 들면, '웹툰 작가 ㅇㅇㅇ는(실명을 거론했다) 비겁한 한국 남자 그 이상도 이하도 아니다[4]'와 같은 원색적인 욕으로 가득했다. 이렇게 과격한(?) 글을 썼던 건 내 나름의 이유가 있었기 때문이다. 나에게는 〈잡지 사심〉에 실릴 글을 쓸 때 꼭 지키려 했던 나만의 원칙이 있는데, 그건 '되도록 메갈리아를 변호하는 입장에 선다'는 것이었다. 메갈리아가 없었더라면 지금의 〈잡지 사심〉 역시

---

2 실처럼 가늘고 얇고 흐느적거리는 한국 남성의 성기를 뜻한다. 한국 남성들이 한국의 여성들을 모욕하기 위해 '(남자와 너무 많이 자서 헐렁해졌다는 뜻의) 허벌보지'라는 말을 만들어내자 이에 대항하기 위해 메갈리안들이 만든 신조어다.

3 '한국 남자'를 줄인 말이다. 메갈리안들이 '김치녀'라는 여성 혐오 표현에 대항하기 위해 만들어낸 '한남충'이라는 신조어와 비슷하다. 메갈리안들 사이에서는 최고로 모욕적인 말로 통한다.

4 2015년, 메갈리안닷컴에 웹툰 작가 ㅇㅇㅇ의 모 웹툰이 여성을 비하하는 것처럼 읽힌다는 비평이 올라왔다. 이를 본 메갈리안들은 특유의 직설적 화법으로 ㅇㅇㅇ작가와 그의 만화를 비판했다. 그러자 ㅇㅇㅇ는 자신의 만화에 부정적인 평을 남긴 메갈리안들을 대거 고소했다. 그러나 이 건으로 ㅇㅇㅇ작가에게 고소당한 피고소인들은 (너무 당연하게도)대부분 무혐의 처분을 받았다.

없었을 것이기 때문이다. 그리고 그렇기 때문에, 나는 이 자리를 빌려 마지막으로 메갈리아를 변호하려고 한다.

'메갈리안 페미니스트'라는 정체성

고작 일 년 남짓한 기간 동안 존재했던 소규모 인터넷 사이트지만 메갈리아는 우리에게 복잡한 질문과 과제들을 남겼다. 그것들은 때로 우리가 전혀 예상하지 못한 곳으로 튀기도 했다. 오랫동안 든든한 방패요 친구가 되어줄 것 같았던 메갈리아가 일 년 만에 허무하게 쇠락하리라고 누가 상상할 수 있었을까. 메갈리아가 한창일 때 사람들은 사이트에서 활동하는 메갈리안들을 두고 '옳다', '그르다', '페미니즘이다', '페미니즘이 아니다'를 곧잘 판단했다. 내가 안타까워했던 것이 바로 그 점이었다. 메갈리아라는 사이트는 이유 없이 나타난 게 아닌데, 사람들의 관심은 '일베 말투를 쓰는 젊은 여자들'이라는 점에만 집중됐다.

'일베 말투를 쓰는 젊은 여자들'이란 표현에는 부정적으로 정형화된 몇 가지 이미지가 겹쳐 있는데 이를테면 이런 것들이다. 20대 여자, '살 만 한' 집안에서 곱게 자란 딸, 남자들을 미워하는, 까칠한 프로불편러[5], 그리고 시스젠더 이성애자 여성. 메갈리아에 호의적인 진보 인사나 페미니스트들마저 가끔 메갈리안을 이렇게 일반화한다. 그러나 내가 메

---

5 프로(professional) + 불편(不便) + 러(-er). 일상에 만연한 성차별에 불편함을 느끼며 끊임없이 문제제기를 하는 사람. 차별에 무딘 한국 남자들 사이에서는 '프로불편러들 납시었네'처럼 별칭으로 쓰이기도 한다.

갈리안으로서, 잡지가 출간되고 난 이후로는 〈잡지 사심〉의 에디터로서, 온오프라인을 오가며 수많은 메갈리안들을 만나본 후 내린 결론은, 그들을 - 우리를 - 하나의 틀로 정의할 수 없다는 것이다.

　우선 나부터가 그들이 갖고 있는 이미지의 틀에 가둘 수 없는 메갈리안이다. 나는 퀴어고 가난한 집안에서 태어난 딸이다. 곱게 자라기는커녕 학교와 일터에서 온갖 혐오와 폭력의 피해자로 살았다. 운동권 남자들은 여성 운동을 소부르주아 운동이라고 폄하하지만 나는 '살만하기 때문에' 페미니즘을 알기 시작한 게 아니다. 오히려 그런 남자들이 설치는 세상에서 페미니즘이 없으면 숨이 막혀 죽을 것 같아 악착같이 페미니스트로 살고 있는 사람이다. 그러나 다른 메갈리안들이 전부 나와 같을 리가 없지 않은가. 메갈리아 사이트에는 성별, 젠더, 정치적 성향, 경제사회적 수준, 학력 수준, 거주 지역이 다양한 배경의 여성들(과 성소수자들)이 있었다. 바꿔 말하면 메갈리안들은 '메갈리아'라는 가상의 공동체 말고는 서로 접점이 하나도 없는 사람들이라는 것이다. '여성 혐오를 혐오한다!'는 대전제에만 동의할 수 있을 뿐, 단일한 목적을 가진 운동 집단으로 발전할 수가 없었다.

　그렇기에 '메갈리안'이라는 정체성은 페미니스트들 사이에서조차 주변인이었다. 메갈리아는 전통적 의미의 '운동조직'이라기엔 느슨하고 단순히 여초사이트[6]라고 보기엔 운동적 성격이 강했다. 특유의 유

---

6 여초女超사이트. 이용자의 절대다수가 여성인 사이트를 말한다. 남성들의 온라인성폭력과 훼방을 피하기 위해 회원 모집 및 운영에서 배타적인 성격을 띤다. 대표적인 예로는 다음 카페 '여성시대'가 있다.

쾌함 덕분에 기존 운동조직과 일반여성 대중 양쪽에서 사랑받았지만, 양쪽 어느 쪽에도 속하지는 못했다. 일베로 대표되는 '썹치[7]'들과 전면전을 벌이면서도 아군의 지원을 받지 못하는 외로운 싸움을 벌인 집단이자 주체가 바로 메갈리안이었던 것이다. 그럼에도 불구하고 메갈리안 페미니스트라는 정체성은 실재한다.

어떻게 가능할까? 나는 여성들이 메갈리아를 통해 전략적으로 더 '더러워지기'를 선택했다고 본다. 황오금희 전 〈이프〉 편집장은 이프 22호에 실린 글, 「우리, 더 더러워질 수 있어?」에서 여성 연대를 통해 든든한 '백그라운드'를 만들자고 제안한다. 남자들은 자기들끼리 인맥을 쌓아 서로 밀어주고 당겨주며 온갖 더러운 방법으로 여성들을 소외시키는데 여성들이라고 왜 그러면 안 되느냐는 거다. 황오금희 전 편집장의 글에선 정치사회적 장면에서의 여성 네트워크를 이야기했지만 메갈리아가 제시한 여성 네트워크는 온라인-일상 장면의 여성 네트워크다.

우리는 왜 그렇게 우리를 '편들어 줄' 여성 네트워크를 간절하게 원했던 걸까. 메갈리아의 탄생을 전후한 시점은 여성을 '개념녀'와 '김치녀'로 분할하여 통제하려 했던 한국 남자들의 시도가 가장 악랄했던 시기였다. 자료를 조작해가면서까지 자국 여성을 '김치녀'로 만드는 한국 남자들의 적의와 광기는 무섭기까지 했다. 게다가 메갈리아가 생기

---

7 메갈리안들은 '김치녀'라는 혐오 표현에 대항하기 위해 '썹치남'이라는 신조어를 만들었고, 이것이 '썹치'가 되어 국적을 불문하고 성차별적인 모든 남자를 가리키는 말이 되었다.

고 난 이후로는 '메갈'을 찾아 '응징'하려는 남성들의 마녀사냥이 극심해졌다. 조금이라도 여성주의적인 발언을 했다간 남성들로부터 '메갈'이라 낙인찍히고 집단 린치를 당했다. 그렇기에 메갈리안들에게는 일상에서의 든든한 백그라운드가 절실했다.

우리, 더 더러워질 수 있어

앞서 말했지만 황오금희 전 〈이프〉 편집장의 "우리, 더 더러워질 수 있어?" 라는 물음은 비단 좁은 의미의 정치뿐만 아니라 넓은 의미의 정치 즉 우리의 현실 정치, 일상 정치에도 적용할 수 있을 것이다.

이 대목에서 위에 언급했던 '정형화된 메갈리안 이미지'와 여성 네트워크에 대해서 다시 이야기 해보자. 사람들은 메갈리아의 도덕성 문제로 '게이 혐오' 논란[8]을 꼽는다. 나는 당시 사건을 겪었던 당사자로서, 당시 상황이 필요 이상으로 과열되었다는 느낌을 받았다. 당시 문제가 되었던 'xx충'이 명백한 혐오 표현이라는 점에는 메갈리안들 사이에서도 이견이 없었다. 다만 다른 곳이 아닌 메갈리아 안에서는 'xx충' 역시 '남자'를 욕하는 여러 단어들 중 하나로 치자는 게 당시 메갈

---

8 메갈리안닷컴 내에서 남성 동성애자를 혐오하는 표현인 '똥꼬충'을 사용하는 문제로 일어난 논란. 당시 사이트 내에서는 '똥꼬충' 외에도 '남성'을 공격하는 표현이라면 어떤 것이든 사용이 가능했고, 운영진은 회원들의 언어 사용에 대해 개입하지 않는 것이 원칙이었다. 그러나 사이트 운영진 중 한 명이 '똥꼬충'이라는 표현을 금지시켰고 이중 잣대에 분노한 메갈리안들은 다음 카페 워마드로 옮겨갔다. 이후 메갈리안닷컴은 사실상 증발했고, 워마드는 새로운 사이트를 만들었으나 메갈리안닷컴 만큼 주목을 받지 못했다.

리아 내의 중론이었다. 비록 방법은 잘못됐지만 퀴어 커뮤니티 내부의 '여성'을 '편들어주려는' 나름의 시도였다. 말하자면 그때의 메갈리안들은 동료가 '여성'이라는 정체성 때문에 일상의 정치에서 소외를 경험할 때 '(좀 치사하고 유치해 보여도)편들어주고, 밀어주고, 당겨준다'는 규칙을 세우고 싶었던 것이다. 그러나 메갈리아에 대해 '정형화된 이미지'를 가지고 있던 사람들은 자꾸 이 문제를 '게이 vs 헤테로 여성'의 문제로 몰아갔고 심지어는 메갈리아에 '성소수자 혐오집단'이라는 낙인을 찍었다. 나는 그 때부터 맥락을 그렇게 단순화 하는 건 문제 해결에 전혀 도움이 되지 않는다고 주장해왔다. 우리는 남성이 여성을 혐오하는 것을 가능하게 해주는 체제의 힘에 대해 배웠다. 그런데 왜 이 사건에서는 메갈리아를 혐오자로 낙인찍는 것 외에는 아무런 분석이 이루어지지 않을까? 남성들이 왜 여성을 혐오하는지, 어떻게 하는지에 대해서는 그토록 많은 논문과 책이 있는데, 이 사태에 대해서는 왜 아무도 '왜'와 '어떻게'를 묻지 않는 걸까?

오해는 하지 않길 바란다. '왜'와 '어떻게'를 묻는 건 '그래서 앞으로 어떻게 문제를 해결하고 재발을 방지할 것인가'를 고민하기 위함이지 혐오에 정당성을 부여하기 위함이 아니다. 많은 메갈리안들이 다음의 워마드 카페로 이동한 이후, 메갈리아가 자랑하던 무기인 '미러링'은 방향을 잃었다. 워마드에서 그저 '미러링'이라고 볼 수 없는 혐오 표현이 발견되기 시작한 것이다.

그렇지만 나는 우리가 곧 돌파구를 찾을 수 있을 거라고 믿는다. 메갈리아는 고작 2년 전에 만들어진 사이트이며, 메갈리안들은 뚜렷한

운동의 목적을 가지고 조직된 사람들이 아니다. 그러므로 전통적인 '운동'의 관점에서 보면 서툴러 보이는 부분이 많을 것이다. 하지만 메갈리아만큼(혹은 그보다) '비도덕적인' 커뮤니티는 훨씬 많은 반면 끊임없이 '도덕성'을 의심받는 커뮤니티는 메갈리아가 유일하다는 점에서, 메갈리안 페미니스트들이 이 문제의 답을 가장 빨리 찾을 것이라는 가능성을 본다. 비록 메갈리안들과 그 이후 등장한 '넷페미'들이 선배 페미니스트들의 눈에 부족해보일지라도 미워하지 말고 '어여삐' 여겨 함께 고민해주시기를 희망하는 이유다.

나는 굉장히 소심하고 겁이 많다. 성격도 조용하고 내성적이다. 〈잡지 사심〉 제작진 사이에서 내 별명은 찌질이였다. 그렇지만 글을 쓸 땐 센 척을 한다. 외부 인터뷰를 할 때면 일부러 더 강성으로 보이려 했다. 두려움이 큰 만큼 나를 두렵게 하는 남자들과 사회에 대한 분노도 컸기 때문이었다. 아마 메갈리안이라면 누구나 그럴 것이다.

이제 메갈리아도 〈잡지 사심〉도 끝났다. 그렇지만 나는 어딘가에서 또 메갈리아를 변호하기 위한 나름의 노력을 할 것이다. 여자도 사람답게 대접받을 수 있는 세상을 위해서라면 '더 더러워질' 각오가 되어 있다. 겁이 난다. 하지만 용기를 내는 거다. 왜 그렇게까지 해야 하냐고? 남자들은 지난 세월 동안 하나도 바뀌지 않았으니까. 진영과 성향을 초월한 든든한 여성 연대! 백그라운드를 마련하기 위해, 나는 내일도 메갈리안 페미니스트일 것이다. 부디 이 용기가 헛되지 않도록, 선배 동료 페미니스트들이 잘 이끌어주기를 바라본다.

Photo by 윤연

안현진

페미니즘 액션그룹
<강남역 10번 출구>,
영-영 페미니스트들의
네트워크
<범페미네트워크>,
<여성환경연대> 활동가.

두려움은 용기가 되어
돌아왔다

    2016년 5월 17일. 강남역에서 살인 사건이 발생한 뒤 언론과 국가는 이를 여성혐오 살인이 아닌 '묻지마 살인'으로 매듭지었다. 당시 여론이 보여준 행태는 다른 여성폭력의 피해자에게 가하는 비난과 함부로 찍는 낙인과 다르지 않았다. 언론은 'ㅇㅇ女'와 같은 명칭을 기사에 여과 없이 사용했고 피해자가 늦은 시간에 노래방에 있었다는 점을 도드라지게 드러냈다. 이에 많은 여성들은 '우리는 우연히 살아남았다'며 수많은 포스트잇을 붙였고, 이후 페이스북 페이지(현재는 페미니즘 액션 그룹으로 활동하고 있다) 〈강남역 10번 출구〉에서 진행하는 자유발언대를 포함해 수많은 추모 물결과 밤길 걷기 등 페미니즘 액션을 이어갔다.

    강남역 여성 살해 사건 이후 일 년 가까운 시간 동안 나도 페미니즘 운동을 멈추지 않았다. 그동안 수많은 페미니즘 집회와 강연, 집담회 등에서 내 경험을 말할 기회가 있었다. 지금은 많은 사람들 앞에서 말하는 것이 이전보다 떨리지 않지만 어떤 경험은 여전히 사람들 앞에서 꺼내기 어려운 주제로 남아있다. 내가 당했던 성폭력에 대해 말하는 것은 여전히 달갑지도 않고, 익숙해지지도 않더라는 말이다.

강남역 살인사건과 나의 열여섯 살 기억, 낯설지 않은 오버랩

나는 열여섯 살 가을 무렵 성폭력을 당했다. 강간 미수였다. 그 가을 어느 하루, 친구가 자신의 남자친구를 소개하고 싶다고 했다. 친구의 애인을 소개받는 자리에서 친구 애인의 학교 선배라는 A를 알게 되었다. 그날 밤, 나와 친구는 친구 애인의 집에서 술을 마셨다. 한 잔만 마셔보라는 채근에 한 모금을 삼킨 순간까지는 정신이 있었지만 그 뒤의 일은 아무것도 기억나지 않는다. 그냥 눈을 떠보니 방 천장이 보였고, A가 내 몸 위에 있었다. 어렴풋이 든 정신에 그 사람에게 지금 뭐하는 짓이냐고 말해야한다고 생각했지만 목소리가 나오지 않았고 몸도 움직여지지 않았다. 그 사람은 술에 취한 나에게 강간을 시도했다.

다음 날 나는 술에 취해 아무 기억도 나지 않는 것처럼 태연한 척을 하면서 친구와 집으로 돌아왔다. 내가 그날 밤 겪은 일이 무엇인지 도저히 인식되지 않았다. 그 사람이 나에게 하려던 짓이 어떤 일인지 이해하는 것을 머리가 거부하는 것 같았다. 오랫동안 그 일이 무슨 일이었는지 정의내리지 못한 채, 내가 먼저 그 사람에게 사귀자고 했다. 돌이켜보면 너무 멍청하고 또 멍청한 생각이지만 당시의 나는 '만약 그 사람과 내가 사귀는 사이가 된다면', '그 사람이 나를 좋아해서 그랬던 것이라면' 그런 짓을 한 게 '이해'라도 될 것 같다는 심정에서 선택했던 것 같다.

A와 연애를 하게 된 이후에도 '왜 내가 이런 일을 당했을까' 하는 물음이 나를 갉아먹기 시작했다. 청소년이 술을 마시고 벌어진 일이라는

죄책감 때문에 주변의 친구나 선생님, 부모님에게도 도움을 청할 수 없었다. 그렇게 긴 시간 동안 나를 고립시킨 물음은 '나 때문'이라는 답을 향해갔다. 틈만 나면 '왜 하필 내가 이런 일을 당했을까' 자책했다. '내가 친구의 남자친구를 소개받지 않았더라면', '내가 사람을 믿지 않았더라면', '그 날 그 자리에 가지 않았더라면', '일찍 집에 갔더라면', '술을 마시지 않았더라면' 등등.

종착점이 보이지 않는 자기불신과 자책을 하루 빨리 끝내고 싶었다. 어떤 끝이어도 좋으니 일단 끝을 맺고 싶었고 그 사람과 사귀게 되면 나에게 답이나 위안이 될 수 있을 것만 같았다. 물론, 처음 만난 날임에도 술에 취한 나에게 그따위 짓을 하던 인간과 연애하기로 한 선택은 최악이었다. 그와 사귀는 동안 더 많은 데이트폭력을 당했다. 그 사람이 나를 사랑했는지 안했는지는 내 물음의 답이 아니었기 때문에 내가 한 선택은 더 나쁜 결과만 만들어낸 꼴이 되었다.

내 잘못이 아니라는 것은 그 무렵의 나도 잘 알고 있었다. 성폭력은 피해자의 잘못이 아니란 것을 정말 잘 알고 있었다. 내가 당한 성폭력은 '나'라서 발생한 일이 아니며, 내 선택 때문에 발생한 일이 아니었다. 내가 집에 늦게 들어가든, 술을 마셨든, 그 날 밤의 일은 그리고 그 이후의 일들도 모두 내 잘못이 아니었다. 하지만 내가 당한 일을 누구에게도 말하지 못하고 혼자 해결하기 위해 끙끙 앓는 사이 내 일상은 점차 망가져갔다.

잠자리에 들어 이불을 덮고 누우면 어두운 방 천장이 보이고, 나는 그날 밤을 떠올렸다. 하루는 너무 억울해서 또 하루는 너무 무서워서 또 하루는 죄책감이 들어서 잠자리에 들 수 없었다.

머릿속 페미니즘이 행동으로, 고백으로

불면증이 생겼고 밤이 되면 폭식을 했다. 꾸역꾸역 뭐라도 먹고 있을 때는 내가 살아있는 것 같은 기분이 들었다. 밤마다 폭식을 거듭하며 2년 사이 체중이 30kg 가까이 늘었다. 사람이 무섭게 느껴지기 시작하면서 점차 관계가 끊어져갔다. 친구들과 연락을 하지 않았고 어느 날은 휴대폰에 기록된 전화번호를 통째로 지우기도 했다.

그러면서 열아홉 살이 됐을 때 신문을 보다가 눈에 띄는 글을 보게 되었다. 한국에서 진행된 슬럿워크Slut Walk, '잡년행진'에 대한 기사였다. 참가자들은 '꼴리는 건 본능 때문이나 덮치는 건 권력 때문이다', '슬럿처럼 입을 권리' 등의 피켓을 들고 도심을 행진했다. '술 취한 년이 잘못이지'와 같은 성폭력 피해자를 비난하는 말이 적힌 종이를 찢기도 했다. 잡년행진에 대한 기사를 찾아보면서 희열을 느꼈다. 내가 정말 하고 싶었던 말들을 누가 대신 해주는 기분이었다. 목구멍까지 차올랐지만 사람들에게 비난 받을까 두려워 내뱉을 수 없는 말이었다. 그렇게 자책과 후회를 반복하던 나에게 누군가가 말해주길 바랐던 한마디였다.

"네 잘못이 아니야."

수능이 끝나고 대학에 진학하면 나도 꼭 잡년행진에 참가하겠다는 결심을 하면서 대학에 진학하게 되기를 기다렸다. 성폭력으로 인한 트라우마로 힘들어하던 내가 슬럿워크에 대한 기사를 보며 위로와 힘을 받았던 것처럼 자신이 당한 성폭력을 고백하지 못하고 힘들어하는 사람이 어딘가에 있다면 내 행동이 용기가 될 수 있기 바랐기 때문이다. 대학에 간 뒤 결심했던 활동들을 시작해나갔다. 밀양 초고압 송전탑 반대 투쟁에 연대한 것을 시작으로 핵발전소에 반대하는 활동을 시작했고 학회를 만들어 친구들과 함께 여성, 성소수자 등의 이슈에 대한 공부를 했다. 단체에서 반성폭력 교육 진행을 담당하는 등의 페미니즘 활동을 하면서 나는 내가 과거의 트라우마에서 해방된 줄 알았다. 이제 와서 가해자를 처벌하는 것은 어렵겠지만, 내가 하고 싶었던 일들을 찾았고 더 이상 잠도 설치지 않게 됐으니까.

2014년 겨울, 나는 또 성폭력을 당했다. 또 술자리였다. 상대방은 내가 상근활동을 했던 단체의 회원이었다. 상대방은 술을 마시며 내 몸을 만지거나 쓰다듬었다. 하지 말라는 말과 함께 욕설도 퍼붓는 등 강하게 항의했다. 다음 날 상대는 자신이 "술에 취해 실수했다"고 했다. 그 사람은 이후 다른 술자리에서도 나에게 "내 자취방에 함께 가자", "섹스하자"는 등의 말을 하며 몸을 기대거나 은근슬쩍 내 몸을 더듬었다. 어두운 골목길을 지나는 순간 그를 뿌리치고 바로 집에 돌아왔다.

제소를 고민했지만 '사람들이 내 말을 믿어주지 않으면 어떡하지?' 하는 두려움이 앞섰다. 활동을 시작하고 성폭력의 책임을 피해자에게 돌리는 모습과 제소 혹은 공론화 이후 진실 공방과 함께 수많은 2차 가해가 벌어지는 것을 봤기 때문에 더 말을 꺼내기 어려웠다. 동시에 술

자리에 갈 때마다 내가 당한 일을 알고 있는 누군가가 "술 마시다 성폭력을 당했으면서 왜 또 술을 마셨냐"고 다그칠 것 같은 불안에 시달렸다. 몇 달을 고민만 하다 친구에게 내가 당한 일을 털어놓았다. 그 친구는 내 얘기를 듣자마자 "개xx네!"라고 했다. 다른 어떤 말보다 내게 와 닿는 말이었고 속 시원했다.

고백이 만들어낸 페미니즘 액션

제소를 망설이던 중 또 다른 친구에게도 내가 당한 성추행에 대해 고백했다. 친구는 자신도 바로 그 사람에게서 비슷한 일을 당한 적이 있다고 말했다. 순간 페미니즘 세미나에 참여하고 실실 웃으며 "내가 죽을죄를 졌다"고 말하는 것으로 아무렇지 않게 넘어가려는 가해자의 모습이 떠올라 분노가 치밀었다. 피해자인 나는 다른 사람들의 말 한마디, 반응 하나하나가 두려워 숨어드는 중인데… 도대체 왜 잘못하지 않은 내가 숨어야하는 거지?

요즘은 '근래의 페미니즘 운동(영-영 페미로 호명되는)에 대한 열의와 동력은 무엇에서 나온다고 생각하느냐?'는 질문을 자주 받는다. 나는 현시점에 이뤄지고 있는 페미니즘의 강한 동력은 우리의 '고백'이 만들어냈다고 생각한다. 나는 나와 같은 일을 겪었다는 친구의 고백을 통해 성폭력 가해자를 재판대에 세우고 나도 그 앞에 설 용기를 얻었다.

지난 해 5월 18일, 〈강남역 10번 출구〉에서 진행된 자유발언대에서 처음으로 많은 이들 앞에 내가 당한 성폭력에 대해 말할 수 있었다. 그러자 또 다른 증언이 이어졌다. 이후 자유발언대에서 생각보다 많은 이들이 증언의 행렬에 동참했다.

당시 온라인에는 자유발언대에 올라 '말'을 한 참가자들의 사진이 게시글로 올라와 품평을 당하는 한편 각종 위협을 암시하는 댓글이 달렸다. 자유발언대에 참가한 이들은 "누군가는 말해야 한다고 생각했기 때문에 벌벌 떨면서도 참가했다"며 "다시 이런 사건이 반복되지 않기 위해 살아남은 우리가 이 자리에 나와야 한다"고 발언했다. 우리는 위협을 가하는 사람이 있을 때는 함께 항의하고 서로 지켜주며 고백을 이어갔다. 그렇게 '나도 그랬어'라는 고백은 '넌 혼자가 아니야'라는 고백이 되어 돌아왔다. 두려움이 용기가 되어 돌아온 순간이었다.

자유발언대에서 피해를 폭로했던 데는 피해자의 언행을 사건의 원인으로 지적하는 여론에 대한 분노가 있었기 때문이었다. 내가 경험한 일들은 '나'이기 때문에 겪어야 했던 일이 아니었다. 여성들은 다르면서도 같은 경험을 하고 있었다. 발언은 증언에 그치지 않고 혐오와 폭력을 재생산해내는 사회에 대한 문제 제기로 이어졌다. 우리의 목소리들은 상황을 직시하게 하고 문제의 원인을 짚어내게 만들었다.

강남역에서 진행된 자유발언대 이후 수많은 페미니즘 행사에서 '자유발언'이 만들어졌다. 우리에게는 어떤 권위도 승인도 필요하지 않았다. 그저 내가 주체라는 말 한 마디면 족했다. '내가 그랬다'는 '경험의 고백'은 사회가 지워낼 수 없는 '존재의 고백'이 되었다. 그리고 강남역에서 형성된 고백은 지금도 새로운 페미니즘의 흐름을 만들어내고 있다. 혐오와 폭력의 피해를 축소하고 은폐하고자 하는 구조는 결국, 마침내 우리의 고백을 통해 무너질 것이다.

　나는 또 다른 고백을 준비하고 있다. 청소년 시절 정체성을 고민하며 처음으로 페미니즘을 접하기 시작했다. 내가 누구를, 어떤 방식으로 사랑하는지, 내가 누구인지에 대한 고민이었다. 페미니즘은 내 고민을 '비정상'으로 치부하지 않고 당연한 고민일 수 있게 해 주었다. 하지만 성폭력에 낙인을 찍어 나의 경험을 지워냈듯이, 성소수자의 존재를 혐오로 지우고자 하는 시도가 벌어지고 있다. 누군가의 존재 자체를 찬반에 부치고 '교정'의 대상으로 삼는 등 혐오와 폭력이 난무하고 있다. 심지어 그 혐오에 평등과 페미니즘의 이름을 덧씌우는 일까지 벌어지고 있다.

　내가 답을 찾지 못해 힘들어했던 시간이 다른 사람에게도 반복되지 않기를 원한다. 우리는 잘못하지 않았다. 그리고 잘못되지도 않았다. 누구도 상대방이 행한 혐오와 폭력의 원인을 자신에게서 찾지 않았으면 한다. 그래서 나는 나를 책망하게 만드는 사회를 바꾸기 위해 계속해서 말하고, 싸우려 한다. 나의 고백이 누군가에게 용기가 될 수 있도록 더 많은 싸움에 함께하고자 한다.

이세아

2014년부터 <여성신문> 기자로
일하고 있다. 대학 졸업 후 여러
일을 하며 여러 벽에 부딪혔다가
모든 게 '여성'이라는 화두로
연결된다는 것을 깨닫고
페미니즘을 공부하고 있다.
사려 깊은 고양이 '람'과 함께 산다.

왜 몰카를 찍히고도
사랑이라 했나

몇 달 전 "이 기자님. 그렇게 살지 마세요"라는 제목의 메일을 받았다. 자신을 '바른 대한민국 남성'이라고 소개한 독자는 "기자님의 기사를 보면 깊은 남성혐오가 느껴집니다. 얼마나 불행한 삶을 살았길래 남성에 편견을 갖게 됐는지 모르겠지만 제대로 된 남자를 만나 연애도 좀 하시고 세상을 똑바로 보시길 바랍니다"라고 썼다.

사실 이 정도면 정중한 편에 속한다. 누가 〈여성신문〉 기자로 일하는 건 어떠냐고 물어오면 나는 '악플에 의연히 대처할 수 있는 강한 멘탈을 기르는 일'이라고 답한다. 젠더 차별, 성폭력 관련 기사를 쓰면 "남성혐오 하지 말라", "여성 우월주의 언론, 믿고 거른다" 같은 댓글이 꼭 달린다. 다짜고짜 욕설을 퍼붓는 전화, 메일도 부지기수다.

그런데 사실 '남성혐오'는 내 또래의 여성들과 대화할 때마다 빠지지 않는 주제다. 상대를 존중하는 듯 굴면서 여성을 속박하고 지배하려 들고, 여성이 제 뜻대로 움직이지 않으면 폭력을 가하는 남성에 대한 분노다. 그들은 폭력을 '중립적이고 객관적인' 언어로 합리화하는 데 능숙하다. 그런 남성은 반사회적이고 분노조절 장애를 갖고 있으리라고 생각하는 이들이 많다. 그러나 그들이 얼마나 평범한 얼굴을 지녔는지 알면 놀랄 것이다.

내게도 그런 경험이 있다. 장거리 연애 중이던 작년, 연휴를 맞아 유학 중인 애인을 만나러 미국에 갔다. 거기서 그가 내 '몰카'를 찍었다. 팔을 뻗으면 닿을 거리에서 반짝이는 카메라 렌즈를 발견했을 때의 기분을 어떻게 설명할 수 있을까. 그가 직접 영상을 삭제하는 모습을 본 후 짐을 챙겨 떠났다. 안전한 곳으로 가야 했다. 다행히 가까운 호텔에 빈 방이 있었다. 멍하니 침대에 누워 몇 시간을 보냈다. 놀랐고, 무섭고, 분했다. 왜 이런 일이? 이제 어쩌지?

그간 성폭력 전문가들에게 성범죄 발생 시 대처법에 대한 설명을 수차례 들었다. 기사도 썼다. 진짜 문제는 다른 데 있었다. 믿었던 애인이 내 몰카를 찍었다는 사실을 받아들이는 일부터가 쉽지 않았다. 애인은 내 일을 존중하고 격려를 아끼지 않는 사람이었다. 페미니스트는 아니었지만 마초도 아니었다. 미국 도널드 트럼프 대통령의 소수자 차별, 혐오적인 언행에 분노하던 그의 얼굴이 문득 몹시 낯설었다. 결론을 내리지 못하고 갈팡질팡하느라 하루가 다 갔다.

결국 구글 검색창을 켰다. '애인이 성관계 중 몰래 동영상을 찍었어요'를 검색하면서 자괴감에 빠졌다. 이런 일에까지 구글의 도움을 빌리다니! 그런데 Q&A 결과만 수백 개가 뜨는 게 아닌가. 끔찍한 일을 겪어 도움이 필요한 사람들, 하지만 손을 내밀지 못한 채 익명으로만 조심스레 입을 연 사람들이 거기 있었다. 글 제목을 훑어보는데 눈물이 났다. 이런 상황에 처한 여자가 나 혼자는 아니라니 조금은 안도해도 괜찮은 걸까. 그러나 불편한 진실을 귀담아 들어주는 이들은 드물었다. "사랑한다면 두 사람이 알아서 해결하세요. 이런 데 글 올려서

망신당하지 말고. 자랑도 아니고…." 댓글 한 줄에 맥이 빠졌다.

이틀 뒤, 용기 내어 그를 만났다. 이유를 물었다.

"장거리 연애를 하다 보니 성욕을 해소하기가 어려워져서 그랬다"는 말, "너를 해할 의도는 전혀 없었고, 단지 편리한 방법으로 나의 본능적 욕구를 충족시키고 싶었을 뿐"이라고 말했다. 왜 먼저 내 의사를 물어보지 않았느냐고 묻자 "그건 부끄러운 일"이라고 했다.

"남자는 원래 그런 걸 모르냐?", "그런 본능을 헤아리고 해결하려 노력하지 않은 네 탓도 있다"고 에둘러 말했다.

'남자는 원래 그래!' 모든 폭력에 면죄부를 주는 마법의 언어다. 모든 부조리를 '네가 재수 없어 생긴 일'로 바꾸는 기적이다. 대학을 나와 얻은 첫 직장에서 40대 사장이 '파이팅 허그'랍시고 나를 수차례 껴안을 때도, 회식 자리에서 '여자들은 아이돌 댄스 메들리를 춰라'라는 상사의 주문을 받았을 때도, 해외 출장 중 한 클라이언트가 나를 쫓아다니며 내 호텔 방 번호와 연락처를 집요하게 물었을 때도, 주변 사람들은 저렇게 말했다.

"남자들은 어쩔 수가 없어."

나는 향기로운 술과 즐거운 수다를 사랑하는 평범한 사람이지만 그걸 '음주가무를 좋아하는 쉬운 여자'로 해석하는 남성들도 더러 있었다.

"내 자취방에 가서 더 마시자. 자유분방한 사람들끼리 터놓고 지내면 좋잖아", "전 여친 술 취향이 너랑 비슷해. 걔는 술 좀 들어가면 늘 몸이 달던데, 너는 어떨까?" 이런 사정을 알게 된 사람들은 내게 충고했다.

"몸조심해."

"술을 끊어."

"남자친구 있다고 해."

말할 수 없던 것을 말하는 힘, 페미니즘

'남자는 원래 그래'의 변주일 뿐이다. 돌이켜보니 우스꽝스럽지만, 페미니즘을 만나기 전의 나는 그런 논리에 고개를 끄덕였다. 폭력을 폭력이라고, 고통을 고통이라고 하지 못하고 꿀꺽 삼켰다. 그리고 또 다시 큰 실수를 저질렀다. 내 몰카를 찍고도 제대로 사과하기는커녕 내 탓을 하는 애인에게, 외려 사과하고 화해를 청했다. 관계에 대한 미련이 판단을 흐렸다. 그 일에 대해 언급하지 않는 대가로 우리는 다시 '다정한 연인'이 됐다. 나는 없는 애교까지 부리면서 '이상적인 여자친구'의 역할을 충실히 수행하려 애썼고, 그는 만족스러워했다.

한국으로 돌아와 데이트 폭력 사건을 취재하던 때였다.

피해 여성이 말했다.

"주변 사람들이 헤어지라고 해도 내가 우겼어요. 내가 사랑하니까 됐다고. 자살하고 싶다는 생각이 들었을 때에야 알았지요. 내가 나를 사랑하지 않고, 내 마음의 고통은 외면하면서 남을 사랑할 수는 없더라고요."

그 기사를 마감하다가 화장실로 달려가 문을 잠그고 오열했다. 그건 사랑도 행복도 아니라는 걸 인정하는 데 참 오랜 시간이 걸렸다. 사랑이 귀하다는 시대에 사랑을 하는데도 왜 나는 홀로 괴롭고 외로웠는지 깨달은 날, 망설임 없이 그를 차버렸다. 친한 이들에게 이야기를 털어놓으며 꾹꾹 눌러둔 눈물과 욕설도 시원하게 흘려버렸다.

이 이야기를 말하기 위해 지난 일들을 떠올리고 정리하는 데는 수개월분의 용기가 필요했다. 남의 이야기를 듣고 전하는 일을 업으로 삼다 보니 정작 내 이야기를 전하는 데에는 서툴러서 더 오랜 시간이 걸렸다. 몇몇 지인들은 만류했다.

"쓰지 마. 너만 남자 잘못 만난 불쌍한 년 되는 거야."

그러나 페미니즘의 힘은 '말할 수 없던 것을 말하는 것'에서 나온다. 나의 말하기가 누군가에게 위로와 용기가 될 수 있다면, 더 많은 '말하기'가 세상에 쏟아져 나와 서로 용기와 지혜를 더한다면 좋겠다는 생각에 썼다. 페미니즘은 구호를 넘어 삶을 바꾸는 힘이 될 수 있다는 믿음으로 썼다.

'페미니즘 리부트'의 시대, 이제 여성들은 홀로 절망하고 침묵하기를 거부한다. 대신 당당히 묻는다. 왜 여성은 여성이라는 이유로 폭력을 이해하고 포용해야 하는가? 벨 훅스는 저서 『사랑은 사치일까?』에서 이렇게 말했다.

"남자들은 단지 폭력적으로 행동하거나 모욕적으로 굴 때만 여성에게 상처 주는 것이 아니다. 일상에서 자유를 지켜내려는 우리의 행동을 보호하지 못할 때 그들은 우리에게 상처를 입히는 것이다."

우리는 모두 그 누구의 무엇도 아닌 '나'로서 살기를 원한다. 페미니즘이 던지는 매력적인, 명쾌한 메시지다. 자유와 존엄을 찾으려는 여성들의 행진에 동참하고 기록하면서 내 길을 찾으려 한다. 험난한 여정이 될 것이다. 페미니즘은 기존의 나를 부정하고 때려 부수는 일이다. 기꺼이 세상과 불화하며 스스로 '지옥'으로 걸어 들어가는 일이다. 페미니즘을 통해 모든 상처로부터 자유로워졌다고 말하는 이를 본 적 없다. 하지만 여성들은 오랫동안 스스로를 치유할 기회조차 얻을 수 없지 않았던가?

홍승희

글 쓰고 그림 그리는 퍼포먼스를
합니다. 주로 내 몸이 기억하는
일들을 기록합니다.
<한겨레>, 여성주의저널 <일다>에
칼럼을 연재하고 있습니다.

클리토리스
감수성

열세 살, 이불 속으로 들어가 코를 박고 잠자리에 들려던 참이었다. 바지 안에 손을 넣고 클리토리스를 만지작거리면서 누워있었다. 겨드랑이를 만지는 것처럼 내 성기를 만지는 일도 무심한 습관이었다. 클리토리스는 생김새가 특이하고 느낌이 독특해서 자주 만지작거렸다. 클리토리스는 몸에 있는 이상한 기관이었다. 오줌이 나오는 구멍 위로 윗입술같이 생긴 작은 돌기가 톡 튀어나왔고, 돌기를 살짝 들어 올리면 그 안에 또 다른 분홍색 돌기가 있었다. 오줌이 나오는 구멍도 아니고 자지가 들어갈 구멍도 아닌데 이것은 뭘까.

그날따라 클리토리스를 만지는데 전과 다른 이상한 느낌이 감지됐다. 손바닥으로 클리토리스와 질 입구 전체를 만지기 시작했다. '끝까지 만져보면 어떻게 될까?' 모험심에 손바닥으로 요도의 지붕 같은 그곳을 살살, 조용하고 빠르게 문질렀다. 그렇게 몇 분을 문질렀을까, 얼얼해진 성기가 경련을 일으키는 것 같았다. 더 건드리면 안 될 것 같으면서도 더 만지고 싶은 손바닥의 탄성을 따라 움직였다. 오줌이 마려운 느낌이 들고 못 참겠다고 느끼는 그 순간, 그것이 왔다. 오르가슴이. 눈앞이 깜깜해지면서 자궁인지 항문인지 심장인지, 아니면 내가 누워있는 이불 밑 어딘가 알수 없는 심연에서 몸을 빨아들이는 느낌이 들었다. 그리고 다시 끝을 알

수 없는 곳에서부터 펑! 튀어 올라가면서 온몸에 전기가 통하는 짜릿한 쾌감이 느껴졌다. 끔찍한 쾌감이었다. 끝날 것 같지 않은 쾌감, 혹은 모든 게 끝나버릴 것 같은 쾌감, 이런 쾌감이라면 악마와도 거래할 수 있을 거라는 상상을 하게 되는 쾌감. 이대로 죽어도 좋을 것 같은 쾌감 말이다.

알아도 나눌 수 없었던 오르가슴의 경험

이런 느낌은 태어나서 처음이었다. 몇 초 후 몸이 이완되면서 배꼽 아래쪽에서 샘물이 콸콸 솟아나는 것 같았다. 서둘러 팬티에서 손을 빼고 콩닥거리는 가슴에 손을 얹어놓았다. 무미한 일상은 그대로였지만, 오르가슴을 느끼기 전과 후의 내 몸은 완전히 다른 것이었다. 누군가 그때 나를 봤다면 내 눈은 어둠 속에서도 반짝거리고 있었을 것이다. 내 몸에 이런 신비한 능력이 감춰져 있다는 게 놀라웠다. 한껏 달아올랐던 몸이 식으면서 피곤이 몰려왔다.

이 신비로운 느낌을 친구들과 나누고 싶었지만 용기가 나지 않았다. 청소년기엔 친구들과 섹스에 대해 많이 말했지만 자위는 말하지 않았다. 왠지 더럽고 추잡해 보일 것 같았다. 자위에 대해서 나 자신도 그렇게 느꼈다. 자위를 자주 하는 내가 이상한 건지도 궁금했지만, 여성의 자위에 대해 정보를 얻을 곳은 없었다. 다른 친구들도 나처럼 자위를 할까 궁금해서 친구들에게 운을 떼 봤다.

"남자애들은 맨날 자위한대."

친구들은 더럽다는 듯 눈살을 찌푸렸다. 성교육 시간에는 남자애들의 자위만 얘기했다. 사춘기 남자애들은 원래 모두 다 그렇다고 덧붙이면서. 여자애가 오이를 질 속에 넣고 자위를 하다가 오이가 부러졌다는 둥의 우스갯소리가 전부였다. 여성의 질은 예민하므로 무엇이든 넣는게 좋지 않다는 조언은 들었지만 삽입하지 않고 클리토리스를 만지작거리는 것만으로도 충분히 오르가슴을 느낄 수 있다고 아무도 알려주지 않았다. 이런 분위기에서 여자인 내가 또래 남자애들처럼 자위를 하는 게 부끄럽게 느껴졌다. 문란하고, 추잡하게 느껴지기도 했다.

그래도 멈출 수 없었다. 오르가슴은 그러한 두려움을 거뜬히 누를만큼 강력한 쾌감이어서 나는 종종 자위를 했다. 손가락을 깨끗하게 씻지 않고 자위를 한 다음 날은 오줌이 자주 마렵고 아랫배가 아팠다. 성인이 되어서야 이런 증상이 방광염이라는 걸 알게 되었고, 이후로는 손가락을 깨끗하게 씻고 자위를 했다. 손가락으로 클리토리스를 살살 치거나 좌우-위아래, 둥글게 혹은 알파벳 a부터 z까지 그리는 것처럼 문질러주면 2분 길게는 5분 정도 느낄 수 있었다. 클리토리스 뿐 아니라, 질 입구 아래쪽에 튀어나온 두세 개의 돌기를 살짝 건드려도 쾌감이 느껴졌다. 클리토리스를 건들면서 질 입구에 촉촉하게 맺힌 물기를 가져다가 성기 전체에 문지르고 다시 클리토리스를 자극하고. 이것을 반복하면 오르가슴이 올라왔다. 한번 느낀 후 몸이 이완되고, 다시 간지러운 느낌이 들 때 클리토리스를 만지면 그 전과 다른 느낌의 쾌감을 또 느낄 수 있다. 체력이 좋을 땐 그렇게 두 번, 세 번 더 오랫동안 만지면서 오르가슴을 여러 번 느꼈다. 클리토리스를 자극하는 것은 손가락 하나로도 충분했다. 클리토리스 자극만으로 천국을 맛보았기 때문에 별다른 모험심이 생기지 않았다.

자위할 때 자연스럽게 다리와 엉덩이에 힘이 들어가는데, 그 힘에 따라 오르가슴의 속도와 감각이 배가됐다. 너무 많이 힘을 주면 종아리에 경련이 일어나는 것처럼 떨리더니, 다음날까지 알이 배긴 것처럼 엉덩이와 다리가 아팠다. 나중에 알게 된 사실인데, 항문에 힘을 주면서 질을 수축하는 이 느낌이 여성의 성감을 높여주는 케겔 운동이었다. 중학교 때 선생님은 '남자의 성기를 잘 조여주기 위해서, 질이 헐거워지지 않기 위해서' 하는 여성의 질 수축 운동이라고 케겔 운동을 소개했다. 그러나 케겔 운동은 오르가슴에 도달하기 위한 내 성기의 자연스러운 호흡이었다. 남자에게 만족을 주기 위한 것이 아니라, 내 성감을 위한 것이었다.

그것을 느껴버린 후 알게 된 사실들

성인이 되고 나서야 동성 친구들과 자위와 오르가슴에 대한 솔직한 얘기를 나눴다. 그리고 나는 무서운 사실을 발견했다. 대부분의 친구가 자위를 해본 적이 없고 남자와 섹스할 때 오르가슴을 느끼기는커녕 오르가슴을 느끼는 척 연기하는 감정노동을 하는데 신경을 쓰고 있었다. 오르가슴을 느껴본 적 없다는 친구도 있었다.

대부분의 남성은 일찍이 자위를 하고 자신의 성감을 충분히 알게 된 뒤에 섹스를 한다. 여성들은 남성들과 달리 자신의 몸과 클리토리스, 오르가슴과 친구가 되어 볼 기회가 적다. 적절한 신음소리를 내는 것과 섹시한 몸매를 가지는 것, 혹은 순결하게 보호해야 하는 것으로 여성을 조명하는 포르노와 폭력을 섹스라고 우기는 강간문화 속에서 여성이 자기 욕망에 집중할 틈이 있을까. 여성의 섹시함에 대해서는 끔찍할 정도로 관심을 갖는 반면에 여성의 성욕은 소외되는 지독한 아이러니를 발견한다. 이 사회는 남자의 욕망 대상으로 여성이 스스로를 '섹시함'에 가두도록 응원하고, 자신의 욕망에 집중하는 여성은 배척한다. 그 사실을 알게 된 이후, 그리고 페미니즘을 공부하면서 나는 여성의 성욕이 가부장제를 위협하는 강력한 힘이라는 걸 알게 되었다. 오르가슴을 느낀다는 이유로 여성을 마녀로 몰아붙이던 역사는 그리 오래된 이야기가 아니다. 오르가슴을 느끼지 못하도록 막는 이유는, 여성들이 자신의 감각을 믿고 원초적 감각이 깨어나는 것은 지금의 이 억압적인 체제를 위협하기 때문이다. 내가 자위와 섹스, 성욕과 성경험에 대해 구체적으로 글로 쓰는 이유이기도 하다.

> "나는 오르가슴을 경험한 여성이 세상을 바꿀 수 있다는 신념을 지니고 살아왔다. 성적으로 억압당하지 않는다는 것은 정치적으로 사회적으로 경제적으로 억압당하지 않는다는 것을 의미한다. 억압당하지 않는 여성은 누구도 가로막을 수 없다. 만일 모든 여성이 오르가슴을 경험한다면 세상은 훨씬 평화로운 곳이 될 것이다" -델 윌리엄스

나는 클리토리스가 그냥 '돌기'라고 생각했었다. 하지만 클리토리스는 엄청나게 복합적이고 부피 있는 신경다발이자 '기관'이라고 한다. 눈에 보이는 클리토리스의 면적은 빙산의 일각인 것이다. 사람마다 다르지만 클리토리스도 발기가 되고 오르가슴을 느낄 때는 꾸물꾸물 떨기도 한다. 최근 연구는 지 스폿이라 불리는, 여성 오르가슴의 비밀이 뭉친 지점이라 알려진 곳도 실은 클리토리스라는 거대한 조직다발의 일부라고 한다. 클리토리스는 내가 상상한 것보다 거대하고 위대했다.

마주보고 문지르고 쓰다듬는 섹스, 클리토리스 감수성

그러나 나는 한동안 파트너와 섹스할 때 포르노 감수성에 나를 끼워 맞췄다. 흥분하려고 남자친구와 함께 포르노와 야동을 보곤 했다. 커다란 화면에서 보여주는 그들의 체위를 따라하면서. 포르노 감수성을 좋아하고, 거기서 흥분을 느낄 수는 있다. 그러나 모두 야동에서 섹스를 배우니까 똑같이 어디어디를 애무하고 삽입하고 사정하고 끝나버리는 섹스를 한다. 이상한 일이다. 먹는 음식도 매일매일 다르고 휴대폰도 이렇게 다양한 세상인데 왜 섹스는 포르노 감수성으로 획일화되어있을까. 그리고 나는 왜 포르노 감수성에 나의 감각을 끼워 맞추려 했을까. 나는 파트너와 침대에서 섹스 후 집으로 돌아와 혼자 자위를 하면서 오르가슴을 따로 챙겼다. 나의 오르가슴은 침대에서도 소외되었다.

야동은 남자의 사정이 곧 섹스의 완성인 것처럼 느끼게 했다. 여성인 내가 야동을 보며 배운 여자 역할은 남성이 해주는 애무와 삽입에 따라 적절한 신음소리를 내는 것이었다. 특히 신음소리는 아주 중요했다. 억지로 내는 것이 아니라, 흘리듯 흐느끼듯 참지 못하겠다는 듯, 그러면서 참는 것처럼 해야 한다. 그러다가 남자가 사정을 할 때 즈음 못참겠다는 듯이 터져버리는 울음처럼 비명을 질러버리는 것(그러나 부담스럽지 않게 크지 않은 목소리로). 어려운 연기였지만 해낼 수 있을 것 같았다. 그리고 옷을 어떻게 입어야 하는지, 아예 벗고 있는 것보다는 조금은 걸치고 있는 것이 흥분된다는 점, 몸매를 잘 가꾸어야 한다는 점(야동 속 여성들의 몸매는 천편일률적으로 날씬했다)이었다. 그런 것들을 연기하기 위해 나는 노력했다. 사랑하는 사람에게 성적 만족감을 주기 위해 그런 것들을 해야 한다고 생각했고, 그것이 사랑의 표현이라 여겼다.

가부장 세계의 섹스 서사는 포르노, 삽입 감수성이다. 다양한 개성이 춤추는 사회라고들 말하지만 정작 살아가는 방식도 사고하는 틀도 획일적인 것처럼 섹스 감수성도 획일적이다. 어릴 적 즐겨봤던 야동의 섹스 서사는 남성의 사정이 클라이맥스를 장식했고, 여자의 정복당하는 듯한 신음소리와 정복하는 남자 성기의 피스톤 운동이 주가 되었다. 섹스에서 주도권은 남성이 쥐어야 하며, 여성은 성욕이 없거나 남자보다 적을 거라고 간주하고, 자위도 안할 거라는 환상 위에서 '폭력을 섹스라고 우기는 강간문화'가 힘을 얻는다. 여성의 오르가슴은 남성의 성기가 여성의 질 안으로 들어와야만 느낄 수 있을 거라는 오만한 착각이 남성들로 하여금 여성을 정복하고, 지켜주고, 따먹어야 한다는 환상을 부추기는 것이다. 하지만 그들의 착각과 다르게 여성은 자지가 없어도, 꼭 질 안에 무언가가 들어와 주지 않아도 얼마든지 오르가슴을 느낄 수 있다. 나는 클리토리스의 위력을 믿게 된 후, 정확히는 내 몸의 감각을 있는 그대로 믿게 된 후부터 자유롭게 오르가슴을 즐길 수 있게 되었다.

섹스만큼, 여성의 오르가슴만큼 이 사회에서 왜곡되고 소외된 감각이 또 있을까?

알몸으로 서로 뒤엉켜 있을 때도 내가 그랬듯 대부분의 여성들은 신음소리를 연기하고, 만족했다고 남자를 다독이고 추켜세우는 감정노동을 한다. 이것은 여성 개인에게 뿐만 아니라, 인류전체에게 비극이다. 섹스에 대한 다양한 상상력이 필요하다. 온전한 감각의 회복이. 이것들을 벗겨버리고, 모든 것과 알몸으로, 알맹이로 만나기 위해 나는 나의 감각을 믿기로 했다. 탄트라에서 섹스는 '우주의 본질과 자아의 합일'이라고 한다. 심오해 보이지만 생각해보면 자연스러운 말이다. 포르노 서사를 걷어낸 섹스는 나와 나 이외의 모든 타자와 관계 맺는 감각의 개성을 드러낸다. 인간은 몸의 동물, 어쩔 수 없는 감각의 존재다. 가장 밀접한 감각의 교감인 섹스에서 어떻게 타자와 관계를 맺고 이야기를 만들어나가는가는 그의 삶의 방식과 닮아있다. 섹스에서 다른 방식의 이야기를 만들어갈 수 있다면, 다른 삶의 가능성도 풍부해지지 않을까.

이제 겨우 나는 내 몸이 즐거워하는 게 뭔지 안다. 눈치 보지 않고,

욕망의 대상이 되지 않고도 오르가슴을 즐길 수 있다. 남근이 여성의 질 속을 쑤시고 박고 정복하고 지배하는 섹스가 아니라, 서로를 마주 보고 문지르고 쓰다듬는 클리토리스 오르가슴 같은 세상을 원한다. 나는 이런 감각을 클리토리스 감수성이라고 부르고 싶다.

하예나

DSO팀에서 대표로 일하고 있다.
항상 부족하기에 짐이 되지 않기
위해 발악하는 중.
언젠가 누군가에게 힘을 주고
도움이 되는 사람이고 싶다.
집 밖을 오가며
페미니즘 운동을 하는 중.

소라넷을
아웃시켰다

2016년 10월,
디지털 성범죄 퇴출 운동을 위해 집을 떠났다

부모님의 차를 타고 짐을 옮기는 도중에 엄마는 나에게 혹시 다단계를 하는 것이 아니냐고 물었다. 나는 깔깔 거리며 웃음을 터뜨렸다. 하필이면 다단계가 뭐람. 그런데 막상 아니라고 말하려 하니까 뭐라고 확실하게 아니라고 말하기는 힘들더라.

페미니즘 운동을, 쉽게 말해 인권운동을 업으로 지고 살아가겠다고 다짐하고 계획한다해도 사회적으로 성공하리라는 기약이 없다. 성공해 봤자 나에게 바로 떨어지는 이익, 부와 명성이 있으리라는 보장도 없다. 부모님이 보시기에는 그저 허황된 꿈인 것이다. 아버지는 나 하나 변화를 부르짖는다고 세상이 바뀌는 게 아니라고. 단순히 '미친년' 되는 것일 뿐이라고. "남들처럼 공부해서 대학에 가고 평범한 직장에 들어가면 안되겠냐"고 말했다.

부모님이 봐도 그렇게 비춰지는 내가 다른 사람들에게는 어떻게 비쥐질지 잘 모르겠다. 누구는 당당하고 굳센 어린 활동가, 누구에겐 게을러빠진 학생, 누구에겐 악독한 꼴페미일지 모르겠지만, 적어도 부모님 눈에는 다단계 외판원, 혹은 다단계에 홀린 어린아이로 보였던 게 분명하다.

엄마는 개고생만 할 거라고 빚은 내지 말라고 꾸짖었고 아빠는 개고생도 해봐야 정신 차린다며 나를 보냈다. 그리고 말 그대로 신나게 개고생 했다.

집 밖에 나와서 일을 하면 부모님의 반대에서 벗어나 한결 편해질 것이라고 생각했건만 지금 와서 생각하면 차라리 부모님의 잔소리가 백번 낫다. 타인과 같이 살아간다는 것, 그것도 살림을 꾸리며 살아간다는 게 절대 쉬운 일이 아니었다. 밀리는 집세, 공과금, 떨어지는 쌀 등등의 재정적 곤궁에 압박을 느끼며 쏟아지는 업무를 처리하고, 팀원들과 소통하면서 관계의 균형을 맞추는 것은 상상을 초월하는 정신적 스트레스였다. 또 서로의 모습이 보이지 않는 온라인으로 뭉쳐 무엇을 추구하던 시간과는 달랐다. 인터넷이라는 장막이 사라지고 직접 같이 생활을 시작한 그 순간 서로 의지가 될 것이라는 믿음과는 달리 각자의 책임과 고통, 활동에 의해서 소진되는 그들 각자의 삶과 인생이 노골적으로 드러났다. 계속해서 나를 한계로 몰아넣는 시간이었다. 사건 사고는 자꾸만 나를 찾아들고 잠시 도망가려면 걱정거리가 코앞으로 닥쳐 정신없이 해치워야 했다. 처음의 열정과 패기는 어디로 갔는지 기계적으로 주어진 일을 대강대강 처리하는 내 모습을 본 어느 날은 소름이 끼쳤다.

메갈리안에서 디지털성범죄아웃 대표가 되기까지…
도대체 나는 왜?

어느 날은 혼란스러워지기 시작했다. 나는 왜 페미니스트가 되었을까. 그리고 페미니즘이란 도대체 뭘까. 사실 내가 페미니즘이라는 단어를 알게 된 것은 3년도 채 되지 않았다. 그럼 나는 3년 전부터 페미니스트였던 걸까?

3년 전 혜성처럼 나타난 메갈리아의 탄생은, 첫 번째로 나라는 존재를 크게 변화시켰다. 이유를 알 수 없이 불편했던 모든 일들이 '혐오'이며 '폭력'이라는 단어로 정의 될 수 있는 '차별'이었다는 것을 알게 되었다.

그리고 메갈리아는 수년간 불편하게 생각했던 네이버 댓글을 바꿔내기 시작했다. 기상 캐스터의 옷차림과 몸매에 대한 품평이 난무했던 날씨 게시판의 댓글, 강간사건의 재판결과가 마음에 들지 않는다고 담당 판사의 딸과 아내가 강간당해야 한다는 식의 댓글, 성폭력 범죄의 여성 피해자가 꽃뱀일 것이라는 댓글들은 우리 여성들에게 '언어'와 그걸 입증할 '자료'가 필요하다는 생각을 하게 했다. 나는 메갈리아라고 불리는 이들이 앞장서 싸우는 투사라고 느꼈으며 내가 만일 할 수 있는 게 있다면 그들이 이용할 만한 정보와 자료를 내어주는 것이라고 생각했다.

어느 날은 '한강의 기적을 이룬 남자들의 은혜를 모르는 괘씸한 여자들'이라는 글을 읽은 후 당시 여성 노동의 흔적들은 죄다 찾아봤다. 학교를 다녀야 할 나이에 가발 공장으로, 섬유 공장으로 일하러 다니는 소녀들의 사진이 가득한 그때 그 시절. 똥물을 맞아가며 노동운동을 한 여성들, 그리고 당시 성매매의 현장을 보여주는 몽키 하우스. 한국은 여자들의 피눈물로 세워진 나라라는 걸 덕분에 알게 되었다. 나는 '키보드 싸움'의 논쟁을 볼 때마다 밤새도록 관련 반박자료를 찾아 정리했다. 그것이 나의 첫 번째 페미니즘 운동이 되었다.

소라넷 폐지 운동도 그러한 맥락으로 참여했다.

처음에 소라넷에서 일어나는 범죄에 대한 글이 인터넷에 떠올랐을 때, 소라넷을 옹호하는 무리들이 우루루 개떼처럼 몰려와 소라넷은 자유로운 성문화를 즐기는 집단이며, 성폭력 같은 문제 행위는 '일부'에 국한된 문제일 뿐이라고 말했다. 경찰은 범죄자들을 잡기 힘들다며 손사래를 쳤다. 주변 사람들에게 말하자 불편하고 남부끄러운 소리를 끄집어내는 유난스러운 여자가 되었다.

그 놈의 진절머리 나는 '일부'라는 말

어째서 그 일부는 어딜 가도 멈추지 않고 전부를 욕 먹이는 걸까?

어째서 그들 전부는 일부를 그리도 감싸며 이해하고 변명하는 걸까?

그들 전부가 그 일부를 감싸는 동안 소라넷의 실시간 강간을 포함한 범죄 게시물은 사이트의 메인 페이지에서 '인기 게시물'로 지속적으로 업로드 되었다. 그런 사실은 보지 못한 채 건전한 성적 유희만 즐겼다고? 심지어 도둑촬영사진(이하 도촬)을 올리는 '훔쳐보기 게시판'은 어쩔 것인가! 물론 자신들은 '도촬'을 연출한 것이라고 하지만 그런 안내 멘트 한 줄 보이지 않는데 이용자들이 알아서 '도촬'을 연출해 찍어 올렸단 말인가. 그리고 '도촬'을 연출했다는 것을 어떻게 입증한단 말인가. 게시물의 조회수만 십만을 넘어가는데, 일부 치고는 많지 않은가?

이런 의문들을 말하면 사람들은 과장하지 말고 증거를 내놓으라고 했다. 그래서 디지털성범죄아웃, DSO Digital Sexual crime Out가 만들어졌다. 지금 생각해보면 그만큼 특수한 연대체도 없겠다는 생각이 든다. 인터넷 속에서 여성들이 자신들의 말을 입증하기 위하여 뭉치기 시작한 것이다. 이름도, 직업도, 나이도, 서로에 대한 그 어떤 정보도 모른 채 단 한 가지 '소라넷'을 없애기 위해 움직였다. 함께 밤을 지새워 소라넷의 게시물을 기록하고 함께 작전을 세우고 고통을 나누었다.

매일 매일 올라오는 '취중 강간' 게시물을 하나하나 모아 그것을 정리했다. 하루 온종일 소라넷 사이트를 봐야했던 1개월간의 모니터링 기간은 모두를 정신적인 한계점까지 밀어 넣었지만 발악에 따른 성과는 있었다.

'취중 강간이 수시로 일어나고 있다'는 단순한 말과 '하루 평균 3건의 강간범죄가 일어난다'는 말의 무게는 달랐으니까.

하지만 우리가 입증해 낸 것에 마냥 기뻐할 수도 없었다. 그 말은 곧 한 달 동안 총 90명 정도의 강간 피해자가 발생했다는 증거이며 그로부터 계산되는 수많은 피해자들이 있다는 말이기에. 여지껏 무관심했던 나는 반성했으며 또한 분노했다. 의도한 바는 아니었지만 다행히도 이러한 사실들이 언론에 소개되며 소라넷은 '나쁜 사이트'로 찍혔고 페미니즘계를 벗어난 대중 뉴스에 등장하기 시작했다. 그러나 댓글 게시판에는 또다시 냉소적인 글이 자주 올라왔다.

기억나는 것을 하나 꼽아보자면 "그런 소라넷을 아는 것 보니 이미 문란한 여자들 아니야?"라는 말이다.

'걸레'로 시작해 '강간'으로 끝맺는 여성혐오의 온상, 소라넷을 아웃시키다!

그들의 추측에 의하면 '소라넷에 대항에 싸운 여성들은 평소에 소라넷을 즐겼지만 외모가 예쁘지 않아 초대되지 않았고 그 앙심으로 몇몇 사실들을 유출시켰다'고 한다. 이런 추측에 우리 측 활동가들은 분노를 터뜨린 사람도, 하도 어이가 없어 허탈한 실소를 흘리던 사람도 있었다. 그들은 온갖 억측으로 우리를 깎아내리는 행위를 서슴지 않았다.

그 가운데에서 나는 그들의 번개와 같은 태세 전환에 어이가 없어 코웃음을 쳤다. 누가 누굴 초대해? 자기들이 할 때는 '진보, 자유'라더니 여자들이 하면 '문란'이란다. 그러한 이중잣대 속에서 소라넷 여성 유저들이 '성적 자유'를 누렸다고?

나는 페미니즘 운동을 시작한 이후도 그 이전에도 '성'에 관심이 많았으며 친구들한테도 성적 농담을 자주 하는 편이었다. 친구들은 내가 던지는 농담을 부끄러워하기도 불편해 하기도 했다. 남자 아이들은 나와 있을 땐 편하다며 성적인 농담을 즐기곤 했다. 그러나 그런 자유는 말 뿐이었다. 나는 나의 사회적 가치를 위해 실제 섹스를 경험해선 안 되었다. 그 사회적 가치는 인간으로서의 최소한의 가치 같은 것이었다. 아니 여자로서 누릴 수 있는 최소한의 대우를 원했다. '걸레'로 취급받지 않을 권리 말이다.

여자로서 들을 수 있는 최악의 소문은 다름 아닌 '걸레'. 그리고 그것이 불러오는 결과를 나는 피하고 싶었다. 중학교 때 내 친구가 '걸레'라는 소문에 휩싸였다. 누군가와 섹스를 했다는 소문 그 자체로 그 아이는 '걸레'가 된다. '걸레'라는 소문은 단순히 여자 무리 사이에서 배척당하는 결과만 낳는 것이 아니었다. 그 소문은 남자 선배들한테로 흘러들어갔다. 그리고 그들은 전화를 걸어 그 아이를 찾아다녔다. 그 아이와 한번이라도 섹스 하기 위해서. 아니 강간 하기 위해서다. 친구는 울면서 나에게 숨겨달라고 했다.

경찰에 신고하지 않겠냐는 나의 제안에, 그녀는 부모님만큼은 몰랐으면 좋겠다고 말했다.

그래, 이 일이 알려지게 된다면 그녀는 평생 부모님과 갈등하며 살아가게 될지도 모른다. 왜냐하면 그녀는 '몸조심을 하지 않았기' 때문이다. 그렇게 소문이 나버렸기 때문이다.

나는 모든 것이 공포스러웠다. 그러한 일은 한번으로 끝나지 않았다. 나는 깨달았다. 그들에게 '걸레'는 강간해도 되는 죄지은 여성이다. 죄는 '몸조심을 하지 않은 죄'이다. 혹은 남자친구와 '섹스'를 즐긴 죄이다.

야한 농담을 하는 것만으로 죄지은 여성이 되는 것은 아니다. 한번도 '섹스'도 '키스'도 하지 않은 나는 그들 입장에서 건드릴 수 없는 여성이었다. 그들은 나를 치마 두른 남자라 말했다. '인간' 취급을 했다. 그걸로 다행이라고 생각했다. 어렸던 시절 잠깐의 그 기억은 날 누구보다 억압적인 여자로 만들었다. 이유는 앞서 얘기했듯 '인간'으로서의 대우를 놓치고 싶지 않았기 때문일거다.

그런데 소라넷에서 'SEX'를 즐긴다고? 자신의 성기를 자랑하는 게시판 외에는 '남자 성기'는 찾아 볼 수가 없다. 모든 게시물의 제목은 '여성'을 지칭하는 단어로 이뤄진다. 즉 여성의 신체의 대한 것들이다. 여성은 여친, 아내 혹은 '암캐' '수건' '골뱅이'로 지칭된다. 영상의 앵글은 여성만을 비추고 폭력적인 단어로 여성을 희롱한다. 어디서 어떻게 여자가 소라넷에서 섹스를 즐길 수 있다는 말인지 알 수가 없다.

그것은 단지 소라넷에만 국한되는 이야기가 아니다. 소라넷 이외에도 한국인을 대상으로 한 포르노 사이트 아니 동양의 성적 표현물은 대부분 여성에게로 앵글이 맞추어져 이리저리 휘둘리며 비명을 내지르고 남성에게 휘둘릴 뿐이다. 더 무서운 것은 그것을 너무 당연하게 여기는 한국의 문화이다. 우리는 그것이 여성혐오의 시발점이라고 생각했다. 그리고 그러한 사이트도 문화도 모두 바꿔버리자고 말했다.

그중에서도 최악이자 최대의 사이트 소라넷은 결국 폐쇄를 선언했다. 끝까지 '결국 사라지지 않을 것'이라는 말을 남겼지만. 우리는 지옥 끝까지라도 쫓아가겠다고 대응했다.

자, 이제 2년을 싸워왔다. 2년 동안 아프기도 많이 아팠고 괴롭기도 많이 괴로웠지만 그들이 남긴 얼룩을 지워가며 세상이 바뀌어가는 것을 느꼈다. 폭력으로 얼룩진 그들의 뒤를 쫓는 것이 고통스럽고 온몸이 얼룩으로 만신창이가 되었지만 말이다. 그래도 다시 싸우는 중이다. 이따금 사람들은 왜 그렇게까지 하냐고 묻는다. 그럴 때마다 나는 어린 시절의 나를 떠올린다.

"네가 여자이기 때문에 조심 했어야지."
"떠들어 봤자 너만 더 다칠거야."

사실 나는 아무 말 못하고 침묵해야 했던 어린시절의 나에게, 나의 친구에게 손을 내밀고 싶었던 것이 아닐까. 어린 소녀의 고통이 슬픈 혼잣말이 되지 않도록 말이다. 나는 결심했다. 내가 이 일을 그만두더라도, 정신 나갔단 소리를 듣더라도 언제까지나 성범죄에 노출된 여자들을 돕고 지지하겠다고.

Chapter 2

더 이상 개념녀가
되지 않겠다

국지혜

페이스북을 기반으로 활동하는
넷페미. 워마드 계열로 불리며
급진 여성주의 정치학을
실천하고 있다.

메갈리아, 워마드
그리고 헬페미

　　내가 워마드에 가입한 것은 작년 9월경이다. 이전에는 페이스북을 기반으로 글을 쓰고 키배[1]를 뜨는 등의 활동을 주로 하면서 워마드의 소식을 전해 듣기만 했다. 그 당시에도 급진적인 운동의 필요성을 이해하고 있었기 때문에 워마드의 악명 높은 프로젝트들[2]에 대해서 우호적인 글들을 많이 썼다. 그 글들은 '나는 워마드는 아니지만⋯ 이러이러한 점에서 워마드의 운동은 의미가 있다'는 식의 분석이자 응원이었다. 페이스북에서 '메갈웜'(메갈리아+워마드)이라는 단어가 널리 쓰이기도 했다. 처음에는 메갈리아와 워마드는 같은 뿌리를 가지고 있으며 이름만 달라졌을 뿐 큰 차이가 없다는 인식이 지배적이었다. 그런데 시간이 흐르며 점차 워마드가 문제적 그룹으로 여겨지는 일련의 사건들이 일어났고, 이에 따라 메갈과 웜은 맥락적으로 분리되었다. 그러면서 많은 페미니스트들과 진보 운동권의 활동가들 사이에 "메갈은 되지만 워마드는 안 된다!"는 식의 분위기가 퍼지기 시작했다. 메갈리

---

1 키보드 배틀, 키워(키보드워)라고도 한다. 온라인상의 댓글 논쟁을 말한다. 앞선 글 하예나의 〈소라넷을 아웃시켰다〉에서는 '키보드 싸움'으로 표현했다.
2 세종, 안중근, 김구 등 위인에 대한 모독, 태극기와 욱일기 합성 등의 국기 모독, 애비충 등의 패륜적 발화, 똥꼬충 등의 게이 비하 표현이 특히 문제적으로 여겨졌으며 일부 사건은 실제 경찰 수사로 이어지기도 했다.

아 커뮤니티는 이미 사라졌기 때문에 더 이상 사람들에게 위협적이지 않았다. 또 메갈리아 티셔츠를 입고 찍은 사진 때문에 해고된 넥슨 성우 사건과 정의당 사태[3]를 겪으며 '메갈리아'라는 이름이 모든 페미니스트의 명예로운 이름이 되었다. 메갈리아는 페미니스트들 사이에서 성역화되기 시작했다. 그에 반해 메갈리아로부터 '똥꼬충'이라는 단어를 가지고 나와서 급진적인 여성운동의 맥을 이어가려는 워마드는 여전히 왕성한 활동을 하면서 세상에 질문을 던지고 있었다. 워마드의 문제적 행보들을 껄끄러워하면서 거리를 두고자하는 페미니스트들이 점점 더 많아졌지만 워마드는 기꺼이 오명을 쓰면서 진흙탕에서 구르기를 자처하고 있다.

작년 9월, 페이스북에서 로리타 논쟁[4]이 크게 일어났었다. 이는 오랫동안 '메갈리아' 정체성을 공유하며 함께 좌표를 찍고 보력[5]지원을 나가던 페미들이 '자유주의 vs 급진주의'로 크게 갈리게 된 사건이다. 나는 이 때, 여성들의 로리 콘셉트 재생산에 비판적인 입장이었는데 당시 페이스북 논쟁에서 나와 같은 입장에 서 있던 페미들이 소수의 극단파

---

3 정의당 사태는 이 책의 Chapter3 박지아 〈운동권 페미니스트의 꿈, 그리고 승리〉 참조.
4 2016년 9월 경 페이스북에서 일어난 논쟁. 이 논쟁은 일주일 넘게 지속되었으며 페이스북 페미니스트 사이에 커다란 분열을 가져왔다. 여전히 대중문화에서 로리코드가 적극적으로 사용되고 있어 '로리타버스터즈' 같은 트위터 계정을 비롯하여 수많은 페미들이 이 문제로 싸우고 있다. 이후에도 #베이비로션_로리타 논쟁에서 '세대 간 성애'라는 개념에 대한 페미니스트들의 문제제기, 이서영과 윤김지영의 로리타 논쟁으로 확장되어 진행되었다. (이서영과 윤김지영의 로리타 논쟁의 논점은 따로 정리될 필요가 있는데 지면관계상 여기에서는 자세히 논의하지 않는다.)
5 온라인 페미니스트의 활동은 대표적으로 좌표 찍기와 보력 지원으로 이루어진다. 좌표 찍기는 여성혐오성 기사나 뉴스의 링크를 알려주면 대대적으로 댓글을 달고 추천수를 높이는 것이고 보력은 보지+화력의 합성어다.

로 몰려 워마드에 대거 입성하게 되었다. 소셜네트워크인 페이스북과 폐쇄적 커뮤니티인 워마드의 분위기가 많이 다르다는 것을 그때 처음 느꼈다. 워마드는 사실상 '보력발전소'와 같은 역할을 하면서 여성문제와 관련한 모든 콘텐츠가 생산되는 진원지이자 플랫폼의 기능을 하고 있었다. 페북이나 트위터에서 본 자료들은 거의 다 워마드를 통해 유통되고 있었다. 또 논쟁의 열기도 대단히 뜨거웠고 밖에서 언뜻 보고 판단하는 것처럼 아마추어 집단도 아니었다. 이전부터 여성운동을 해왔던 엘리트 활동가들이 분명히 존재하고, 새로 유입되는 신생 페미들이 학습하는 장이 되기도 했다. 나는 페이스북에서는 (몇 명의 친구로 연결된 제법) 유명한 계정자였지만 워마드에서는 n번째 윔런[6]이 됐다.

워마드에는 남성이 없고 네임드가 없으며 친목이 없다

페이스북에서 로리 콘셉트 관련 논쟁이 일어났을 때 나는 "성인 여성이 로리타 콘셉트를 취향으로 즐기는 것에 대해 반성하고 성찰해 보는 것이 좋겠다. 로리 콘셉트의 여성을 성적으로 소비하는 것은 남성이지만 실제로 지갑을 열고 해당 패션을 소비하는 것은 여성들이다. 여성들이 세일러복과 테니스스커트, 교복 스타일의 옷을 입고서 더 어려보이고 수동적으로 보이려고 할수록 사회의 페도 문화[7]를 키우는

---

6 워마드 + 런(년)의 합성어 준말.

데 일조하며, 이는 아동 피해자를 발생시킬 가능성이 있을 뿐만 아니라 여성 전체의 인권을 낮춘다. 성인 여성에게 어리고 순종적이며 수동적이길 강요하는 문화에 대해 재고해보아야 한다"고 주장했다. 그런데 이런 주장은 예상 외의 큰 저항에 부딪혔다. 나는 '여성들에 대해 검열을 하려고 한다', '페미 완장을 차고 여성의 자유를 억압한다'는 말을 들었고[8], 수많은 반박의견을 들었다. 이전에 사진작가 '로타'나 가수 '아이유'를 함께 비판하고 비난했던 페미니스트들이 왜 이렇게 격렬하게 거부반응을 일으키는 것인지 의아했다. 결국 말하는 태도가 잘못됐다는 지적과 함께 '페미니즘의 이름으로 여성을 억압하러 온 꼰대보수주의자'라는 말을 들어야 했다.

그 때 워마드에서는 우리[9] 손을 들어주었다. 페이스북에서는 로리를 비판하는 우리가 소수파였지만 워마드에서는 로리 콘셉트 취향을 여성의 자유로 인정하라고 주장하는 쪽이 절대 소수가 되어 내몰렸다. 우리 중 일부는 그 때 워마드에 처음 입성했는데 우리와 같은 의견을

---

7 페도필리아(Pedophilia)는 소아성애증을 말한다. 페미니스트들은 '소아성애'라는 단어 대신에 '소아성도착증'이라는 단어를 쓰고 있다. 어린 여자아이를 성적 대상화하는 문화를 '로리 문화' 혹은 '페도 문화'라고 부른다. 어린 여자아이를 성적 대상화하는 남성이나 이러한 문화를 비판 없이 수행하는 성인 여성을 '로리충', '페도충'이라고 부른다.

8 페이스북에서 내 신상은 어느 정도 알려져 있었다. 30대 후반의 기혼유자녀 여성인 나는 로리타 논쟁에서 꼰대 소리를 들을 수밖에 없었다. 워마드에서는 신상이 드러나지 않기 때문에 논의와 상관없는 인신공격을 당할 일이 없다.

9 나는 이전부터 페이스북에서 웜 계열로 불리고 있었지만 진짜로 워마드에 들어가서 활동을 시작한 것은 바로 이 때다. 메갈이나 웜이라는 단어는 과거에 꼴페미라는 말이 그랬던 것처럼 낙인을 찍기 위한 도구이지 실재를 의미하지 않는다. 지금도 워마드 회원이 아닌 많은 여성들이 워마드라는 말을 부정적 낙인처럼 입고 있으며, 그에 대해 별다른 반박을 하지 않는다.

가진 여성들이 많다는 것에 안도하며 환호했다. 워마드에서는 여성 스스로가 코르셋[10]을 벗기 위해 성찰하고 노력해야한다는 주장에 대부분 동의했다.

워마드에 안착한 우리들은 시간을 들여 여러 가지 분석을 했고 이런 결론을 내렸다. 워마드에는 '남성'이 없고, '네임드'가 없으며, '친목'이 없다. SNS에서는 페미들 간에 의견 차이가 있어도 친목 관계 때문에 적절한 수위에서 절충하고 타협하며 언쟁을 피하려고 노력한다. 서로가 서로를 알고 일상을 공유하며 관계망 안에 엮여 있기 때문이다. 또 상대적으로 발화권력을 가진 유명한 남페미들이 있는데, 각종 논쟁 때마다 남성들이 마이크를 잡기 시작하면 논의가 왜곡되곤 했다. 여성 문제에 남성들이 앞장서서 깃발을 들고 맨 앞에서 외치고 있는 모습은 그 자체로 기괴하다.

워마드 학습효과, 태도가 아니라 내용이 문제다!

워마드 내에서도 몇날며칠 지속되는 논쟁이 일어나는데, 그 수준이 SNS에서는 상상할 수 없을 정도로 거칠다. 예의를 차릴 필요가 없기 때문에 자기주장을 관철하기 위해 거친 단어를 사용하고 심한 경우에 분탕계정[11]으로 신고하기도 한다. 워마드는 철저한 익명체제를 바탕으

---

10 여성을 억압하는 사회 문화적 제도와 습관들을 상징하는 이미지로 사용된다.
11 여성들의 커뮤니티에 잠입하는 남성들의 계정. 불순한 목적을 가지고 특정 커뮤니티를 어지럽히는 행위를 분탕질이라고 한다. 웜에서는 일반적인 워마드 의견과 다른 주장을 하는 경우에 '자지'로 의심받는다.

로 하기 때문에 발화권력이라는 것이 없으며 서로 누가 누구인지 모른다. 글 쓴 사람이 누구인지 모르는 상태에서 추천과 공감을 하고 비판을 하는 식이다. 워마드는 철저하게 남성의 목소리를 배제하기 때문에 여성운동이 나아가야할 방향에 대해 온전히 여성들 간의 의견이 서로 부딪힌다. 아무리 페이스북이나 트위터, 오프라인에서 유명하고 쟁쟁한 사람이라도 워마드에서는 단 한 표의 목소리만을 낼 수 있다. 따라서 그가 하는 말은 온전히 그 '내용'으로만 판단된다. 거침없는 막말들에 기분이 상하고 상처받을 때도 있지만 논쟁이 끝나고 나면 툴툴 털고 다시 갈 길을 간다. 중요한 건 말하는 태도가 아니라 말이 전달하고자 하는 내용이고, 여성에게만 친절하고 예의를 갖출 것을 요구하는 사회에 저항하는 의미에서 특이한 소통 문화를 체화하는 과정이기도 하다. 의견이 있으면 울지 말고 말을 해라. 반박을 들으면 다시 설득을 하든지 깔끔하게 물러나든지 어쨌든 똑똑하게 말하라. 여기에서는 아무도 '왜 나에게 그런 식으로 말하느냐'면서 화내지 않는다.

내가 페이스북에서 의견을 낼 때 사람들은 내가 팔로워가 많고 친구가 많기 때문에 조심해서 말해야 하며, 예의를 갖춰야 하고, 상대방이 받아들이지 않으면 이후의 관계를 위해 적절히 물러날 줄 알아야 한다고 했다. 이 말은 논쟁을 하지 말자는 말과 같고 비판을 하지 말라는 말과 같다. 다시 말해 논쟁이 없는 페미니즘, 좋은 게 좋은 페미니즘을 하자는 뜻이다. 나는 페미니즘을 권력 투쟁으로 인식하고 있으며, 논쟁을 피하면서 좋은 게 좋은 식으로 권력을 얻을 수 없다는 것을 그 때나 지금이나 너무 잘 안다. 논쟁을 피하자는 이야기는 결국 '나를 비판하지 말라'의 다른 말이다.

나는 이후에도 미성년자의제강간죄 폐지를 주장하는 청소년 운동권, 페미니스트 여성에게 비건 채식을 제안하는 동물 운동권, 게이의 여성혐오에 대한 비판을 성소수자 혐오라고 몰아가는 퀴어 운동권, 페미니스트라고 주장하면서 성희롱과 데이트폭력을 자행하는 일부 남성 페미니스트들과 페이스북에서 격렬하게 싸우고 논쟁하는 한편, 워마드 내에서의 논쟁들에도 참여했다. 워마드에서는 여성에 대한 비판을 원천적으로 금지하자는 주장과 여성이라도 잘못된 행동(일명 자지짓)에 대해서는 비판할 수 있어야 한다는 주장 사이에 크게 논쟁이 일어난 적이 있으며, 박근혜 전 대통령의 탄핵 사태를 겪으면서 햇님 찬양[12]과 이를 말리는 사람들 사이에 격전이 벌어지기도 했다. 이익 사건[13]에서 비롯된 첫 번째 논쟁에서는 결국 보지라도 자지짓을 하면(여성이라도 남성 짓을 흉내 내면) 패야한다[14]는 것으로 결론이 났고, 박근혜 찬양 문제로

---

12 워마드에서 부른 박근혜 별명. 문재인을 달님이라고 부르는 것에서 착안. 박근혜 전 대통령의 탄핵 국면에서 워마드는 여성혐오에 대해 문제제기 하면서 오히려 박근혜를 찬양하는 분위기를 만들었다. 워마드 내에서 이러한 분위기를 비판하는 사람들이 밀려났으며 워마드가 '국정원에 먹혔다'는 소문이 돌았다. 워마드 계열의 페미들은 작년 박근혜 탄핵 촛불집회를 공식적, 비공식적으로 보이콧했으며, 여성들이 촛불광장에서 겪는 성추행과 성희롱, 여성대통령에 대한 퇴진 요구와 함께 폭발하는 여성혐오적 발화들에 대해 온라인상에서 공론화하는 일에 집중했다. 촛불광장에 나가 박근혜 퇴진을 외치는 대신에 광장의 여성혐오를 문제 삼은 것이다. 모두가 같은 목소리를 낼 필요는 없다. 누군가가 앞장서서 퇴진을 외치면 누군가는 '조개'를 주워야 한다.

13 이익 사건은 작년 10월에 일어났다. 미성년자 강간 사건에서 가해자 남성인 이익보다, 동조하고 2차 가해한 여성 L의 이름이 더 많이 회자되면서 언론 등에 L사건으로 명명되는 것에 대해 워마드는 여론전을 펼쳤다. 사건의 이름을 이익 사건이라고 확실하게 명명하고 모든 것이 남성인 이익 때문이라는 것이었다. 하지만 피해자는 가해 남성보다는 유명 웹툰 작가이며 메갈을 대표하는 페미니스트로 활동하고 있었던 L에 대한 고통을 더 호소했다. 워마드 내에서도 강간동조자가 여성이라는 이유로 감싸야하는가에 대한 논쟁이 일었다.

전쟁이 벌어졌을 때는 수일간의 격전 끝에 수백 명의 웜런들이 커뮤니티를 탈퇴하는 초유의 사태까지 벌어진 적이 있다. 그 외에도 크고 작은 논쟁이 있을 때마다 이탈자가 생기는가하면 또 새롭게 유입되는 사람들이 있었다. 간혹은 나갔던 사람들이 되돌아오기도 한다.

페이스북에서는 사실상 논쟁이라기보다는 악의적 왜곡과 조리돌림, 비난과 조롱이 이어지는 경우가 많고 이미 감정이 쌓일 대로 쌓인 집단 간의 반목 때문에 새로운 논쟁이 거의 불가능하다. 워마드는 한 번 지쳐 나갔다 들어온 사람이라도 새로운 논쟁에 참여할 수 있고, 이전 논쟁에서 서로 악다구니하면서 싸웠던 상대방이라도 이번에는 같은 목소리를 내면서 싸울 수 있다. 한 쪽에서는 계속해서 논쟁 글이 올라오지만, 한편에서는 보력 글이 올라오며 '싸울 때 싸우더라도 보력 가라. 이런[15]들아'라고 하면 다 같이 우르르 보력을 나갈 수 있는 환경이다. 내부의 논쟁은 논쟁대로 하되 외부의 적과 싸우는 데는 게을리 하지 않을 수도 있다는 것이다. 워마드는 셀털[16] 금지라고 해서 스스로 자기가 누구인지 절대로 신상을 밝히지 못하게 하는 규칙이 있다. 발화권력이 집중되는 것을 막으면서도 서로의 정체를 모른 채 언제든 다시 연대할 수 있는 중요한 장치이다. 그래서 이전 논쟁에 화가 나서 워

---

14 비판하거나 비난하는 것은 '깬다'고 말한다.
15 런은 '년'을 순화한 말.
16 셀프 신상털이의 준말.

마드 전체를 비난하며 울면서 떠났던 사람도 언제든 다시 돌아와 활동할 수 있는 것이다.

워마드에 대한 가장 큰 오해 중의 하나가 워마드는 연대를 거부하는 '분리주의자들'이라는 것이다. 워마드는 운동권 혐오가 심하고 다른 소수자 운동뿐만 아니라 여성운동권과도 거리를 둔다. 그런데 나는 워마드에 일베 출신의 웜런이 있다는 것을 안다. 박사모 활동을 하면서 박근혜 선거 캠프 활동을 했던 웜런도 있다. '오늘의 유머' 등 타 커뮤니티에서 유명했던 흉자 출신[17] 웜런들도 있다. 2008년에 광장에서 촛불을 들었던 웜런도 있고, 진보정치 현장에서 싸워왔던 웜런도 있다. 워마드가 아니었다면 내가, 일베를 통해 정치를 배운 사람들과 친구가 될수 있었을까? 나는 박근혜가 대통령이 되었을 때 일주일이 넘게 식음을 전폐했으며 깊은 우울증에 빠졌고, 세월호 사건 때도 마찬가지였다.

나는 일베를 증오하고 그래서 메갈리안이 되었다. 그런 내가 워마드에서는 박근혜를 진심으로 찬양하는 사람과도 친구가 될 수 있었다. 얼마 전까지 일베 활동을 하면서 '메갈년'들을 조롱하던 여성이라도 어느 날 갑자기 전향해서 워마드에 유입되면 모두가 따뜻한 말로 환영해 준다. 이렇게 우리는 여성인권을 위해서라면, 어떤 여성들과도, 언제든 연대할 준비가 되어 있다.

---

17 명예남성을 말함. 흉자는 '흉내자지'의 준말로 남성을 흉내 낸다는 뜻. 원래는 명자라고 불렸으나 명예자지의 명예가 긍정적인 뜻으로 읽힐 수 있어서 훨씬 어감이 좋지 않은 단어로 대체함.

말하자면 '내 편'의 기준이 완전히 다른 것이다.

워마드는 여성운동이 당연히 좌파정치권과 함께 해야 한다는 인식에 문제를 제기한다. 여성에게는 조국도 종교도 없고, 국가도 없다는 래디컬 관점에서 보면 여성운동이 당연히 정치적 진보와 함께 해야 한다는 주장 역시 교조적으로 들릴 수밖에 없다. 물론 여성 운동권 자체가 이미 수직적이고 권위적인 조직 중심이라는 것에 대한 거부감도 크다. 페이스북의 경우에서와 같은 인간적인 유대와 네트워크는 한편으로 강력한 힘을 발휘하게 하지만 다른 한 편으로는 내부적인 비판의 힘을 약화시키고 타 소수자 운동권에 대한 문제제기를 불가능하게 한다. 여성운동의 선배들이 역사적으로 증언한 이미 경험해 온 바이기도 하다.

지금, 여기서, 왜 래디컬인가?

래디컬 페미니즘은 미국이나 유럽에서도 더 세련되고 자유로워 보이는 포스트페미니즘에 밀려 낡고 구린 것으로 인식되면서 고전을 면치 못하고 있다. 페미니즘을 패션 아이템으로 즐기면서 유행처럼 가볍게 따르는 사람도 많다. 그런데 왜 한국의 젊은 여성들은 래디컬 페미니즘에 끌릴까. 2015년 최고의 유행어는 단연 '헬조선'이었으며, '맘충'이라는 단어까지 유행하며 여성혐오의 극단을 보여주었다. 그 와중에 메르스갤러리와 메갈리아가 연이어 탄생했다. 그만큼 젊은 여성들이 체감하는 한국의 여권 상황은 좋지 않았다. 이렇게 일어난 문화적 저항운동은 급진적일 수밖에 없다. 김치녀, 맘충이라는 프레임과 싸우면서 남성들이 만들어 놓은 '개념녀'의 틀에 들어가지 않겠다는 선언으로서 여성들은 비혼, 비출산을 외치기 시작했다. 메갈리아의 페미니즘은 이전에 10여 년 간 지속된 세대담론을 순식간에 끝장냈다. 지금 우리는 문제의 본질에 한 걸음 더 다가섰다. 여성혐오가 바로 세대 문제의 본질이고 헬조선의 민낯인 것이다.

한국은 여성문제에 있어서 임신중단권을 비롯하여 유리천장, 임금격차 등의 항목만 통계수치로 따져보아도 OECD 가입국 중에서도 하위권이다. 물론 헬조선이라는 이름에 걸맞게 2030세대 남성들의 박탈감도 심각하다. 그런데 남성 청년집단은 여성을 식민지로 삼고 여성의 몸과 경제권에 대한 문화적 통제를 통해 그 중에서도 기득권이 된다. 여성 청년들은 이중, 삼중고를 지게 되었다. 여성인권 관련 통계자료가 공개될 때마다 여성들의 분노는 커진다. 여성들은 아무리 노력하고 능력이 뛰어나도 기본적인 '몸의 권리'조차 인정받지 못하고 있으며 2016년 12월 29일 행정자치부가 발표한 '출산지도'처럼 지도상에 하나의 분홍색 점으로 표현된다. 이런 상황에서 남성들과 살아야 할 여성들이 연애와 결혼 가능성을 원천 차단하는 급진적인 방식의 운동을 벌이는 것은 당연하다. 그 중에서도 '내 몸은 나의 것[18]'은 가장 기본적이면서 급진적인 운동 구호이다. 1980년대와 1990년대 여아성감별

---

18 My Body, My Choice는 임신중단합법화 운동을 이끄는 워마드 BWAVE의 공식구호이다.

낙태(페미사이드)를 피해 태어난 세대가 저출생과 인구절벽의 앞에서 다시 자궁으로 소환되고 있다. 지금 여성들이 외치는 '비혼비출산'은 말 그대로 생존을 위한 구호이며, 나라 전체의 진보와 복지 전반의 개혁에 대한 요구이자 사회 전체에 던지는 질문이다. 여성들은 이 과정에서 여성의 몸을 자궁으로 환원하는 국가와 여성의 몸을 성취물로 여기는 남성 집단과 충돌할 수밖에 없다. 그리고 그 싸움은 격렬할 수밖에 없다.

나는 비혼주의자가 아니다. 나는 기혼여성이고 딸아이를 키우고 있다. 나에게 페미니즘은 패션도 유행도 아니고 내 딸과 또 다른 딸들이 앞으로 살아갈 세계를 위한 전쟁이다. 누군가는 나에게 기혼여성으로서 어떻게 래디컬이 되었냐고 묻고, 누군가는 기혼여성이 퀴어 여성에 비해 기득권자라는 주장을 하기도 한다. 우리는 밥그릇 싸움을 하는 파편화된 개인이 아니다. 내가 10대 청소년 여성, 20대 취준생 여성, 30대 레즈비언 커플과 같은 입장에 서서 연대하고 있는 이유는 나의 생존이 그 여성들의 생존이고 그들의 생존이 내 아이의 생존문제와 닿아있기 때문이다. 한국 남자와 정상가족을 이루고 살아가는 내가 급진적일 수밖에 없는 이유다.

나는 요즘 오프라인에서 기회가 되는대로 워마드에 대한 이야기를 한다. 얼마 전 페미광장에서는 온라인에서 활동하던 익명의 웜회원들이 나와 여성운동에서 워마드를 비롯한 래디컬을 배제하지 말라고 외쳤다. 앞으로 많은 강의실과 강연회, 토론장에서 더 많은 여성들이 웜밍아웃[19]을 하게 될 것이다. 사회가 다원화되면서 소수자 운동들이 날로 팽창하고 있다. 그 사이에 교차성의 문제와 갈등을 어떻게 풀어나갈 것인가에 대한 질문을 워마드가 하고 있다. 사회적 약자라고 해서 무조건적으로 연대할 것이 아니라 어떻게 협상하고 비판하고 지지하고 때로 대립할 것인가에 대한 질문도 워마드가 하고 있다. 기존의 페미니스트들은 워마드를 일베와 같이 취급하며 골치 아픈 문제적 집단으로 인식하기 전에 그동안 아무도 하지 않았던 질문들을 끊임없이 던지는, 워마드라는 웹사이트 이름 뒤에 숨은 수많은 여성들의 진짜 목소리에 진지하게 귀 기울여야 할 것이다. 워마드가 익명으로 싸우는 것은 그만큼 위험을 감수하고 있고 그만큼 격렬하게 싸우고 있다는 증거이고, 그만큼 여성들이 절실하고 절박하다는 뜻이기 때문이다.

내가 페미니스트 선언을 하고 본격적인 활동을 시작한 지 이제 겨우 일 년 지났다. 나의 역사는 메갈리아의 역사보다 짧다. 짧은 기간에 나는 수많은 악명들을 얻었다. 국정원, 박사모, NL계열 운동권, 친북주사파, 좌빨, 꼴페미, 페미나치, 꼰대보수주의자, 아나키스트, 메갈년… 앞으로 나에게 또 어떤 이름이 더 붙을까. 아마 앞으로도 동지보다 적이

---

19 워마드 회원임을 밝히는 것. 워마드에서는 웜밍아웃을 권하지 않는다. 여러가지 이유가 있지만 무엇보다도 개인이 위험에 처할 수 있고, 어디에서도 환영받지 못하기 때문이다. 그럼에도 워마드로 대표되는 래디컬 페미니스트들이 더 많이 공론장에서 말할 수 있어야한다는 의식이 생겨나고 있다. 일베의 유명한 구호가 바로 '어디에나 있고 어디에도 없다'인데, 워마드도 마찬가지다.

많은 삶을 살게 될 것 같다. 그리고 더 악랄한 이름들이 붙을 것이다. 그러나 이름도 얼굴도 모르지만 악랄한 이름을 두려워하지 않는 웜련들이 있고 나는 그들에게서 힘을 얻는다. 공론장에서 내가 옳은 말을 하면, 내가 내 생각을 말하면, 내가 내 주장을 말하면 나에게 이름이 붙는다. 나는 그 이름들이 모두 훈장 같다. 악명을 두려워하지 않는 웜돼지 마스코트를 보자. 얼마나 자랑스러운가.

워마드에 익명으로 올라온 웜돼지 이미지

홍승은

노래하고 글 쓰고 그림 그리는
사람. 여성혐오 사회에서 나고
자라며 몸에 깊이 밴 자기부정을
극복하기 위해 숨지 않고 말하는
법을 연습하는 중이다.
지은 책으로 『당신이 계속 불편하
면 좋겠습니다』가 있고
여성주의 저널 <일다>,
<여성신문>에 글을 연재한다.

계속
말하겠습니다

나에게는 아직 버리지 못한 오래된 입버릇이 있다.

"내가 뭐라고. 뭘 말할 수 있겠어."

이 같은 자기부정의 말은 집요하고 끈질기게 나를 쫓아다녀서, 어떤 때는 내 속에 나를 믿지 못하는 또 다른 내가 있는 것만 같다.

어린 시절부터 주위 사람들은 내게 말했다.

"승은이는 천상여자야. 순하고 얌전해."

'여성스럽게 얌전히 말 잘 듣는 큰딸'은 내게 입혀진 첫 정체성이었다. 사람들이 기대하는 천상여자 역할수행은 간단했다. 내 의견을 피력하지 말고 나대지 않기, 누군가 인정해줄 때까지 얌전히 기다리기, 감정 기복의 차이를 줄이고 이성적으로 행동하기. 그러나 천상여자는 매번 험난한 관문을 통과해야 겨우 도달할 수 있는 자리였다. 여자답게 행동해야지, 여자가 말이 너무 많으면 천박해 보여, 여자는 예뻐야지…. 끝없이 이어지는 '여자의 조건'은 외모부터 성격, 생각, 행동에 이르기까지 삶의 무수한 부분에서 나를 평가하고 제한했다. 당연하게도 그 모든 기준에 부합하지 못했던 나는 끝내 좌절을 느꼈고 오랫동안 열등감을 느끼다가 결국, 자신을 부정했다.

언어의 빈곤은 존재의 빈곤이라고 했던가. 내 고유의 생각과 말을 지울수록 존재는 희미해졌다. 나를 증명할 언어라고는 타인이 인정하는 잣대만 남았으므로 존재 이유를 타인에게 위탁한 나는 언제나 위태로울 수밖에 없었다.

침묵하지 않겠다

그런 내가 글 쓰는 사람이 됐다. 내 안에 감춰두었던 내밀한 사건과 상처를 응시하고 그것을 글로 표현한다. 여성혐오 사회에서 나고 자라면서 자기혐오를 내면화한 내가 글 쓰고 나를 드러내게 된 데는 여러 계기가 있다. 쓰는 고통보다 쓰지 않는 고통이 더 커서, 내 존재를 해명하고 의심해야 했던 괴로움을 더는 참을 수 없어서, 나와 같은 고통을 겪는 사람들이 많다는 걸 알게 되어서, 그것이 내 잘못이 아니라는 걸 알게 되어서.

"내가 더 이상 나를 죽일 수 없을 때, 내가 더 이상 나를 죽일 수 없는 곳에서, 혹 내가 피어나리라"는 최승자 시인의 시구처럼 더 이상 내가 나를 죽일 수 없다고 느낀 순간 나는 말을 시작했다.

하지만 아직 나는 자기혐오에서 자유롭지 못하다. 어느 밤, 아빠에게 온 메시지. "되지도 않는 일기 그만 써라. 네가 작가냐? 세상 무서운 지 모르는구나. 너 그러다가 크게 당한다. 이 어리석은 것아. 애비 말을 무시하고도 네가 작가냐. 정신 차려." 착한 큰딸 이미지를 벗어난 나에게 으레 돌아왔던 익숙한 반응이다. 아빠의 메시지를 받자마자 다시 머릿속에 나를 가두는 말들이 맴돈다. '나는 전문적으로 글을 배운 것

도 아니고, 통찰력이 뛰어난 것도 아니고, 글을 엄청 잘 쓰는 것도 아
닌데, 내가 누구에게 어떤 이야기를 할 수 있을까. 나같이 부족한 사람
이 왜 글을 쓰고 있는 걸까. 남들이 내 경험을 듣고 천박하다고 손가락
질하면 어쩌지.' 이제는 아빠의 말을 터무니없다고 여기고 흘려보내고
싶지만, 여전히 나는 같은 자리에서 넘어진다.

각자의 감옥

"고대생이니까 자퇴해도 주목받고, 서울대니까 자살해도 이슈가 되
는 거 아닌가요?" 작년 봄, 독서 모임에서 대학생 A가 한 말. 카페에서
만나는 청년들에게 종종 돌아오는 반응이다. 카페에 모이는 청년 대부
분은 수도권이 아닌 지방대학교에 재학 중이거나 기존 교육제도를 거
부하는 탈학교 출신이다. 학력을 포함한 사회적 조건이 충족된 이가
아니라면 아무리 말하고 글을 써도 메시지가 묻혀버릴 거라는 생각은
공공연하게 공유된다.

"제가 성폭행당한 사실을 털어놓으면, 저를 이상하거나 불쌍한 사람
으로 볼까봐 두려웠어요." 올봄, 글쓰기 모임에서 대학생 B가 한 말이
다. B의 경험을 듣고 함께 있던 여성들의 자기 증언이 시작됐다. 잊고
싶어서, 혹은 말 할 수 없어서 강제로 지워진 기억 저편의 불쾌한 시간
이 흘러나온다. 도대체 한국에서 성폭력을 당하지 않은 여성이 얼마나
되겠느냐고 되물을 정도로 폭력은 모두의 삶에 걸쳐있었다. 성폭력 자
체보다 그 후 자신의 피해를 '증언'하는 일이 더 위험하게 느껴졌으며

그 흔한 '꽃뱀 서사'에 짓눌려서 스스로 입을 닫아버렸다는 B의 말에 모두가 공감했다.

귀를 막고, 생각을 멈추고, 끝내 입을 닫게 만드는 공기처럼 자연스러운 논리들. A와 B의 반응은 단지 몇몇 사람의 자격지심이나 패배감에서 나오는 말이 아니다. 실제로 사회에서 '말할 수 있는 사람'은 매우 제한적이다. 출판 시장만 봐도 중심부(수도권, 고학력, 남성, 이성애자 등)가 아닌 주변부에 있는 저자는 상대적으로 매우 적다. 세상을 바꾸고 싶으면 일단 네 위치를 높이라는 뻔한 말도 소수의 높은 위치가 아니면 가만히 있으라는 메시지로 다수의 침묵을 강요한다. 게다가 여성을 향한 '꽃뱀', '창녀' 서사를 비롯한 입막음의 기제는 아직 매우 유효해서, 대다수 여성은 자신의 경험을 털어놓고 공유하는 것을 두려워한다.

개인적인 언어를 정치적으로 연결하기

침묵은 일시적인 안정을 주지만, 지속적인 안녕을 담보하지 못한다. 나를 비롯한 많은 사람들이 겪는 언어로부터의 소외와 자기혐오를 극복하기 위해서, 인문학카페에서 각자의 언어를 찾는 예술 활동을 시작했다. 누구나 자신의 이야기를 할 권리가 보장되어야 한다는 신념으로 글, 그림, 노래로 자신을 표현하는 '페미니즘 예술 프로그램'을 진행한다. 특히 중요하게 생각하는 건 개인적인 언어를 어떻게 정치화할 것인가에 대한 고민이다. '개인적인 것이 정치적인 것이다'라는 페미니즘의 오랜 명제를 내면화했다 하더라도, 그것을 '어떻게' 이룰 것인지는 여전히 어려웠다. 그래서 각 모임에서 나오는 결과물을 사회적으로 공론화하고 있다. 사소하지만 사소하지 않은 모두의 이야기가 사회에 퍼질 수 있도록 글은 독립출판물로, 그림은 전시회로, 노래는 인디레이블로 제작하고 있다.

재작년 겨울, 카페 글쓰기 모임 결과물을 엮은 〈ㅅㅅㅅ 쓰다〉가 나왔을 때, 책을 읽고 한 손님이 눈물을 흘렸다. 초임교사라는 그분은 책에 실린 중학교 선생님 M의 글을 읽고 학생을 바라보는 관점이 무척 공감된다면서 글을 써줘서 고맙다고 연신 말했다. 마침 글을 쓴 M이 곁에 있었는데, 누군가 자신의 글을 읽고 그토록 깊이 공감하는 모습에 더욱 글을 쓸 용기가 난다며 따라 눈물을 흘렸다.

몇 달 전에는 팀원 K가 제작한 독립잡지 〈핵노답: 무기력편〉을 꼭 구하고 싶다고 어떤 할아버지께서 전화를 주셨다. 손주가 고등학교를 그만두고 매일 무기력하게 집에서 시간을 보내는 게 걱정되고 마음 쓰였는데, 우연히 잡지를 알게 되어서 꼭 읽게 하고 싶다고. K는 고등학교와 대학교를 거부하고 자신만의 리듬으로 살아가는 스무 살 청년이다. 글을 쓰고, 음악을 만들고, 그림 그리고, 문화기획을 하며 자기만의 길을 걸어가고 있다. 그렇지만 K와 같은 삶을 사는 사람의 글은 쉽게 구해서 읽기 어렵다. 보수적이고 견고한 학교에서 '다른' 교육을 꿈꾸는 M의 글도 그렇다.

'아프니까 청춘이다' 혹은 "너의 불안은 이러이러한 요인 때문이야!"라고 콕 집어 말해주거나 위로해주는 책이 아니라, 같은 시대를 살아가는, 어쩌면 당신과 다를 것 없는 평범한 사람이 살아가는 이야기가 주는 울림은 크다.

그래서 나는 '존재를 위한 글쓰기'와 '독립출판'에 가장 관심이 간다. 앞서 언급한 M과 K 모두 자기 작품에 자신감이 없었다. 매번 자책하고 부끄러워했다. 그들이 언어로 자신을 표현하고, 책을 낼 수 있었던 것은 함께 글을 쓰며 지지해줄 수 있는 관계망이 있었기 때문이다. 자기혐오 역시 나만의 것이 아니라 모두가 원치 않게 겪는 문제라는 걸 알게 되었을 때 더듬거리더라도 자신을 증언할 힘이 생긴다.

소란스러운 혁명을 위해, 계속 말하겠습니다

한 인터뷰에서 페미니즘에 관심 있는 청년 여성들에게 해주고 싶은 말이 있냐는 질문을 받았다. "자신을 긍정할 수 있는, 안전하게 '말할 수 있는' 공동체에 닿는 게 중요하다고 생각해요. 한국 사회에서 많은 여성이 겪는 자기혐오를 극복하기 위해서는 수용적인 지지공동체가 있어야 해요. 그 에너지 장에서 말을 시작하면, 말이 글이 되고 그림이 되고 음악이 돼요. 자기의 서사를 스스로 구성하고 드러내는 일에 점차 두려움이 사라져요. 그게 우리의 언어가 되는 거죠."

인터뷰에서 미처 하지 못했던, 덧붙이고 싶은 말이 있다. 글을 쓰는 지금 이 순간에도 나의 오랜 벗, 자기혐오가 자꾸 고개를 쳐든다. 한때는 쓰다 보면 나아지려니 했지만 '여성혐오 사회에서 여성이 자신을 의심하는 습관을 벗는 일은, 회개나 혁명을 하듯 큰 결단이 필요하다'는 여성신학자 현경의 말을 접하고부터 자기혐오를 극복하기 위해 내

적혁명을 실천하고 있다. 다시 자기혐오의 감정이 찾아올 때, 나는 이 문제가 나만의 문제가 아니라는 걸 상기한다. 글을 통해 공감하고 연결될 누군가의 얼굴을 떠올린다. 페미니즘 저서를 읽는 것도 좋다. 내 책상 앞에는 페미니즘 문구를 옮겨 적은 필사 노트가 있다. 오늘은 노트에 적힌 레베카 솔닛과 미사 킨더의 글을 읽었다.

"여자들은 자기 불신과 자기 절제를 익히게 되는데, 남자들은 근거 없는 과잉 확신을 키웠다."
"남들이 당신을 설명하도록 내버려두지 말라."

나와 같은 고민을 한 여성들의 담대한 글을 읽으면 나를 표현하는 일이 덜 두려워진다. 이마저 안 통하면, 근거 없는 과잉 확신의 산물인 '한남'의 글을 찾아 읽는다. 이 정도의 글을 쓰고도 당당한 그를 보면, 내가 조금 더 뻔뻔해져도 되겠구나 생각하게 된다. 매일 아침 향초를 피워 명상하고, 매일 밤 칭찬일기를 쓰는 것도 좋은 방법이다. 내 안에 깊이 자리 잡은 자기부정을 조금씩 건강한 방향으로(가령, 겸손이나 성숙한 자아 성찰로) 동행하기 위해서라도 이러한 실천은 꼭 필요하다.

글을 쓸 때마다 침묵으로 안전해지기 바라는 욕망과 불쑥 솟아오르는 내 안의 무언가가 대립한다. 여성에게 침묵을 강요한 혐오의 역사와 그것을 뚫고 나오려는 내 목소리가 격렬하게 다툰다.

우연히 트위터에서 발견한 글, "알지, 아름답게 살려면 존나 싸워야

한다." '존나' 싸우는 법은 간단하다. 침묵을 강요받았던 존재가 입을 떼는 순간, 세상은 크게 놀랄 것이다. 여성은 누구든 각자만의 돌멩이를 몸에 지니고 있다. 그 돌멩이를 내 안에 간직하고 스스로를 무겁게 할 것인가, 아니면 밖으로 던져서 함께 흔들릴 것인가.

평화는 약자의 침묵을 전제한다. 그것이 평화라면, 나는 그런 평화를 거부하고 싶다. 아직 내면에 감춰진 각자의 돌멩이가 던져질 때 크기와 상관없이 물살은 흔들린다. 소란스러운 혁명의 시작이다.

다시, 내 몫의 말을 시작한다.

달리

일과 놀이의 경계 없이 노닐다가
지리산 여성주의 문화단체
<문화기획달> 상상지기,
페미니스트 타로 리더라는
직업이자 정체성을 만들었다.
생존자, 를 넘어
삶에서 환희의 춤을 찾아가는
지금이 즐겁다.

나는 너다. 너는 우리다

먼저 고백, 아니 자백한다. 마감일이 목을 죄어올 때쯤에야 '뭘 쓰랬지?' 눈을 비비고 다시 보았다. '대한민국 페미니스트의 고백.' 헐, 내가 무슨 짓을 한 거지? 텅 빈 화면이 블랙홀인 듯 한참 망연자실하였다.

'고백이라니, 무엇을 털어놓을 것인가', '아니 털어놓아도 되는가',

'아니 나 페미니스트는 맞나?', '혹시 이 글이 언젠가 내 흑역사로 남지 않을까?'

꼬리에 꼬리를 문 질문과 그 뒤에 가려진 두려움은 몹시도 익숙한 자기검열이었다. 자신을 내보이는 것이 곧 생존의 경계에 선 위험한 탈주행위임을 '여자'로서 평생 익혀왔다. 내가 어떤 사람이고 무엇을 원하는지 밝히기 위해선 항상 주변의 승인이 따라야 했다. 하지만 나는 내가 페미니스트인지 아닌지 평생 추궁해왔던 자신과 외부세계의 그 지독한 '진실공방'을 한번쯤 뛰어넘고 싶었다. 그러다 좀 당돌하면서도 새로운 질문에 도달했다.

대한민국에 살면서 페미니스트가 아닐 수도 있나?

나를 페미니스트로 만든 건 할머니, 엄마, 아빠, 동생, 친척, 친구, 애인, 동료, 선생님, 선배, 후배, 이웃들이다. 텔레비전에 나오는 연예인, 영화감독, 미술작가, 소설가, 시인들이다. 택시기사, 버스기사, KTX 승무원, 항공사 승무원들이다. 카페 직원, 서비스센터 상담사, 청소노동자, 식당노동자들이다. 청량리, 미아리, 신사동, 시골 다방, 작은 섬의 유흥업소 여성들이다. 심지어 지하철에서 지나가다 나를 툭 치고 "씨발년아. 똑바로 보고 다녀!"라고 욕했던 일반 남성 시민들도 나의 페미-파워에 훌륭한 자양분이 되었다. 그러니까 나는, 아니 우리는 이토록 페미니스트 양성소와 같은 사회, 국가, 행성에 살고 있다!(할렐루야?)

물론 모든 여성들이 어떤 부당함, 불쾌함, 폭력, 차별을 맞닥뜨릴 때마다 자신을 '페미니스트'로 존재증명 하지 않는다. 사실, 그것이 '잘못'되었다고 인식하지 않을 때가 더 많다. 그 '이상함'에 눈뜬 순간 나와 시스템이 적대 관계가 될 것임을 본능적으로 알고 있기 때문이다. 시스템의 적이 되면 사는 게 피곤해진다. 무엇보다 여성에게는 목숨과도 같은, '사랑받기'를 포기해야 한다.

불행인지 다행인지 나는 순응하기보다 질문하는 기질을 갖고 태어났다. 나의 질문은 '진실에 대한 추구'나 '존중 받아야 할 의견'이 아닌 '반항', '공격', (저렴한 표현으로는)'싸가지'로 해석되었고 질문에 대한 답 대신 '조롱', '처벌', '미움' 등을 얻어야 했다. 그렇게 여성을 정신분열로 몰고 가는 집단에서 평생 살면서도 질문을 놓지 않은 이유는 스스로 '자기배반'의 역사를 잇고 싶지 않기 때문이었다. 가부장제 사회에서 여성으로 '생존'하기 위해선 자기배반적 선택을 할 수밖에 없다. '현재형 페미니스트'로서 살아가며 가장 힘든 건 세상과의 충돌이 아니라

늘 바닥을 보여주는 나 자신과의 싸움이었다. 자신을 배반하는 선택을 했을 때도 계속 나를 사랑하고, 나와 더불어 살아가야 한다는 사실. 그 과정은 결코 아름답지 않았다. 찌질하고, 저열하고, 비겁하고, 부끄럽기만 하다. 하지만 나(와 많은 페미니스트들)를 위한 변명을 한 숟갈 보태본다면, '완벽한 페미니스트'가 있을까? 그게 무엇일까?

그래서 나는 매순간 나를 다시 안아 일으킨다. 어떤 선택을 하더라도 나를 버리지 말자고, 질문을 계속 하자고 속삭인다. 이 끈질긴 힘, 용기, 의지, 모두가 페미니즘으로 키워진 것이다. 이렇게 한바탕 돌이키고 나니 나에게 '여혐민국'에서 가장 위험하고 나쁜 여자, 페미니스트 정체성을 갖게 해준 이들 모두 내 주변에 있음을 발견했다. 내가 페미니스트로 무럭무럭 자랄 수 있도록 뿌리가 되어주고 물을 주고 숨통이 트이게 해준 여자들, 그들의 이야기를 남겨야겠다. 그들이 있어 내가 있고 나는 그들의 딸, 손녀, 자매이기에.

독신을 가르친 엄마, 혼자여도 괜찮아

개인 상담을 받을 때였다. 살면서 무력감을 느낄 때마다 도돌이표처럼 바로 순간이동 되는 장면이 있다. 빨래터에서다. 나를 외면하는 할머니 앞에서 성적표를 들고 우두커니 서 있던 열 살의 내 모습이 보인다. 세월이 한참 흘러 어른이 된 후에도 할머니에게 성적표를 들이밀고 칭찬 받고 싶어 하는 아이로 살았음을 깨닫고 그날 상담을 하면서 많이 울었다.

친할머니는 우리 집에 아들이 없음에 늘 아쉬워했다. 지금도 생생히 기억난다. 엄마가 만삭에 셋째를 유산했을 때, 할머니는 발을 동동 구르며 소리를 질렀다.

"아이고 아까워라! 이번엔 틀림없이 아들이었을 텐데!"

일곱 살이었던 나는 두 살 아래 여동생의 귀에 대고 조용히 속삭였다.

"쟤가 안 태어나서 다행이야. 남동생이 생겼으면 우린 이 집에서 쫓겨났을지도 몰라."

내가 어릴 때 할머니는 사촌오빠 중 하나를 아빠 호적에 올리라고 부모님에게 압박을 가했다. 입양을 거부한 아빠는 할머니와 자주 싸웠고, 그 와중에 엄마가 셋째를 갖게 되었다. 뱃속에서 죽은 아이가 사내였는지 아닌지는 분명하지 않다. 그러나 엄마가 셋째를 임신했을 때 온 집안은 당연히 아들일 거라는 분위기였고, 나는 엄마 배가 부를수록 불안해졌다.

유년기에 온몸으로 겪은 '존재의 위기', 그리고 동생이 죽었을 때 안도한 것에 대한 죄책감은 평생 나의 그림자로 따라다녔다. 내가 취약해질 때면 그 스위치에 자동으로 불이 켜지고 현재의 나와 화합할 수 없게 방해하며 나를 과거의 틀에 가둔다. 다행히 나는 거기에 머물러 있지 않았다. 나의 친할머니가 내게 물려준 가장 강력한 유산은 "계집애는 안 돼"였지만, 나는 그것을 '돼'게 하려고 끊임없이 분투했다. 처음에는 할머니의 유령에게 인정받기 위해서였으나 나중에는 나답게 사는 길을 찾는 과정이자 페미니스트 정체성을 만나는 뿌리가 되었다. 나아가 나의 불행과 고통을 여성으로서의 삶과 연결시키며 나를 밀어

내고 부정한 할머니 또한 자기모순적 존재였다는 것을 알아채기도 했다. 그렇게 가부장제의 화신이었던 할머니의 손녀는 낡은 유산을 털어버리고 '인정받지 않아도 온전한' 세상을 찾아가는 중이다. 누군가의 인정이나 승인 없이도 그 자체로 발 딛고 살아갈 수 있다는 믿음, 페미니즘은 할머니와 다른 세상도 나와 더불어 '존재'함을 가르쳐주었다.

나는 명절이 싫었다. 용돈 받는 건 좋았지만 엄마와 친척 여자 어른들이 부엌에서 며칠씩 힘들게 일하는 풍경이 내 눈에도 부담스러워 보였다. 전을 부칠 때 옆에서 뭐라도 주워 먹으려 기웃거리면 친척들은 나와 여동생에게 심부름이나 잔일을 시키려 했다.

"나중에 시집가서 사랑 받으려면 지금부터 배워야지."

"이렇게 일해야 사랑 받는 거면 전 시집 안 갈래요."

당돌한 나의 말대꾸와 가사노동 거부에 어른들은 기막혀 했다.

"어휴 쟤는 누가 데려가."

"오빠들은 왜 안 시켜요?"

"오빠들은 이런 거 할 필요 없잖아, 남자니까."

납득할 수 없었던 나는 부엌에서 멀리 쌩 도망가 버리곤 했다.

초등학교 때 꿈이 '독신주의자'였다. 여자 친구들이 '현모양처'의 꿈을 말하면 왜 아내나 엄마가 되고 싶은지 이해가 되지 않았다. 내가 본 아내나 엄마의 모습은 자유롭거나 행복하기보다 어딘가 매어 있거나 늘 요구만 받는 모습이었기 때문이다. 게다가 엄마는 내게 '결혼은 여자한테 무조건 손해'라는, 다소 특이한⑺ 주입식 교육을 시켰다.

"그럼 엄마는 결혼해서 안 행복해?"

"아니, 엄마는 행복한데 넌 결혼 안 해도 돼."

엄마는 내가 현모양처가 되기보다, 아나운서 백지연처럼 인정받는 커리어 우먼이 되었으면 좋겠다고 했다. 아마 백지연이 엄마가 본 여자 중 가장 예쁘고, 똑똑해서였을 것이다.

"여자도 자기 일만 있으면 얼마든지 혼자 살 수 있어. 여행도 다니고 자기 마음대로 살면 멋지잖아."

엄마는 시가 바로 옆집에 살며 혹독한 시집살이를 겪었고 30년간 집요한 아빠의 요구에 맞추며 충실한 '현모양처'의 삶을 살았다. 아마 나에게는 자신이 펼치지 못한 꿈, 다른 삶에 대한 가능성을 보여주고 싶었을 것이다. 아이러니하게도 그 꿈을 이룬 건 내가 아니라 엄마였다. 나는 엄마의 기대와 달리 결혼을 선택했고, 엄마는 딸들이 모두 독립한 뒤 아빠와 가족을 떠났다. 나조차도 한동안 그런 엄마를 용서할 수 없었는데 어느 날 그런 말을 들었다.

"엄마가 당신을 떠난 게 화가 난다고요? 30년이나 곁에 있어주었는데도?"

그제야 나도 엄마의 발목을 붙들고 있던 사람 중 하나임을 깨달았고, 엄마의 인생과 선택을 응원하기로 했다. 나에게 다른 길을 허용해준 특별한 여자를 엄마로 만났음에 고마워하며.

성매매 현장, '언니'들

얼마 전 정희진 선생님의 강의를 듣던 중 위트와 뼈가 있는 말을 들었다.

"성매매가 어떻게 성노동이에요, 중노동이지."

성매매를 규정하는 방식에 대해 페미니스트들의 의견이 분분하다. 그러나 나는 성매매는 무엇이라 분명히 말할 수 없다. 성매매 현장 곁에 잠시 머물렀던 경험은 내게 여성의 삶을 하나로 정의할 수 없게 만들었다. 어쩌면 당연한 것임에도, 그 혼란과 무력함은 몇 년간의 반성매매 활동 내내 나의 머리와 가슴을 복잡하게 했다.

처음에는 다들 그렇듯 나도 어떤 '사명'을 가지고 뛰어든 것 같다. 그러나 그 사명이란 게 얼마나 부서지기 쉬운 허울이자 부끄러운 허위의식이었는지 알기까지는 오래 걸리지 않았다. 타인에게 도움을 주겠다, 더 나은 세상을 만들겠다, 나쁜 것을 바로 잡겠다는 나의 '성스러운' 목적의식이 성매매 여성들에게 가닿을 리 없었다. '언니'들은 내게 아무렇지 않게 말했다.

"너 내 덕분에 월급 받잖아."

"사람들이 우리를 어떻게 보는지 우리가 제일 잘 알아."

나는 '아니'라고 말하지 못했고, 시간이 흐른 뒤 내가 바꿀 수 있는 건 아무 것도 없음을 깨달았다. 그것은 '무력감'이나 '포기'와는 다른 '발견'이었다. 성매매 당사자와의 간극을 있는 그대로 받아들이는 한편 성매매를 나의 문제로 계속 지켜보는 것, 미미하지만 그게 내가 할 수 있는 최선이었다. 그렇기에 활동을 그만둔 지 8년 가까이 된 지금, 내가 성매매 문제에 있어 유일하게 '한' 일은 '목격' 뿐인지도 모른다고 생각한다.(남들은 이것을 '반성매매 활동'에 대한 너무 박한 평가로 볼지 모르나 어쨌든 나는 그렇다)

청소년에서 할머니까지, 도시의 고급 룸살롱에서 외딴섬의 주점까지, 텐프로에서 쪽방촌까지, 대학생에서 지적장애인까지, 층위와 세대 구분 없이 여성들 삶 속에 스며든 성매매를 만났다. 죽어 나가는 여자들, 맞은 여자들, 강간당한 여자들, 사회에서 버림받은 여자들, 두려움에 떠는 여자들, 그러면서도 죽을힘으로 살아가는 여자들을 만났다. 그녀들의 고통이 곧 나의 고통이고 그녀들의 슬픔이 곧 나의 슬픔이던 그때, 나는 분노와 좌절의 정점에서 스스로 타오르다 병을 얻어 그곳을 떠났다. 그리고 한동안 자책에 짓눌리기도 했다.

성매매 현장 주변인으로 살 때엔 그녀들에게 내가 어떤 의미인지 고민하곤 했는데, 지금은 나에게 그녀들이 어떤 의미인지 생각하곤 한다. '목격자'로서 충실하기 위해 이웃들과 함께 만드는 잡지 〈지글스[1]〉에 성매매 활동 경험에 관한 글을 '증거'로 남기기도 했다. 지금은 '언니'들 곁에 있지 않더라도, 같이 살아가고 있다는 사실을 잊지 않기 위해. 나의 눈길 하나라도 그녀들의 존재에 보태기 위해.

글로 울타리를 엮은 <지글스> 너머의 삶 함께 상상하기

시작은 '깃털처럼 가벼[2]'웠다. A4용지 한 쪽을 덜렁 들고 "글 한번 써 볼라우?" 이웃 언니들 옆구리를 쿡쿡 찔렀다. 그나마 그 불친절한

---

1 〈지글스〉는 출판사 문화기획달에서 발행하는 지역독립잡지이다. 지리산 지역에 거주하는 여성들의 창작물이 담기며 계절마다 내고 있다. 〈지글스〉 페이스북 페이지 참조.
2 책 『시골생활』 (정상순 지음, 문학과지성사) 63쪽에서 인용. "깃털처럼 가벼운 그녀, '달리'의 속삭임에 귀 얇은 인간 하나가 홀러덩 넘어갔다."

'찌라시'에도 '생활밀착형 B급 교양문예지 지글스(지리산에서 글 쓰는 여자들)'라는 설명을 조금 끄적거린 것 외에 무슨 책인지, 어떻게 만들 건지 같은 설명은 별로 없었다. 재미있는 시도, 작은 마을의 해프닝으로 지나갈 법도 했는데 어쩌다 보니 열네 권의 책을 내며 〈지글스〉는 4년째 끈질기게 이어가고 있다.

나는 30대를 맞으며 서울을 떠났고 그 다음 해에는 도시의 삶을 떠났다. '귀농'이라 하면 남들은 대단한 결심이나 엄청난 준비가 있었을 거라 짐작하는데 나는 도망, 추방, 혹은 유배라 여겼다. 당시 몸과 마음은 물론 잔고까지 탈탈 털린 채였고 새로운 삶에 나를 '이식'하지 않으면 더 이상 살 수가 없는 상태였다.

평생 도시의 환경과 사이클, 문화에 맞추어 살아온 나에게 농촌으로의 이주는 '대변혁' 내지 '다른 우주로의 이동'과 같았다. 마치 지구의 자전이 반대 방향으로 바뀐 기분이랄까. 걸음마를 시작한 아이처럼 시골살이의 방법을 처음부터 배워가는 대부분의 귀농인들이 그렇듯 나 또한 시골에 들어옴과 동시에 '알아서' 겸손해졌다. 인사 잘하기, 분위기 깨지 않기, 무조건 적응하기, 이런 '외지 것을 위한 삼박자'는 몸으로 자동체득 되었다. 여기는 '원래' 그렇다는 말은 모든 질문을 생략하게 했다.

그렇게 '나'를 지우는 게 익숙하다 못해 당연해질 무렵, 나는 '이렇게 살려고 시골에 왔나' 씁쓸하고 헛헛한 마음을 채우고 싶어 글을 쓰기로 했고 책을 내자고 했다. 뜻밖에 손을 잡아준 여자들이 스무 명 가까이 되었고 우리는 용감하게 바로 잡지를 창간했다. 각자의 이야기가 만나 책이라는 꼴을 갖추며 존재감을 갖게 되자 우리의 일상에도 촉촉

한 물기가 맺히기 시작했다. 우리는 서로 "잘했어", "대단해", "감동적이야" 같은 감탄사 가득한 소감과, 글을 씀으로써 내 삶에 어떤 변화가 있었는지 간증하면서 흡사 부흥회 같은 모임을 열곤 했다. 그렇게 서로를 넉넉하게 지켜보는 마음에 힘이 실리면서 '농촌에서 여성으로 사는' 것에 대한 고민, 문제의식, 성토가 물꼬를 트기 시작했다.

사실 〈지글스〉는 페미니즘 매체도 아니고, 지금도 그렇다고 딱 잘라 '분류'할 순 없다. 그러나 여성들이 모여 목소리를 내면서 자연스레 여성으로서의 삶과 정체성, 일상의 문제들에 눈을 뜨게 되었고 그 동력은 〈지글스〉를 내는 지역단체 문화기획달[3]의 방향을 페미니즘 활동으로 이끌었다. 〈지글스〉를 통해 어쩌면 필연적으로 터져 나온 여성들의 요구는 문화기획달의 활동 기반이 되었고, 꿈쩍도 하지 않을 것 같은 보수적인 농촌 지역에 '페미니즘 캠페인'이라는 신선한 바람을 만들었다. 물론 우리의 범상치 않은 움직임에 볼멘소리도 나오고 우여곡절도 많았지만, 함께한다는 든든함 덕분에 어깨가 움츠러들지 않았다.

작년 문화기획달의 페미니즘 캠페인을 주제로 마을에서 포럼이 열렸다. 두 시간 넘게 진행된 강의와 발표, 토론에도 불구하고 남성 주민들은 지역에서의 페미니즘 활동에 대해 떨떠름한 반응들을 내놓았다. 사회를 보던 나는 마무리를 지으며 "우리는 여기에 살기 위해 (활동)한다" 말하곤 울컥해버렸다.

---

3 문화기획달은 전북 남원시 산내면을 중심으로 활동하는 여성주의 문화단체이자 소규모 출판사이다.
mooncult.blog.me

살면서 내가 질문을 하는 만큼 나도 많은 질문을 받았다. 페미니즘이 왜 필요한지, 〈지글스〉는 왜 여자들끼리만 하는지, 왜 모든 것을 걸고 넘어지는지 말이다. 오랜 시간 상대를 설득하기 위해 완벽한 논리와 정답을 찾으려 시간을 허비했다. 사실 그런 건 애초에 존재하지 않았는데 말이다. 상대는 내 말을 들을 의도가 없었고, 나에게 동의하지 않는다는 말을 질문으로 포장한 것뿐이기 때문이다.

결국 나는 내 안의 가장 절박한 답을 찾았다. 살기 위해서였다, 늘. 나로 살기 위해, 있는 그대로 존재하기 위해. 그래서 아직도 나는 '현재 진행형 페미니스트'이고, 같이 살아가는 여자들에게 계속 말을 건다. 내가 바로 너라고, 너는 곧 우리라고.

조남주

소설 『82년생 김지영』의 저자.
20대에는 TV 시사교양
프로그램의 대본을 썼고,
30대에는 아이를 키웠고,
40대에는 소설을 열심히
쓰고 싶다.

딸, 엄마,
페미니스트

우등생이라고는 할 수 없지만 모범생에 가까운 학생이었다. 몸이 바스라질 정도로 아프지 않는 한 학교를 빠지지 않았고, 등교시간에 늦지도 않았고, 과제는 미리 해 두었다가 제때 냈다. 머리는 좋은데 노력을 안 한다거나 원래 실력은 좋은데 시험을 망치는 학생은 아니었다. 시험공부도 열심히 했고, 어깨가 아프도록 바짝 긴장해 시험을 치르는 편이라 큰 실수도 하지 않았다. 좋든 나쁘든 결과는 내 실력 거의 그대로였다.

대학 졸업반일 때부터 TV 시사교양 프로그램의 작가로 일했다. 누군가 불러주지 않으면 일 할 수 없는 프리랜서지만 타의로 일을 쉬어본 적은 없다. 연차가 비슷한 작가들과 비교해 늦지 않게 자리를 잡았고, 주요 프로그램도 두루 거쳤다. 시사 상식이 풍부하거나 교양이 있거나 실력이 뛰어났던 것은 아니다. 그냥 열심히 부지런히 일했다. 내가 이룬 크고 작은 성취들은 모두 내 최선이었고, 투덜투덜 했지만 내 삶에 만족했다.

그러는 사이 모든 것이 당연해졌다

딸이 태어나고 일을 그만두었다. 정확히 말하면, 아이를 낳고 삼사

년 쯤 지난 후에 내가 일을 그만둔 상태라는 것을 깨달았다. 아이의 첫 돌이 지나 모유수유를 끝내고 나서야 다시 일을 할 수 있지 않을까 생각이 들었다. 막 근처 어린이집들을 둘러보기 시작했는데 급히 작가를 구하고 있다는 연락이 왔다. 다급하게 아이 맡길 곳을 수소문했지만 마땅치 않았고 그 일을 포기했다. 또 급한 연락이 오고, 또 수소문하고, 또 포기하기를 반복했다.

친정 근처로 이사를 갈까? 하지만 엄마는 이미 조카들을 보고 있는데. 영아전담 어린이집에 보낼까? 하지만 내 일은 어린이집 보육시간보다 훨씬 늦게 끝나는데. 입주 도우미를 구할까? 하지만 이 작은 집에서 모르는 사람과 사는 건 엄두가 안 나는데. 옛 동료들은 얼른 복귀하라고 할 수 있다고 응원해주었고, 남편도 아이 걱정은 말고 다시 나가서 일하라고 격려해주었다. 솔직히 조금도 고맙지 않았다. 아이 맡길 곳을 찾아 동동거리고 불안해하고 죄책감을 갖는 것은 오로지 나만의 몫이었기 때문이다.

그러는 사이 아이에게는 엄마가 자신의 곁에 24시간 붙어있는 것이 당연해졌다. 친정과 시댁 식구들은 모두 직장 근처로 뿔뿔이 흩어져 살고 있고, 평범한 회사원인 남편은 새벽에 출근해 늦은 밤 퇴근하고, 출산 직전까지 남편과 비슷한 생활을 했던 나에게 동네 친구가 있을 리 없었다. 아이는 작은 아파트 안에서 엄마의 얼굴만 보고, 엄마의 목소리만 듣고, 엄마와 온종일 부비며 놀다, 엄마와 함께 잠들었다. 내가 세상의 전부인 아이를 품에 안고 나는 내 세상을 그리워했다. 나밖에 모르는 작은 아이가 정말 미치도록 예쁜데, 때로 그 아이가 너무 원망스러웠고, 그 마음이 다시 죄스러워 견딜 수 없었다.

아이에게는 분명 아빠가 있고 가족이 있고 이웃과 사회와 국가가 있는데 왜 육아에 따르는 모든 물리적 정신적 노동은 엄마인 나만의 몫인지 그때는 고민할 겨를도 없었다. 나는 가사 및 돌봄 노동에 재능과 관심이 전혀 없는 사람이다. 어느 날 정신을 차리고 보니 이미 그 일을 떠맡은 상태였고, 못하는 만큼 더 열심히 하지 않으면 오로지 나에게만 의지하고 있는 생명 하나가 위태로워질 상황이었다. 나는 이번에도 최선을 다했다. 습관대로 성실했다. 그리고 많이 아팠다.

아이를 어린이집에 보내면서 간단한 인적사항을 제출해야했다. 알레르기를 유발하는 음식이 있는지, 크게 아프거나 입원한 적이 있는지, 주로 다니는 병원은 어디인지, 어린이집에 데려다주고 데리러 오는 사람은 누구인지 하는 것들이었다. 보호자의 휴대전화 번호와 직장 전화번호를 적는 란을 차분히 채우다가 깨달았다. 아, 나에게는 직장이 없구나. 나는 일을 그만두었구나.

그게 어때서? 나는 일을 안 하는 게 아니라 육아와 가사노동을 하는 거다. 세상에 아이를 키우는 일만큼 중요한 일은 없다. 여자는 약하지만 엄마는 강하다. 가사노동의 가치를 연봉으로 따지면 삼천만 원이랬나 사천만 원이랬나… 직접 겪어보니 다 헛소리였다. 당장 통장에 꽂히는 금액이 없는데 연봉 계산이 무슨 의미. 엄마가 아이 키우는 건 너무 당연해서 못하는 엄마가 죄인일 뿐이었다. 분명 아이도 키우고 살림도 하는데, '집에서 놀면서'라는 말이 접두사처럼 붙어 다녔다. 집안일의 최대 성과는 현상유지라는 것을 나도 해보고서야 알았다. 여자고 엄마고 그런 구분도 지긋지긋했다. 나는 그냥 사람인데.

딸의 모든 첫 순간을 함께 했다. 딸이 잠든 사이 조심조심 깎아냈던 말랑하고 투명한 배냇 손톱과 발톱들이 은하수 같이 예뻐서 몇 달이 지나도록 버리지 못했다. 음마, 하고 나를 부르던 딸의 목소리, 처음으로 혼자 일어서서 박수를 치며 뿌듯해 하던 모습, 난생 처음 다디단 딸기잼을 맛보았을 때 그 환희에 찬 표정, 모두 생생하게 기억한다. 아이를 키운다는 것은 이토록 벅차고 행복한 일이다. 그런데 그때는 온전히 느끼지 못했던 것 같다. 내 남은 인생이 예상 가능했다면, 막막하지 않았다면, 다시 나로 돌아간다는 보장이 있다면, 그 순간들을 더 기쁘게 누릴 수 있었을 텐데.

발표하지도 못할 소설들을 차곡차곡

어느 날 남편이 당분간 아침에 조금 일찍 나가야 할 거라고 했다. 진급교육을 받으러 간단다. 보직이 달라지는 건 아니고 직함만 붙는다고, 그냥 연차가 돼서 동기 대부분 똑같이 하는 진급이라고 대수롭지 않게 말했다. 경력과 실력이 쌓이면 경제적으로나 사회적으로 보상이 따른다. 물론 요즘 그렇지 못한 직장도 많고, 취직 자체가 어렵지만, 어쨌든 보상이 있는 것이 맞다. 그럼 지금 내가 하고 있는 노동은 어떤가. 생각이 많아졌다.

'엄마처럼 살지 않을 거야'라는 말은 우리 세대에게 구호 같은 것이었다. 윗세대 여성들처럼 희생을 당연하게 받아들이지 않을 것이라는 선언이면서 당당하게 자신의 삶을 살 수 있다는 자신감의 표현이다. 실제로 우리 세대 여성들은 남성들과 비교적 동등한 교육을 받았고, 사회에 진출할 때 노골적인 차별을 받지는 않았다. 그리고 그 이후에는? 나는 어느 순간 나와 잘 맞지 않는 일을 하면서 내가 꿈꾸던 미래와 멀어져가고 있었다. 내 노동은 아무 보상 없이 지워졌다. 이대로라면 내 딸도 자라서 '엄마처럼 살지 않을 거야'라고 말하겠구나.

내 선택이라고 생각했다. 입주도우미를 고용하지 않았으니까. 무리를 해서라도 양가 부모님께 아이를 맡기지 않았으니까. 어린이집 보육 시간에만 할 수 있는 다른 직장을 구하지 않았으니까. 그 전에 결혼하고, 아이를 낳았으니까. 나는 늘 성실했고 일하는 것을 좋아했고 능력이나 열정이 없지도 않았는데 왜 그런 선택을 했을까. 스스로의 선택을 이해할 수 없었고, 그제야 나에게 선택지가 너무 제한적이었다는 것을 알았다. 정보가 너무 부족했다는 것도 알았다. 엄연히 내 선택이 아니었다.

고민 없이, 후회와 원망 없이 대한민국에서 여자로 살 수 있을까. 나는 그 고민과 후회와 원망을 『82년생 김지영』이라는 소설로 썼다. 소설의 주인공 김지영 씨는 나처럼 평범한 30대 전업주부다. 소설은 김지영 씨가 대한민국에서 여자로 태어난 순간, 사실은 태어나기도 이전부터 현재에 이르기까지 오로지 여자이기 때문에 겪었던 온갖 차별, 위협, 혼란, 좌절에 대한 이야기다. 이 소설을 쓰게 된 계기가 무엇이냐는 질문을 많이 받았다. 글쎄, 언제를 시작이라고 할 수 있을까.

빈 한글 문서에 소설의 첫 문장을 적기 시작한 것은 2015년 추석 연휴 직전이었다. 결혼한 후로 명절을 앞두고는 알 수 없는 우울감, 좌절감에 휩싸이곤 했는데 그 해에도 그랬다. 결혼하고 첫 명절, 차례를 지낸 후 남자들은 따뜻한 안방에서 밥을 먹고, 그 음식을 차린 여자들은 난방이 되지 않는 차가운 마루에서 밥을 먹는 모습을 처음 봤다. 그때의 충격과 자괴감을 잊을 수 없다. 10년 만에 겨우 그 풍경은 사라졌지만, 평소 잘 하지 않는 음식을 서툴게 만들며 편하지 않은 친척들 틈에서 감정노동을 하는 상황은 여전하다.

관련 기사들을 스크랩하고 책을 찾아 읽으며 공부하기 시작한 것은 더 먼저였다. 2015년은 기념비적인 해였다. 'IS보다 무뇌아적 페미니즘이 더 위험하다'는 칼럼이 나왔고, 여성을 비하하고 모욕하는 웹툰, 방송, 노래 가사들이 쏟아졌다. 정확히 말하자면 이전부터 꾸준히 있어왔는데 무엇이, 왜 문제인지조차 몰랐던 것 같다. 제대로 알고 싶었고, 잘못된 것은 잘못되었다고 말하고 싶었다.

그 전에 아이 엄마라는 사실만으로 위축되는 시간들도 있었다. '노키즈존'이 늘어나고 맘충이라는 말이 생겨났다. 아이와 함께 외출할 때면 아이가 혹시나 시끄럽게 할까봐, 어지럽힐까봐, 뭔가를 망칠까봐 항상 조마조마했다. 그렇다고 아이 없이 혼자 다니는 마음이 편하지도 않았다. 세 역힐을 하지 않는 엄마, 노는 사람, 가치 없는 사람이라는 시선을 불쑥불쑥 맞닥뜨렸다. '그런 엄마'가 되지 않으려 눈치 보고 긴장하는 기분이 낯설지 않았다. 전에는 김치녀나 된장녀가 되지 않으려 애썼으니까.

싸우지 않을 수 없게 되었다

내 큰집, 그러니까 큰아버지에게는 딸이 다섯, 아들이 하나 있다. 그 하나뿐인 아들이 나와 동갑이다. 큰집에서 자꾸 딸만 태어나자, 우리 아버지와 큰아버지는 같은 해에 계획임신을 했단다. 큰집에서 또 딸이 태어나고 우리 집에서 아들이 태어나면 두 아이를 바꾸기로 한 것이다. 다행히 큰집에서 아들이 태어나서 두 아이는 각자의 부모님 밑에서 자랄 수 있었다고 한다. 성인이 된 다음에야 들은 이야기다.

그다지 화목하지도 않고 돈도 없는 집에서 오로지 큰집의 아들 확률을 높이기 위해 아이를 낳고, 그 아이를 수 십 년 키우는 마음이 어땠을지 짐작조차 할 수 없다. 혹시 나는 바뀐 아이가 아닐까. 나는 원래 큰집 딸이고, 사촌은 우리 집 아들이었는데 바꿔놓고 어른들이 거짓말을 하는 건 아닐까. 그런 생각이 들지는 않았다. 그런 건 중요하지 않다. 여자아이로 태어난 이상, 나는 이 집에서 이렇게 자랄 운명이었으니까. 그러니까 진짜 시작은 내가 여자로, 딸로 태어난 그 순간부터였는지도 모르겠다.

딸로 태어났고 살아왔고 딸의 엄마가 되었다. 싸우지 않을 수 없게 되었다. 대한민국에서 여자로 살며 겪는 수많은 불합리한 일들을 당위나 숙명으로 받아들이고 싶지는 않다. 계속 생각하고 의심하고 질문할 것이다.

파랑

어쩌다 페미니즘을 만나고,
어쩌다 여성단체에서
활동하고 있음.
페미니즘을 실천하는 게
무엇인지 오늘도 고민 중인
활동가.
어쩌다 만난 페미니즘이
우연일지 필연일지 궁금한
페미니스트.

괜찮아,
너의 이야기를 해

1

직업 페미니스트. 누군가 나를 그렇게 불렀다. 여성학을 공부했고 현재 여성단체에서 활동하고 있으니 누구보다 확실한 페미니스트 정체성을 갖고 있을 거라는 게 이유였다. 공식적인 직함으로 말할 때마다 내가 얼마나 망설이고 흔들리며 불안해하는지 전혀 모르고 하는 소리다. '나는 페미니스트인가'라는 질문에도 마음에 파고가 이는데, 그 앞에 '직업'까지 붙다니… 고시 통과한 '국가 인증 페미니스트' 이름표라도 단 것처럼 부담스럽다.

어쨌든 '직업 페미니스트'로 보이는 나는 여전히 흔들리는 존재다. 이론적인 얘기를 하자니 수많은 여성학자들이 떠올라 망설여지고, '현장'을 얘기하자니 현장에 있었던 시간도 짧다. 그리고 그 '현장'은 또 어디인가? 내가 하는 말이 '페미니스트'로서 '맞는' 말인지를 끊임없이 곱씹곤 한다. '파랑'이라는 닉네임도 여성혐오가 심각한 사회에서 나를 보호하기 위한 것이지만 여러 검열로부터 나를 숨기고, 보다 '자유롭게' 말할 수 있게 하는 유용한 장치기도 하다. 몸담고 있는 여성단체의 구성원으로 발언할 때면 조직의 방향과 다르지 않은지 먼저 살피게 된다. 그럼에도 불구하고 나는 지금 '페미니스트'로서 이 글을 쓰고 있다. 여전히 같은 이유로 떨리고 망설여지지만 페미니즘과 만난 지 20여 년이 지난 지금의 나는 나만의 이야기, 나만의 '페미니즘'을 가진 '페미니스트'라고 말해도 괜찮지 않을까.

2

돌 사진속의 나는 바지저고리에 복건을 쓴 남자아이 차림이다. 여섯 살 무렵까지의 사진들도 짧은 커트머리에 남자아이용 복색을 하고 있어서 얼핏 성별 구분이 모호하다. 결혼 3년 만에 힘들게 얻은 자식이 딸인 탓에 남동생을 보라는, 혹은 없는 아들 노릇을 해야 한다는 부모의 바람이자 일종의 주술이었을 게다. 결국 남동생을 '불러오지' 못하고 무남독녀 외동딸로 자란 나는 아버지의 기대를 한 몸에 받았다. 괜찮은 성적표나 상장을 자랑스럽게 내밀며 나는 아들 못지않은 자식임을 증명하려 애썼다. 아버지는 그런 나를 끔찍이 아꼈지만 엄마에게 폭언을 날릴 때면 엄마와 '똑같은 여자'로 호명되곤 했다.

가부장제의 '끝판왕'이라고 할 수 있을 정도인 아버지는 수많은 이유로 엄마를 괴롭혔다. 모든 것이 괴롭힘의 이유가 되었다. '아들도 못낳은 여자'는 단골 레퍼토리였다. 아들 못지않은 자신의 대리자였던 나는 엄마 편이라도 들라치면 감히 아비에게 대드는 몹쓸 딸년이 되었다. 어린 시절 무섭기만 했던 폭력적인 아버지는 사춘기를 지나면서 내 분노의 근원이 되었다. 하지만 내 분노는 누구에게도 표현해서는 안 되는 것이었다. 아버지는 무서웠고, 엄마는 불쌍했다. '집 밖'에 내보일 수 없었던 우리 '집안 일'은 결국 나 혼자 삭여야 하는 지극히 개인적인 것이어야 했다. 아무것도 할 수 없는, 아무것도 해서는 안 되는 시절이었다.

3

대학은 여러 가지로 '해방'이었다. 입시의 압박뿐만 아니라 아무것도 할 수 없는 무력감으로부터도 해방이었다. '아니라고' 생각하는 모든 것에 대해 나는 말하기 시작했다. 갈등상황을 싫어해 친구랑 싸운 적도 별로 없던 내가 '쌈닭'이라는 별명도 얻었다. 그리고 잘못된 세상을 바로잡겠다며 목소리를 높이는 '운동권' 선배들을 따라다녔다. 경찰도 최루탄도 무서웠지만 세상을 향해 소리를 지르며, 그 '운동권' 언저리에 머물렀었다. 마치 나를 옭아매고 있던 무력감과 분노를 떨쳐 없애기라도 하려는 듯 말이다.

"어디 기지배가 재수 없게 축문을 읽어!"

그 때부터였던 것 같다. '나는 이들과 하나가 될 수 없겠구나' 하고 생각했던 때가. 일 년에 한 번 치르는 대학 학과 행사로 고사를 지냈었는데, 고사 과정 중에 과 부학생회장이 축문을 읽어야 했다. 내가 과 부학생회장이었으므로 당연히 축문을 읽으려 하자 나보다 한참 높은 학번의 남자 선배가 막아섰다. '기지배'가 축문을 읽어선 안 된다고.

대학교 2학년 과 부학생회장이었던 나는 남자 선배들에게 '부대장'

으로 불렸다. 그렇게 나름 남자 선배들에게 '존중'받고 있다고 생각했음은 물론 나는 내가 그들의 '동지'인 줄 알았다. 밤새 같이 술을 마시고, 어깨를 걸고 동지가를 외쳐 부르고, 손잡고 시위현장을 뛰어다니며 대학시절의 대부분을 함께 보냈으니 말이다. 당시 소위 '운동권'에 왜 여자 선배들이 드문지 궁금해 하지 않았을까?

1990년대 중반 내가 다닌 대학은 남학생의 수가 여학생보다 훨씬 많은 학교였다. 어느 과에서는 여학생이 남자 선배한테 담뱃불을 빌려 달랬다가 뺨을 맞았다는 소문이 흉흉한 전설처럼 떠돌기도 한 곳이었다. 돌이켜보면 그런 남성중심적 분위기의 학교에서 여자라는 이유로 '살 떨리는' 차별을 받은 기억은 별로 없다. 축문을 읽지 말라고 했던 선배도 내가 여성학과에 진학한다고 했을 때 축하와 응원을 보내줬다. 선배에게도 나에게도 일상의 성차별은 공기처럼 익숙하고 자연스러웠던 것이다.

그럼에도 저 장면이 20여년이 지난 지금까지도 화인처럼 선명히 남아있는 것은, 저 때의 '각성'이 그때까지 해결되지 않던 수많은 질문들에 대해 구체적인 해답을 찾아야겠다는 다짐을 하게 했기 때문인 것 같다. 청소년 시절 내 무력감과 분노의 해방구였던 대학에서 나는 '여성'으로서 또 다른 숙제와 질문을 안고 여성학과에 진학했다.

4

여성학이 해답을 줄 것이라는 믿음으로 대학 졸업 후 바로 여성학과에 진학했다. 그 때 만난 페미니즘은 새로운 세상이었다. "진리가 너희를 자유롭게 하리라"는 말씀처럼 페미니즘은 모든 질문에 대한 답을 명쾌하게 내려주는 것 같았다. 왜 아버지는 말도 되지 않는 이유로 엄마를 괴롭힐 수 있었을까? 왜 나는 아버지에게 분노하면서도 인정받고자 노력했을까? 왜 나는 엄마가 불쌍하면서도 미웠을까? 왜 나는 남자 선후배들과 '하나'가 되지 못했을까?

페미니즘을 통해 나는 내 분노의 이유를 찾을 수 있었다. 똑같은 이유로 분노하는 친구들도 만났다. 나만 겪는 일인가 했는데, 세상의 절반이 겪고 있는 '보편적인' 일이었다. 내가 겪은 차별과 분노는 인류가 생긴 이래 계속되고 있는 '역사적인' 일이었다. 엄청난 발견이고 깨달음이었다. 왜 지금껏 이런 사실을 아무도 말해주지 않았을까? 세상의 절반이 고통당하고 있는데 왜 세상은 아무렇지도 않게 굴러가고 있을까?

나는 나를 분노케 했던 것들과 맞서 싸울 수 있는 언어와 논리로 무장하고 싶었다. 그렇게만 된다면 가부장제 같은 건 금방 박살낼 수 있을 것 같았다. 모든 여성들이 페미니즘으로 무장한다면 세상쯤이야 금방 변할 것 같았다.

5

20대를 오롯이 여성학과에서 보내고 나서야 겨우 졸업할 수 있었다. 페미니즘으로 금방 세상을 구원할 수 있을 것처럼 분기탱천했던 나는 겨우 석사논문 한 편 쓰는 데에도 온 영혼을 갈아 넣어야 했다. 여성학과에서 만난 출중한 학자들과 찬란한 이론들 속에서 나는 한없이 쪼그라들었다. '페미니즘으로 무장하기'란 몹시 어려운 일이었다. 이론은 어려웠고 사례는 버거웠다. 온 세상을 지배하는 가부장제는 너무나 거대하고 견고해보였다. 어디서부터 어떻게 변화의 실마리를 만들어야 할지 내 눈에는 아무것도 보이지 않았다.

석사논문의 사례가 되어준 가정폭력 피해 여성들의 감당하기 어려운 이야기들을 부둥켜안고 많이도 울었다. 다른 이도 아니고 남편에게 죽임을 당할지도 모른다는 공포 속에서 하루하루 위태롭게 삶을 이어가는 여성들의 이야기 앞에서 페미니즘 이론이 무슨 소용인가 싶었다. 이 논문 한편이 이 여성들의 삶에 티끌만한 변화라도 줄 수 있을까 생각하면 한없이 초라해졌다. 피가 뚝뚝 떨어질 것만 같은 여성들의 이야기들을 겨우 논문으로 묶어내고(지금도 사례 속의 그분들에게 폐가 되지나 않았을지 걱정스럽다) 학교를 나왔다.

6

여성학과를 졸업한 지 10년, 연구기관과 대학의 연구원을 거쳐 여성주의 글쓰기 등으로 밥벌이를 하다가 지금은 여성단체에서 활동한 지 3년차가 되었다. 중간에 1년간 백수 시절도 지냈는데 영영 취업이 안 되면 어쩌나 하는 조바심은 공포에 가까웠다. 모두에게 취업이 어려운 시절이긴 했지만, 내가 공부하고 활동한 페미니즘 영역이 얼마나 사회에서 환영받지 못하는 소수자의 영역인지 그 때 절감했다.

페미니스트로 살아간다는 것은 여러 가지로 고달프다. 특히 페미니스트 활동을 하면서 생계를 유지해야 하는 '직업 페미니스트'는 재정적으로도 몹시 고단하다. 마흔 살을 코앞에 둔 서른여덟 살 말부터 1년 반 가량 지독한 '사춘기'를 겪었다. 예고도 없이 어느 날 갑자기 맞닥뜨린 것 같은 마흔이라는 나이가, '중년'이라는 이름표가 몹시도 무거웠다. 부지런히 숨 가쁘게 살아온 것 같은데 돌아보니 빈손처럼 보여 허망함이 몰려왔다. 중년의 이름에 걸맞게 내세울 만한 '안정적인' 것이 아무것도 없는 듯 했다. 재정의 불안정은 그 중 큰 부분을 차지한다.

남은 생을 페미니스트로서 살아가기 위해 난 무엇을 포기하고, 무엇에 가치를 두어야 하는가? 페미니스트로서 내가 추구하는 삶은 어떤 모습인가?

7

이 글을 쓰고 있는 2017년 5월은 '강남역 여성 살해 사건'이 일어난 지 1년이 되는 때다. 며칠 전 5월 17일에는 '강남역 여성 살해 사건' 1주기를 맞아 여러 여성단체들이 함께 '다시 포스트잇을 들다' 하루 행동을 진행했다. 광화문과 신촌, 홍대 등지에서 지난해 강남역을 빼곡히 채웠던 포스트잇 메시지를 다시 드는 퍼포먼스를 펼쳤다. '범페미네트워크'에서 주관한 저녁 추모 문화제에는 천 여 명의 사람들이 모여 강남역 일대를 행진했다.

지난 일 년 동안의 변화는 놀랄만하다. 사건 당시 강남역에는 수많은 여성들이 나와 포스트잇으로, 육성으로 '여성이기에' 겪었던 차별과 폭력과 혐오에 대해서 거침없이 말하기 시작했다. 이후 많은 여성들의 모임이 생겨났고 '영영페' 혹은 '뉴페'라고 불리는 이들은 온·오프라인에서 새로운 페미니즘 흐름을 만들어가고 있다. '페미니즘'과 '페미니스트'는 가장 '힙한' 단어가 됐으며, 대선 기간 중 대선 후보들마저 스스로를 '페미니스트'라고 지칭하기까지 했다. 물론 한계는 있었지만 여느 선거기간 보다 많은 젠더 정책들이 쏟아졌다.

변화는 더디고도 급하게 오는가보다. 지금의 변화가 어느 한 순간, 어느 특정인에 의해 별안간 생겨났을 리 만무하다. 수 십 년간 이 땅에서 페미니스트의 이름으로 살아온 한 사람 한 사람의 삶이 더해져 빚어진 결과물일 것이다. 몰아치는 변화의 흐름 속에서 페미니스트로서 내 정체성과 활동 모습에 대한 고민은 더해가지만, 변화보다 더 훌륭한 활동의 에너지가 어디 있겠는가. 세상을 변화시키는 수레바퀴는 속도를 더해가고 있으며, 나도 그 수레바퀴에 열심히 힘을 보태고 있으니 말이다.

8

누군가 그랬다. 페미니스트에게는 '제3의 눈'이 있어서 남들에게는 보이지 않는 것들이 확실하게 보여 괴롭다고. 한 번 생긴 그 눈은 없어지지도, 감기지도 않아서 고통스럽지만 현실을 계속 볼 수밖에 없다고. 지금 내가 여성단체에서 일하고 있는 이유도 이 '제3의 눈' 때문일 것이다. 가부장제는 여전히 견고하고 페미니즘으로 보는 세상은 아직 암울하다. 하지만 세상은 변하고 있으며 감사하게도 나는 그 변화의 시대를 목도하고 있는 세대이다. 보이는 자가 먼저 외치고 바꾸려고 애써야 하지 않겠는가. 나의 외침이 다른 이들의 외침에 마중물이 될 수도 있으니 말이다.

여성학과를 졸업하면서 깨달은 것 중 하나가 '성찰'은 하되 '검열'은 하지 않아도 되겠구나 하는 생각이었다. 출중한 선후배들 사이에서 느낀 열등감 때문에 쓸데없는 검열에 시간낭비를 했던 것 같다. '올바른 페미니즘'에 어긋날까봐, 이론적으로 부실해 창피 당할까봐 말 한마디 내뱉는 것도 조심스러웠던 날들이 후회스럽다. 괜찮다고. 나의 이야기가 곧 '나의 페미니즘'이니 나의 이야기를 하면 된다고 다짐했다. 각자 서 있는 자리에서 자신의 이야기를 말하는 이들은 모두 변화를 위해 실천하는 페미니스트일 것이다. 움츠러들지 말고 자신만의 페미니즘에 당당해도 될 거라고 나는 믿는다.

Chapter 3

**가만히 있지
않기로 했다**

Photo by 윤연

정박미경

마흔 초반까지 열두어 개의 직업을 전전했다.
그 중 가장 근사한 이력은 물론 이프 편집장이었다.
삶이 슬그머니 무료해질 즈음 어느 날, 오래된 어떤 여자가
내게로 왔고 소설 「큰 비」를 썼고 올해 소설가로 등단했다.
하여 지금은 소설가로 살고 있고 남은 생 죽 그렇게 살기를 소망하고 있다.
사는 데 이유는 없지만 의미까지는 없지 않다고 여긴다.
너무 소박해서 지나쳐버리기 쉬운 그 의미를 놓치지 않으려 노력하며,
착한 남편과 그보다 백배는 더 착한 동물들과 가족을 꾸려 살고 있다.

나는 페미니스트
힝크족입니다

아이 없는 기혼 여성인 내게, 처음 만나거나 별로 친하지 않은 사람들은 묻는다. 딩크족이세요? 나는 대답한다. 아니요, 힝크족입니다. 딩크족, 외벌이보다 수입은 두 배이며 무자녀Double Income No Kids인 부부를 말한다는데, 우리 부부는 둘 다 버는 건 맞지만 외벌이보다 잘 벌지 못하는Half Income 무자녀No Kids커플일 뿐이다. 딩크에서 글자 하나만 바꿨을 뿐인데 느낌은 천지차이다. 딩크라는 단어에서는 육아에 얽매이지 않고 자기 삶을 즐기는 이들의 세련되고 주체적이고 깔끔한 냄새가 폴폴 풍긴다. 반면 힝크에게서는, 내가 그런 뜻을 담을 의도는 없었지만, 제 한 몸 건사하기도 어려운 삶이 주는 뭔가 버겁고 위태롭고 살짝 안타깝기까지 한 느낌이 드는 것은 사실이다. 어쨌든 아이를 키울 경제적 능력을 갖추고도 아이 낳지 않기를 '선택'한 사람들이 있고, 경제적 능력을 갖추지 못할 바에야 아이를 낳지 않기로 '선택'한 사람들이 있는 것이다. 출산이 '선택'이 된 시대라지만 나의 경우에 무자녀의 삶은 선택이기도 하고 아니기도 하다. 나는 나 하나도 건사하기 힘든 인간이지만, 그 이유 때문에 아이를 갖지 않은 것은 또 아니다. 아이 없는 삶을 선택하기도 했고 또 선택 이전의 생물학적 능력의 문제이기도 했다. 뭐 이렇게 복잡하단 말인가? 복잡한 것이 당연하지 않을까? '아이를 낳을 수 있는 몸'을 이야기한다는 것이 어떻게 단순할 수 있을까?

서른아홉 살에 결혼이란 걸 했다. 늦은 결혼이었고 결혼 자체로 족했다. 아이를 낳고 싶은 마음은 없었다. 마음이 없었다기보다는 현실 감이 없었다고 하는 편이 맞을 것이다. 누군가의 엄마가 되는 것이 내 삶에서 일어날 수 있는 일인지 가늠하기조차 힘든 뭐 그런 것. 그런데 공교롭게도 내가 결혼하고 이삼년 동안 노산하는 연예인들이 줄을 이었다. 저출산을 염려하는 사회적 분위기 탓이었을 것이다. 장동건을 차지한 고소영이 마흔셋의 나이에 둘째 아이를 출산했고, 뮤지컬 스타 홍지민은 결혼 9년차인 마흔둘에 첫째 아이를 출산했다. 마흔한 살의 가수 박선주도 첫 딸을 낳았다. 덩달아 일반인 여성들의 노산 이야기도 방송을 탔다. 마흔여섯 살에 셋째아이를 출산한 여성, 마흔한 살에 첫 아이를 임신한 여성 등 임신과 출산의 심리적 마지노선을 넘긴 여성들이 마구마구 TV에 나왔다. 생전 아이 낳으라는 말을 하지 않던 엄마가 슬슬 아이를 말씀하시기 시작했다.

"마흔여섯에도 애를 낳았다지 않냐? 외할머니가 막내이모를 낳은 나이가 꼭 마흔여섯이다."

"외할머니는 스물부터 마흔여섯까지 여덟 명을 낳은 거고. 마흔여섯에 첫 아이는 아니었지."

"마흔두셋에도 첫 애 낳더라. 마음만 먹으면 되더라. 사돈네 막내도 인공수정인가 해서 애 둘을 숨풍숨풍 낳지 않더냐?"

"요즘 기술이 얼마나 좋아졌는지 불임도 고치는 세상 아니냐. 의사선생님한테 가보자."

　엄마는 자식들에게 성화를 부리는 분이 아니었고 아이 없는 삶도 괜찮다고 생각하셨지만 막내딸이 마흔 한 살, 두 살이 되어가자 더는 딸 하는 대로 두어서는 안 되겠다고 생각하신 모양이었다. 여러 차례에 걸친 엄마의 권유와 마흔 살 여성의 임신 가능성, 어여쁜 나의 조카들, 아이 낳은 것이 세상에서 가장 잘한 일이라고 말하는 지인들을 떠올리며 나는 처음으로 아이를 낳아보면 어떨까 생각하게 되었다. 내가 아이를 싫어하는 사람은 아니었고 죽어도 아이는 안 낳겠다고 못 박은 것도 아니었다. 아이가 있는 삶을 그려보니 그것도 좋을 것 같았고 괜찮겠다 싶었다. 가임기의 끝자락을 향해 가고 있는 나이를 생각할 때, 지금 아니면 늦겠다는 생각도 컸다.

　남편에게 물었다. 아이를 낳아보면 어떻겠냐고. 남편은 동의했다. 다만 자연 임신이 되도록 노력하되 그렇게 해서 안 되면 포기하자고 했다. 인공적인 시술을 받으면서까지 아이를 낳고 싶지는 않다는 것이 남편의 의견이었다. 여성의 배란 시기에 맞춰 정자를 주입해 수정과 착상을 돕는 것이 인공시술이고, 여성의 몸에서 난자를 추출해 수정시킨 후 다시 자궁에 앉히는 시술이 시험관 시술이라는 것 정도는 남편도 알고 있었다. 이 과정에서 여러 개의 난포를 추출하기 위해 과배란 호르몬 주사를 맞아야 하고 배란과 수정, 착상을 점검하기 위해 수시로 병원을 찾아야 하는 지난한 과정임은 짐작하고도 남았다. 나는 아이를 갖기로 마음먹었으면 모든 방법을 써봐야 하지 않겠느냐고 했지만 남편은 수긍하지 않았다. 어쨌든 인공시술에 관한 것은 나중에 다시 이야기하기로 했다.

자연 임신을 위한 노력이 시작되었다

배란일을 알아내고 임신 가능한 기간에 성관계를 가졌으며 착상이 끝날 시기에 테스트기를 이용해 임신 여부를 확인했다. 걷기 운동도 열심히 했고 자궁을 따뜻하게 한다는 한약도 지어먹었다. 그렇게 서너 달이 지나고 육 개월이 지나도 별다른 일은 일어나지 않았다. 몇 개월 되지 않았는데도 나는 지쳐갔다. 임신을 위해 노력해본 이들은 알 것이다. 매달 테스트기를 점검하면서 보내는 시간들이 사람을 얼마나 황폐화시키는지를. 그래도 일 년은 해봐야 하지 않겠냐며 다시 열의를 다지고 숙제를 해나갔다. 임신은 되지 않았고 나는 뭔가 덫에 걸린 느낌이 들었다. 생활이 제대로 굴러가지 않았다. 달력과 테스트기를 옆에 두고 사는 시간들의 연속이었고 만성적인 기다림과 배신, 다음에는 되겠지 하는 희망고문이 반복되었다. 배란일을 체크하고, 배란통으로 서 있기조차 힘든 지경인데도 불구하고 기계적인 섹스를 해야 하며, 임신이 되었는지 조마소마하게 테스트기의 선을 기다려야 한다는 것, 그건 참으로 비참한 일이었다. 두 줄을 끝내 보여주지 않는 원포 임신 테스트기를 몽땅 가지고 가 약사에게 불량품인 것이냐고 따지고 싶은 마음이 들었다. 나는 화가 나기 시작했다. 툭하면 남편에게 화를 냈고 임신을 독려한 엄마에게 화를 냈다. 임신하고 애를 낳는, 남들은 별 노력 없이도 척척 해내는 일을 왜 나는 못하는 것일까, 나에게도 화가 났다. 모든 사람에게 화가 나 있을 즈음 임신을 위한 노력을 그만두어야겠다고 결심한 것은, 노력한 지 일 년이 되어가는 어느 날 화장실에서였다. 테스트기는 여전히 한줄 뿐이었다. 내 몸은 임신이 안 되는 몸인가 보다 하는, 내 자신에게 한 번도 느껴보지 못한 이상한 자괴감과 함께 남편에게 미안하다는 마음이 번쩍 스치고 지나갔다. 아이를 기다리고 있을 남편에게 다시 실망을 줘야 한다는 사실에 정말 내가 아무 짝에도 쓸모없는 여자처럼 여겨졌다. 울음이 터졌다. 변기를 붙잡고 대성통곡을 했다. 임신할 수 없는 몸을 가진 여자의 비극적 신파, 그 오래된 이야기가 내 안에서 자연스레 작동하는 순간이었다.

한바탕 울고 나니 물음이 튀어나왔다. 아이를 그렇게 원했던 거야? 아이가 없으면 안 되는 거였어? 그건 아니었다. 나는 남편을 사랑했고 세 마리의 개와 고양이를 자식으로 여겼고 글 쓰며 사는 것에 만족했다. 아이 있는 삶도 좋겠지만 아이 없는 삶도 불완전한 것은 아니었다. 각자 하고 싶은 일을 하면서 사는 파트너, 다른 종이지만 사랑만큼은 원 없이 주고받는 반려동물과의 삶은 더없이 소중했다. 아이가 있다면 우리 가족은 또 다른 생명의 기운으로 충만해지겠지만 인공시술과 시험관 시술 등 의학적 방법을 동원하면서까지 그러고 싶지는 않았다. 또 다시 달력과 테스트기를 끼고, 과배란 주사를 맞아 구토와 통증을 내 몸처럼 달고 살면서 하루하루를 노심초사 보내고 싶지 않았다. 테스트기의 선이 한 줄일 때마다 남편에게 미안해하는 비극적인 아내로 사는 것은 정말이지 단 한순간도 싫었다. 누가 누구에게 미안해한 단 말인가. 나나 그나 나이 들었으니 당연히 난자나 정자도 늙어 임신을 어렵게 할 것이었고 만약 나의 생식능력에 문제가 있다 해도 그건 안타까운 일이긴 하나 죄책감 가질 일은 아니질 않은가.

그렇게 나는 아이를 낳겠다는 생각을 접었다. 금쪽같은 지금의 내 삶에 충실하면 그걸로 된 것이라고 마음먹었다. 그건 굳게 마음먹어야 되는 일이었다. 저출산 시대라 해도 기혼 여성들은 거의 아이를 낳고 키우고 있으며, 1인 가구가 30%를 육박해도 여전히 가족의 완성은 아이라고 생각하는 이들이 대다수였다. 내 주변만 살펴보더라도 그랬다. 엄마 세대는 물론이고, 나의 선배 세대들, 나와 동세대들 모두 비혼을 고집하지 않는 이상 결혼하면 아이를 낳았다. 결혼하면 출산하는 것은 여전히 자연스러운 순서였고, 아이를 낳고 키우는 것은 부부가 결합하는 가장 중요한 이유이기도 했다. 아이 없는 부부의 삶은 내게도 새로운 길이었지만 우리 사회에서도 새로운 길임은 분명했다. 멘토도, 선배도, 친구도 찾기 힘들 것이었다. 별로 가본 적 없는 이 길 앞에서 나는 조금 씩씩해질 필요가 있었던 것이다.

그날 밤 나는 남편에게 임신하려는 노력을 그만두겠다고 말했다. 남편은 말했다. "고생했어, 너무 서운해하지마, 나중에 인연 되면, 우리가 낳진 않았어도 누군가의 부모가 되어줄 수도 있잖아." 남편은 그런 마음이었던 것이다. 굳이 내 핏줄이 아니어도 부모가 되어준다면 그게 가족인 것이다. 감동한 나는 다시 화장실로 들어가 스스로에게 말했다. 아이 안 낳아도 돼, 아이 못 낳아도 난 세상에서 가장 중요해, 그 무엇도 나의 존재를 갉아먹거나 훼손할 수 없어. 그리고 우리 가족은 이 자체로도 아주 훌륭해….

신파에 빠지지 않는 진격의 페미니즘

이렇게 해서 나는 무자녀의 삶을 살고 있다. 이것은 선택이기도 하고 능력 부족이기도 했다. 임신할 수 있는 생물학적 능력이 부족한 것은 사실이었고, 그 능력부족을 만회하기 위한 의학적 도움을 받지 않은 것은 내 선택이기도 했다. 아이 낳기를 접고서도 평안할 수 있었던 것, 아이를 낳지 못하는 여자의 신파에 빠지지 않을 수 있었던 것(정확히는 딱 한번만 신파의 주인공이 되었던 것)은 역시나 페미니즘의 은총이었다. 페미니스트로서 살아온 20년 세월이 나를 살렸다. 모성 신화에 거리를 둘 수 있었고 여자의 몸을 자궁으로 환원하는 남성중심의 가족이데올로기를 비판적으로 볼 수 있는 눈이 있었기에, 신파에 사로잡히지 않는 것이 가능했다고 나는 믿는다. 페미니즘은 늘 그렇듯 내게 생존이요 자존감이고 지금의 삶을 사랑하는 가장 훌륭한 방식인 것이다.

자연임신의 노력기 초반, 난임을 잘 치료한다는 병원 홈페이지에 올라와있는 후기들을 읽으면서 나는 인공수정이라는 또 하나의 거대한 세계를 만났다. 아이를 낳고 싶지만 난임으로 고통 받는 여성들의 글을 읽으며, 나는 아이를 낳고 싶은 그 욕망이란 것이 무엇이기에 이러한 고통을 감내하는 것일까 안타까웠다. 과배란 호르몬 주사를 맞고 며칠간 구토와 어지럼 증상을 호소하면서, 착상이 불안해 조기유산이 되어 핏덩어리를 쏟으면서도, 여성들은 난임을 치료하고자 애썼고 임신을 위해 노력했다. 모성이 그저 본능이라면 이해되지 않는 일들이었다. 본능을 충족하기 위해 본능에 어긋나는 일을 하는 생물은 없다. 반대로 모성은 본능이라 말하는 거대한 허위가 여성의 몸을 관통하고 있는 것은 아닐까. 모든 결혼한 여성은 어머니가 되어야 한다는 강제된 신화가, 어머니가 되기 힘든 여성들을 통해 그 폭력성을 드러내고 있었던 것은 아닐까. 아이를 낳지 않아도 한 사람의 여자로, 온전한 아내로, 정상적인 사회구성원으로 받아들여지는 사회라면, 아이를 낳지 않기로 결심할 수 있고 난임의 고통에서 자유로울 수 있는 여성들이 훨씬 더 많아지지 않을까 생각한다.

어쨌든 나는 현재 무자녀이다. 대부분의 기혼 여성들이 일정한 기간 동안 아이를 낳고 키우는데 모든 시간과 에너지를 다 쏟아 붓는 시기에, 나는 그렇게 살고 있지 않다. 그렇다면 무엇을 위해 사는가, 라는 질문과 나는 필연적으로 만나게 되었다. 기혼 여성에게 기대되는 것이 출산과 양육의 사회적 역할인데, 그 역할에서 벗어나 있는 여성이라면 뭔가 사회적으로 의미 있는 일을 해야 할 것 같은 강박관념을 나 또한 갖고 있었다. 게다가 우리사회 성인들에게는 자식과의 관계가 가장 친밀한 인간관계이기도 하니, 그런 관계가 없는 삶은 허허로울 수밖에 없다는 두려움도 있었다(지금도 조금은 있다). 어여쁜 조카들이 무럭무럭 커서 제 부모 힘든 것을 알아주고 위로해줄 때면, 자식 없는 이의 허전함이랄까, 누가 나의 외로움을 달래주지, 그런 생각이 들 때도 있는 것이다. 그럴 때면 자식은 없어도 뭐 하나 세상에 흔적은 남기고 가야 하지 않을까 해서 마음이 급해지고 식음을 전폐하면서 며칠 동안 가열차게 소설을 쓰기도 했다. 그렇게 기진맥진해 침대에 누우면 이건 또 아니라는 생각이 들곤 했다. 나는 '자식 없는 여자도 성공해서 잘 살 수 있다'는 하나의 신화를 만들 생각이었던가. 내가 무엇으로든 유명해져서 자식 없는 여자도 훌륭하다는 생각을 심어주는 것도 의미 있는 일이겠으나, 평범한 사람으로 하루하루 살다가 행복하게 죽는 것도 좋은 일이지 않을까 하는 깨달음이, 어느 날 번개처럼 왔다. 그렇게 행복하게 죽으려면 이 세상에 흔적을 남기기 위해 용을 쓸 것이 아니라 그저 나다운 삶을 사는 것이 정답이지 않겠는가. 나다운 삶, 나답게 사는 시간.

내가 몇 년 살아보니, 자식 없는 삶은 전혀 한가하지 않았고 되레 나 자신과 더 철저히 직면하도록 했다. 자식 때문에, 라는 핑계가 없으니 나는 언제든 오롯이 나 자신으로 존재해야 하는 것이다. 하여 선택한 길이 소설가였다. 양육의 책임으로부터는 자유로워졌으니 하고 싶은 일이라도 하고 살자며 소설을 쓰기 시작했다. 나의 눈으로, 페미니스트의 시선으로, 세상을 읽고 이야기를 만들며 새로운 세계를 구축하는 일, 그것은 페미니즘의 은총 못지않았다. 돈이 별로 들지 않고, 언제든 시간 나면 쓸 수 있으며, 백세 시대의 남아도는 노년의 시기에도 할 수 있는 환상적인 일이 아닐 수 없다. 한국 문학사에는 없던 여성 인물을 만들어내고 여성의 희로애락과 꿈을 하나의 이야기로 설계해내는 일은 정말이지 황홀해서, 어떤 때는 무자녀의 삶을 천운이라고 생각할 정도였다. 그렇게 쓴 소설이 문학상을 받게 되었고 천만 원이라는 거금이 상금으로 입금될 것이니 일 년은 더 버틸 수 있게 되었다. 가난하고 무자식인데다가 쓰고 싶은 소설만 쓰고 있으니 나는 페미니스트 힝크족 소설가쯤 될 것 같다. 그렇게 해가 갈수록 좋은 작품을 쓰고 독자들과 만난다면, 해서 먼 훗날 자식이 아니라 황홀감 속에서 낳은 작품들이 내 죽음을 애도해준다면, 무자녀의 삶도 그럭저럭 괜찮은 삶이 아닐까.

변경미

자칭 타칭 서대문 미실이라고
불리고 있습니다.
톡톡 튀는 호기심 많은
오지라퍼지만 때론 보이시하고
터프하고 때론 재즈와 칵테일,
낭만적인 걸 좋아하며
텔레비전을 보면서 눈물도
종종 흘리는 낭만감성의
소유자입니다.

Photo by 윤연

홀로인 나를 지지해주는
사람들 사이에서

2012년, 내 인생의 터닝 포인트 그 순간들

"갔다 올게."

새벽녘 그의 목소리가 들렸다. 잠에 푹 절어 있는 나의 잠을 깨우기 미안했는지, 살살 나를 토닥이며 읊조렸던 마지막 말, 여느 새벽과 다르지 않던 날이었다.

"으~응."

주말에 산에 간다는 그가 약간 밉기도 했지만, 잠결이라 미운 티 낼 틈도 없이 본능적으로 대답했던 것 같다. 그리고 그는 돌아오지 않았다. 분명 갔다 온다고 했는데….

장례 소식을 듣고 사람들이 물밀 듯 찾아왔다. 얼마나 많은 사람이 왔던지, 빈소를 더 넓은 곳으로 옮겨야 했다. 사람들은 난데없는 비보에 모두 많이 슬퍼했다. 비통했고 비통해했다.

장례식상은 인산인해로 밤새도록 사람들이 사라지지 않는데, 둘째 날 새벽 무렵이었던 걸로 기억한다. 밤새 있던 사람들이 웬일로 보이지 않고 두 부류의 사람들만이 남아있었다.

한 부류의 사람들은 그의 친구들이었고 또 한 부류의 사람들은 내가 지역에서 만난 사람들이었다. 아주 일상적인 이야기들을 주고받던 여느 때 모임과 다르지 않은 순간이었는데 평생 내가 인생에서 기억하는 장면 중 가장 잊지 못할 장면이 될 것 같다. 그때 본능적으로 알았다. 나는 여기서 살 수 있겠구나. 힘이 되어주는 사람들이 내가 사는 여기에 있구나.

장례를 치르고, 주변의 권유로 집에서 조금 쉬기로 했으나 우울증이 닥칠 것 같은 불안함에 당시 재직 중이던 직장에 빨리 복귀하기로 결심했다.

'빨리 복귀해서 일에 전념하며 바쁘게 살다보면 괜찮아질 거야' 생각하던 즈음이면서 동시에 인사이동으로 적응 중인 직무에 약간 버거워하고 있던 즈음이었다. 그런데 그해 5월, 그가 떠난 지 4개월 만에 엄마가 대수술을 받게 되었다. "배가 아파서 병원에 입원을 했는데 괜찮아졌다"는 엄마의 말이 미덥지 않아 당시 고향 병원에 있던 엄마를 서울의 큰 병원으로 모시고 갔다. 그런데 의사가 긴급히 수술을 해야 한다고 했다. 생명이 위험하다고!

흰 가운을 입고 수술대에 누워, 홀로 수술실에 들어가는 엄마를 보자니 너무 무서웠다. 엄마도 무서울 것 같아 엄마 앞에서는 최대한 내색하지 않았지만 엄마가 수술실로 들어가자마자 눈물이 왈칵 쏟아져 하염없이 울었다.

'이러다가 엄마마저 영영 안돌아오면 어쩌지? 남편을 잃은 지도 얼마 되지 않았는데 엄마마저 세상을 떠나면 어쩌지?'

인생이 너무 야속했고, 서러웠다. 그리고 너무 너무 무서웠다. 그렇게 세상에 홀로 남겨진 것 같은 공포감은 처음이었다.

돌이켜보니 나의 그런 공포감이 전혀 근거가 없는 것은 아니었다. 내가 사는 동안 나에게 많은 도움을 주었고 내가 전적으로 믿고 의지했던 사람들이 곁을 떠난다는 것이 너무 무서웠다. 내가 기댈 곳이 없어진다는 게 너무 무서웠던 것 같다.

어렸을 때부터 잘 살던 친정이 몇 해 전부터 아빠의 무리한 사업추진으로 인해 거의 풍비박산에 놓인 상황이었다. 아빠는 송사에 휘말려 고초를 겪었는데, 엄마는 엄마 나름으로 그 풍파를 막아내느라 동분서주하고 있을 때였다. 그러던 중 엎친 데 덮친 격으로 아직 한참 부모의 돌봄이 필요한 어린아이들과 딸과 행복해야 할 젊은 사위가 세상을 떠났으니 그 모든 걸 지켜보며 스트레스에 시달렸을 엄마의 입장을 생각하자 창자가 오그라드는 고통까지 온 것 같았다.

다행히, 엄마는 무사히 수술을 마치고 회복하셨다. 그러나 이제 막 회복한 엄마에게 더 이상 스트레스를 주는 딸이 아닌 의젓한 딸 노릇을 하자면 친정 집안일을 엄마대신 내가 수습해야하지 않을까 하는 생각이 들었다. 2012년 들어 여러 집안일로 직장에서 일을 제대로 할 수 없을 것 같아 일을 그만두었다.

2012년 그 이전

다시 한 번 말하게 되었는데… 나는 어렸을 때부터 부유한 집안에서 태어나 크게 어려움 없이 자라 좋은 남편을 만나 평범한 가정을 꾸리고, 소소한 일에 일희일비하며 소박하게 살아왔다. 20대 초반의 방황과 우여곡절이 있긴 했으나 그 방황과 우여곡절이 무색하게도 2012년까지의 나의 삶은 적어도 겉보기에 소박하고 평범했다. 그러나 2012년을 맞고 30대 후반이 되고부터 상상하지 못한 일들이 연속적으로 벌어졌다. 지금 돌이켜 보면 그 당시 일어났던 일들을 내가 어떻게 감당할 수 있었을까 싶을 정도다.

경제적으로는 남편의 사업이 잘못 돼서 은행에 집을 넘길 정도로 위태로웠는데 가세가 기울어 어려운 형편임에도 도와준 친정 부모님 덕분에 간신히 서울에 남을 수 있었다. 거기에 나는 물리적으로는 둘째 아이를 낳아 취약한 상태에다 심리적으로는 우울증을 앓고 있었다. 사업이 위태로워 힘들었을 남편에게 위로는커녕 도리어 위안을 받는 처지였다.

왜 이런 상황에서 나는 굳건하지 못하고 우울증에 빠져버렸을까? 무엇이 나를 그토록 우울하게 했을까를 돌이켜보면 '좌절감'이었다. 처음에는 둘째를 낳고 완전모유수유가 되지 않는다는 것부터 좌절했다. 그랬다. 나는 그 때까지 내 인생에서 내 뜻대로 되지 않는 일이 있을 수 있다는 것을 받아들일 수 없었다.

그러니 모유수유가 되지 않는다는 별일 아닌 이유로 좌절감은 깊었고 그 깊은 좌절감은 자괴감으로 이어지면서 걷잡을 수 없는 우울증의 늪으로 빠져들었다. 깊고 깊은 우울증에서 내가 발견한 내 모습은 내가 소위 '강남엄마'와 똑같다는 자각이었다. 자식에게 과도하게 몰입하는 모습이 근본적으로 강남엄마와 다를 바가 없었다. 나의 욕심은 내가 아닌 너를 위한 것이라는 미명하에 불행한 얼굴로 아이를 마주하고 있는 모습, 오로지 아이를 건강하게 키워야한다는 일념과 목표만 있을 뿐 막상 아이의 얼굴을 마주보면 행복한 미소를 지어보이지 않았다. 그동안 가장 부정적으로 생각하던 엄마의 모습, 자식에게 욕망을 투사하는 '강남엄마'의 그것과 전혀 다르지 않았다.

그런저런 자각들로 홀로 몸서리칠 때 마침 알고 지내던 김복남 선생님의 권유로 일을 시작하게 되었다. 임산부, 초보엄마를 위한 산전산후요가, 모유수유 캠페인, 자연 출산 교육 및 캠페인 등을 하던 비영리 단체의 일이었는데, 첫아이 임신했을 때 찾아가 만난 인연이었다. 김복남 선생님은 육아멘토로서 종종 소식을 주고받다가 일까지 같이 하는 관계로 발전했다. 첫째 아이가 다닐 어린이집도 소개 받아 잘 다니고 있었다. 그 때가 2009년이었고 그때부터 김복남 선생님과 함께 일하면서 쌓은 즐거운 추억이 많다. 그렇게 일과 사람을 만나 우울증에서 완전히 벗어날 수 있었다. 일을 하면서 육아에 몰입하며 불안했던 자신을 바라보게 되었고 나 같은 초보엄마들에게 공감어린 조언을 하면서 그들의 성장을 도울 수 있었다. 반추해 나를 되돌아보는 과정이 나 또한 성장시켰다. 여성주의, 페미니즘에 대한 인식과 성찰은 이때부터 시작되었지 싶다.

아이와의 관계에 있어서 너무 몰입하거나 혹은 의존하거나 '나'라는 자아가 없는 상태에서 타인에게 맹목적으로 몰입 혹은 의존한다는 것이 나 자신과 타인을 얼마나 힘들게 할 수 있는지 깨닫고 홀로 서려 노력했고 그 과정에서 외려 사람을 만나 관계를 맺고 소통을 하면서 나는 다시 태어나고 있었다.

2011년 <너머서>와 만나다

'김복남 선생님'과의 활동이 한창일 무렵, 엄마로서의 성장을 위해서는 지역사회, 공동체와의 만남과 관계 맺기가 중요하다는 인식이 있었다. 그런데 우연하게도 2011년 3월 그즈음, 서대문에서 주민자치역량강화를 위해 네트워크를 만들고 있었고 나는 우연히 그 네트워크와 함께 할 수 있었다. 그때 다양한 사람들을 많이 만났는데 그중 하나가 〈너머서〉. 당시 공동대표였던 '김종남 선생님'을 만나게 되었다.

〈너머서〉는 2005년 서울YMCA 내의 여성차별문제인 참정권 투쟁[1]에 나선 회원들, 특히 여성회원들을 지원하기 위해 만들어진 단체로 투쟁 당시에 회원이거나 간사였던 이들도 포함되었고, 남성들도 있었다. 투쟁의 결과로 2010년 1월 대법원에서 승소판결이 났고 이후 전망을 모색하다가 풀뿌리여성주의 운동을 지향하면서 서대문으로 이사 오게 된 것. 그리고 나는 그 이듬해인 2011년에 네트워크 활동을 하다가 우

---

1 전 세계적으로 1만여 개의 YMCA가 있고 국내에도 60여개의 지회가 있으나 여성참정권을 인정하지 않는 곳은 서울 YMCA뿐이다. 서울 YMCA는 1903년 창립된 이후 단 한 명의 여성이사도 없고, 2002년 당시 1,200명에 이르는 총회 회원 중 여성회원은 한 명도 없었다. 현장 활동을 책임지는 자원봉사자의 70% 이상이 여성으로 1960년대부터 꾸준히 여성참정권을 요구해 왔으나 번번이 묵살 당했었다.
(출처: 여성신문 2011.03.07 '10여년 투쟁에 보내는 갈채… 〈너머서〉 올해의 여성 운동 상 수상' 기사 중에서)

연히 〈너머서〉를 만나게 되었던 것이다.

네트워크 활동을 활발히 하다 보니 당연히 참여자 개개인의 활동에도 관심을 기울이게 되었고 상부상조의 의미로 이런저런 행사와 프로그램에 같이 참여하게 되었다. 〈너머서〉는 당시 여성과 연관된 활동들을 하고 있어 더욱 참여할 일이 많았다. 그런데 사실 활동 초기에 나는 '풀뿌리 여성주의'라는 것의 의미를 정확히 이해할 수 없었다. 다만 여러 가지 활동들이 여성들에게 친근하게 다가갈 수 있는 것들로 꽤 흥미로웠다. 김종남 선생님의 권유로 '일 년 내내 여성영화제', '독립문 녹색장터', '안산포럼', '풀뿌리여성 임파워먼트' 등 다소 생소했으나 흥미로워 보였고 개중에는 어려워 보이는 프로그램도 있었으나 이것저것 고루 참여하게 되었다.

처음엔 마냥 신기했다가 점점 어렴풋이 알 듯 말 듯 한 여성주의, 페미니즘을 화두로 잡고 알게 된 시기가 시작된 것이다. 이런 프로그램은 그 자체보다 프로그램을 통해 일상적으로 소통하고 삶을 공유하며 사람들과 관계를 쌓아나갈 수 있다는 사실이 매우 좋았고, 더 끌렸던 것 같다.

또 '복 샘'과 활동하면서 엄마들이 좋은 엄마로 성장하기 위해서는 홀로 외롭게 노력하기보다 지역의 여러 사람들과의 만남, 특히 이웃과의 관계를 맺게 되면 훨씬 순조롭다는 생각을 했었기에 〈너머서〉의 활동이 낯설지 않았다.

소박하고 소소하게 일상에서의 변화를 추구하며, 관계망 속에서 일상적으로 여성을 임파워먼트하는 방식이었다고나 할까. 그래서 일상적인 수다가 중요했는데, 돌이켜보면 그렇게 수많은 일상의 수다 속에 끊임없는 자극과 위로와 지지와 성찰이 담겨있기도 했다.

이런 수많은 대화와 수다의 일부는 임파워먼트, 포럼, 영화제, 장터 등 프로그래밍 된 여성임파워먼트 사업이 되었다. 일상에서 빈번히 일어나는 수다와 잦은 모임, 사업으로 표면화된 여러 활동들에 대한 참여는 지금 내가 '여성주의' 혹은 '페미니즘'을 본격적으로 생각하게 된 계기가 아니었을까?

그리고 2012년이 찾아왔다

이제 내가 무언가를 할 수 있으려나 싶던 그 때, 2012년. 남편이 1월에 세상을 떠났다. 5월 60대 후반의 엄마는 대수술을 받았다. 그 직후 나는 다니던 직장을 그만두었다.

친정 엄마에게 도움이 되는 딸이 되고 싶다, 너무 힘들어서 좀 쉬어야겠다, 돈을 더 많이 벌어야 되지 않을까? 하는 서로 이해관계가 엇갈리는 고민들이 파도처럼 쉬지 않고 밀려들었고 내 나이는 39세, 진로에 대한 고민이 현실적이고 절박해져 버린 시기가 바로 2012년이었다.

다행히 주변에 좋은 분들이 많아서 이런저런 일에 대한 제안들이 들어왔다. 그러나 선뜻 새로운 일에 도전하는 것이 내키지 않았고 두려움도 앞섰다. 마냥 호기롭게 일에 달려들 젊은 나이도 아니거니와 생계와 생존을 책임져야 할 아이와 마땅히 도와야 할 엄마가 곁에 있었다. 결국 그 해 12월, 〈너머서〉의 간사로 활동을 하기로 마음을 먹었다. 이 일도 망설여지기는 했다. 다른 일에 비해 비영리단체 일이라는 게 급여가 많은 편은 아니었기 때문이다.

그러나 믿는 바가 있었다. 2011년부터 만나고 알아온 〈너머서〉는 따뜻했다. 비록 급여는 다른 직장보다 적지만 나의 처지를 너무나 잘 알고 있었고, 또한 지지했으며 힘들 때 많은 위안을 주던 곳이었다. 그래서 함께 할 수 있으리란 생각이 들었다. 나는 생전처음 가장으로서 아이들을 책임져야 하는 험난한 세상 한가운데 있다는 두려움에 떨고 있는 상태였다. 그 두려움을 〈너머서〉는 잘 이해해주었고 믿고 의지하며 나아갈 수 있는 곳이란 생각을 할 수 있게 해주었다. 그렇게 〈너머서〉의 간사로서의 활동이 2012년 12월 시작되었다.

2012년 12월 〈너머서〉의 본격적인 활동을 시작으로 풀뿌리활동을 지향하다보니 지역에서 마을공동체와 관련한 활동에 참 많이 참여했던 것 같다. 2012년부터 현재까지 이 지면에 다 담을 수 없을 정도의 많은 일이 있었다. 재밌고 기쁘고 때론 힘들었다. 그렇게 찾아오는 고비와 고비 속에서 결국 힘이 되었던 것은 〈너머서〉와 마을활동, 마을살이 그 안에서 마음을 열고 만났던 사람들이었다. 관계의 진정성을 나는 맛보았다. 나에게 여성으로 살아가는 원초적인 즐거움을 깨달을 수 있도록 많은 수다를 나누었던 '김복남 선생님'은 이런저런 인연으로 〈너머서〉의 공동대표가 되었다. 우리의 만남은 관계에서 인연으로 보다 깊게 이어지려나보다.

지금 여기 2017년

그리고 지금 2017년. 나는 〈너머서〉를 통해 다져진 내공을 바탕으로 새로운 일을 시작했다. 새로운 일은 설렘 반 두려움 반일 텐데 나에게는 여전히 두려움이 더 앞선다. 자꾸 스스로 작아지는 나를 발견한다. 그러나 들려오는 목소리가 있다.

"미실! 할 수 있어."

이 한마디를 해줄 수 있는 사람들이 내 곁에 수두룩하다. 내가 홀로 세상에 남겨진 것 같은 두려움이 들었을 때, 그리고 어떻게 극복할 수 있을지 방법을 몰라 황망해 할 때, 함께 고민해주는 사람들이다. 무엇인가 깨달았을 때 그것을 나눌 수 있는 사람들, 기쁜 일이 있을 때 함께 웃을 수 있는 사람들. 나는 여전히 이렇게 지지받는 누군가로부터 늘 힘을 받는다.

여성주의, 페미니즘은 여성 스스로 독립적으로 살아갈 수 있는 힘을 발견할 수 있도록, 그리고 그 힘을 발휘하고 또 그 힘의 원천으로 서로 이어지고 맺어질 있도록 사람들과 함께 할 때 가능하지 않을까, 그런 생각을 해본다. 내가 단단하면서도 따뜻한 엄마로 그리고 여자로 살아낼 수 있었던 것은 내 힘만이 아니라, 여러 사람들의 지지와 응원의 힘으로 말미암은 바 크다.

Photo by 윤연

조박선영

이프 팟캐스트 진행을 2년째 하고 있고
앞으로도 계속 할 것 같다.
별자리 양자리, 에니어그램 2번 조력자유형.
그러므로 성격 급한 조력자 되시겠다.
성격은 급하고 칠칠치 못한데 남 돕는 걸
좋아하니 의도는 좋으나
결과가 종종 애매한 게 함정.
그래도 지 성질 못 버리고 결국 뭐든
해내고야 만다. 그게 장점이자 블랙홀.

밥상 뒤엎은 년이
다시 차리는 거여!

"선생님, 지금 정말 대단한 일을 하고 계신 거예요."

『대한민국 페미니스트의 고백』의 필자 중 한 분이 원고 수정을 의논하는 과정에서 느닷없이 건넨 말이다. '대단하긴 뭘. 대단한 선배들이 내 옆에 쫘악 붙어서 요래조래 잘 코치해주는데… 난 시키는 대로만 하면 되는 걸, 이렇게 다 차려놓은 밥상도 없을 걸?'

생각은 그렇게 하면서도 그 때 난 이 책에 들어갈 원고를 두 번째 다시 쓰는 중이었다. 이프 창간 20주년 기념사업으로 책을 만들기로 한 때부터 뭔가 불안했는데, 심지어 현재 페미니스트로 활동하는 이들의 고백을 들어보자는 취지가 심히 부담스러웠는데, 아니나 다를까 나도 필자 중 하나로 글을 써야겠구나싶어 모니터 앞에 앉아 하얗게 질려가고 있었다. 그런데 나처럼 혹은 그보다 더 어렵게 고백한 것임이 분명한 글들이 하나 둘 도착했다. 그 뜨겁고 아프지만 빛나는 글들을 받아 읽어보니 역시 이프는 다 차려놓은 밥상이 맞구나싶었다. 밥상만 펼쳤을 뿐 반찬도 거의 없는데 각자 자기 요리 하나씩 가지고 와 근사한 밥상을 함께 차리는 현장의 한가운데 내가 있었다. 자, 이제 내가 고백할 차례가 왔다.

이프라는 밥상을 내가 어찌 걷어찼고 다시 차려내고 있는지 고백할 시간이다.

다 차려놓은 밥상을 뒤엎던 순간

이프에서 일하기 시작한 2000년은 각종 페미니즘 이슈가 대한민국을 쩌렁쩌렁 울릴 때였다. 그 쩌렁쩌렁한 목소리 중에서도 유난히 성능 좋은 스피커를 가졌던 것이 '이프'였다. 3년째 굳건하게 페미니스트 저널을 펴내고 안티미스코리아페스티벌을 벌이고 『미스코리아대회를 폭파하라』를 시작으로 단행본도 몇 권 째 만들어내면서 명실공히 대한민국 페미니즘 언론의 대표를 자처하는 이프에 내가 입사했다. 웃자 놀자 뒤집자며 요란하고 활기찬 이프에서 나는 페미니즘 이슈로 일하는 법을 배웠다. 온갖 주제가 페미니즘과 이프라는 터널을 통과하면서 핫한 이슈가 되어 논란을 불러일으켰다. 이를테면 '군대'라는 주제를 뽑고 '예비역'이나 '여군', '여자도 군대 가라는 남자' 등 철저하게 여자의 시선으로 짯짯이 살피고 이야기했다. '간통죄' 이슈가 "간통죄 무서워서 간통 못하는 사람 하나도 못 봤다"는 식의 주장으로 나아가기도 했고 그런 주장의 글은 또 다른 이야기로 이어지면서 이슈가 되고… 그 모든 과정을 생생하게 펄떡이는 현장에서 볼 수 있었다.

사실 그 당시 페미니즘은 아니 대한민국 페미니스트들은 심각한 분열을 겪고 있었다. 서로를 지지하지 못하거나 안하면서 서로에 대한 비난과 비판을 오갔고 굳건한 지지와 연대는 다소 형식적인 틀에서 이뤄지는 모습이었다. 너의 페미니즘이 뭐냐, 나의 페미니즘은 그게 아니라는 식의 소모적인 논쟁은 지칠 줄 모르고 계속됐는데 그만큼 페미니스트들 간의 입장차이가 다양하고 첨예하게 존재했다. 개인적으로 그 논쟁의 어디에도 끼어들지 못했던 나는 지쳐 있었다. 그 모든 것을 그저 존재하도록 내버려두고 싶은 입장이었다고 할까. 왜 서로 지켜봐주질 못하고 달달 볶거나 맞지 않을 수도 있는 잣대를 들이밀어 상대방을 규정하려는지 이해되지 않았다. 페미니즘은 이래야 한다고 생각하는 각자의 페미니즘이 서로를 상처내고 있는데 아무도 물러서지 않고 팽팽하게 대립하는 느낌이었다. 그 중 어디에도 끼지 못하고 발을 동동 구르며 계속 지켜보자니 지치는 건 당연한 일. 내부분열은 이제 그만하고 외부 상황에 대해서 좀 더 면밀하게 검토하고 대응하는 페미니즘을 보고 싶었다. 이프 창간호 〈지식인 남성의 성희롱〉처럼…. 그러던 2004년 겨울, '진보마초 대 발견'이라는 나의 기획안이 이프 내부 편집진들에게 지지받지 못했을 때부터 나는 더 이상 버티지 못하겠다고 생각했다. 지금 생각해보니 더 고민했어야 했다. 나도 용감하게 그 논쟁들의 한가운데로 뛰어들었어야 했다. 비난 따위 굴하지 않을 용기가 필요했고 온전히 지지받겠다는 욕심은 버려야 했다. 용기는 없고 욕심만 소심하게 간직했던 나는 결국 '포르노'라는 지난하고 복잡하게 얽혀있는 특집을 마지막으로 이프를 완간하면서 마음이 굳어지는 걸 느꼈다. 슬프지도 기쁘지도 회한에 젖지도 못했다. 나는 내가 느끼는 모든 걸 차단해버렸다. 그 굳은 마음의 깊은 한 가운데에는 분명히 죄책감이 있었다. '나는 지금 무슨 짓을 하고 있는가? 후회하지 않을 자신 있나?' 후회와 죄책감이 뒤섞인 막막한 심정을 '그럼 내가 뭘 할 수 있단 말인가?' 라는 삐뚤어진 무기력함과 냉소로 포장했다.

복잡다단한 마음으로 이프를 완간하는 사이 나는 이프가 아닌 다른 곳에서 내 나름의 페미니스트 스펙을 쌓으려고 애썼다. 여성가족부 포털사이트 '위민넷'의 콘텐츠담당자가 되어 일했고 페미니즘 연극대본의 작가로 입봉에 성공했다. 그러나 딱 거기까지였다. 이제 다음 단계를 위해 나아가야 하는 찰나 나는 내가 뭘 더 어찌해야 할지 길을 잃었다. 길을 잃는 건 순간이다. 마흔이 넘도록 늘 길치였던 나는 길을 잃었을 때의 그 느낌을 아주 잘 안다. 뭔가 잘못되었다는 느낌, 이 길의 끝에 내 목적지가 없으리라는 믿고 싶지 않은 예감, 내가 어디로 가려고 지금 이 골목에 와 있나 하며 멍해지는 느낌 같은 것들 말이다. 반찬 몇 개 마음에 들지 않는다고 밥상을 걷어 차버린 후에서야 깨달은 것이다. 이제 나는 차릴 것보다 치울 게 더 많겠구나, 이제부터 내가 차릴 밥상은 내가 손수 무조건 처음부터 다시 그 모든 전부를 해야 하는구나. 그것을 깨달은 심정은, 그냥 멘붕이었다.

길을 잃었다

순식간에 길을 잃어버리고 헤매는 길목에서 결혼을 했고 결혼한 지한 달 만에 아버지가 돌아가셨고 아버지 장례 치른 3년 후에는 어머니가 돌아가셨다. 그 와중에 아이가 둘이나 생겨버렸다. 7년이라는 시간 동안 이 모든 일이 벌어졌는데 지금도 난 내가 무슨 정신으로 살아냈는지 기억이 잘 나지 않을 정도로 혼돈의 시간들을 보냈다. 잘 살아내겠다는 욕심은 버린 지 오래였다. 다만 미치지 않기 위해 노력했다. 정말이지 하루하루 미칠 것 같아서 정신 줄을 놓지 않으려고 노력하는 것 외에 내가 할 수 있는 노력은 없었다. 한 번도 상상해보지 못한 전업주부의 삶과 아이 둘 엄마의 삶을 살고 아내의 역할까지 해내려니 내 안의 분열이 그치지를 않았다.

하루 종일 쓸고 닦고 요리하고 설거지하고 빨래하고 개고 널고 다시 빨아대는 일은 사이즈 맞지 않는 옷을 입고 끙끙대는 것 같았다. 한 사람만을 바라보고 그 사람에게 경제적, 물리적, 심리적으로 의지하는 일상은 아주 유치한 소꿉놀이를 목숨 걸고 하는 느낌이었다. 말이 통하지 않는 조그만 아이와 소통하고 먹이고 입히고 재우고 놀아주고 놀게 하고 가르치는 일은 그나마 좀 재미있었지만 자꾸만 지치는 일이었다. 그런 일상이 지나면서 나는 내가 페미니스트였다는 사실을 종종 까먹는 지경에 이르렀다. 그렇게 정말 죽지 않기 위해 먹는 밥상만 차리며 살던 내가 어느 날 페미니스트임을 포기하지 말아야겠다고 결심했다. 그 어느 날은 몇 월 며칠로 딱 지정할 수 있는 날짜가 아니어서 정확히 언제였는지 모르겠다. 그냥 하루하루 나는 얼치기 페미니스트 그 이상도 이하도 아니었나? 지금 나는 얼치기 페미니스트 그 이하의 삶을 살고 있는 걸까? 행복한데 불행하다고 믿는 페미니스트였던 그냥 이기적인 아줌마인걸까? 그냥 이기적인 아줌마가 뭐 어때서? 뭐 그다지 이기적이지도 못하면서… 대체 난 뭐지? 라는 식의 결론 없는 생각들이 꼬리에 꼬리를 물며 나를 괴롭히던 나날들이 딱 그 어느 날을 향해 가고 있었던 건 아닐까?

그리고 세월호 사건이 일어났다. 벌어졌다, 아니 터졌다. 어떤 동사가 이 사건을 설명할 수 있을까? 세월호가 가라앉는 그 더디고 숨 막히던 영원히 끝나지 않을 것처럼 가라앉아버린 그 모든 순간들의 종합. 나는 그 모든 순간동안 내 마음 속 깊이 숨겨두고 없다고 믿고 싶었던 '죄책감'을 확인했다. 아무 것도 하지 말고 가만히 있으라는 안내방송은 내 안에서도 끊임없이 울려대던 소리였다. 나는 그 안내방송을 꺼버리고 전업주부와 아내와 엄마의 삶으로부터 뛰쳐나와야 했다. 내가 원한 기혼여성 페미니스트의 삶은 경제적 심리적 물리적 독립성이 전혀 보장되지 않는 전업주부나 아내라는 이름의 것이 아니었다. 그러나 가만히 있는 대신 무엇을 해야 할지 몰라 허둥대거나 누구든 와서 무슨 일이든 빨리 일어나 이 상황을 마무리 지어주길 바라며 안내방송에 의지했을 아이들의 모습은 나와 전혀 다르지 않았다. 어떤 사건이 일어나서 누군가가 나를 이 상황에서 꺼내주길, 어쩔 수 없이 뛰쳐나갈 수밖에 없는 혹은 내가 뛰쳐나가도 될 만한 어떤 신호를 원했다.

결국 구출되지 못하는 아이들과 그 가족의 이야기를 뉴스로 보며 대한민국의 수많은 이들이 그러했듯 나 또한 엄청나게 울었다. 아버지와 어머니가 돌아가셨을 때보다 더 많이 더 처절하게 더 많은 밤들을 눈물로 지냈다. 그 당시 나는 10대 소녀를 소재와 주제삼아 연극대본을 쓰자는 제안을 받았고 자연스럽게 '세월호'를 상징으로 가라앉는 대한민국이라는 배에 빠져나올 수 없이 갇혀버린 한국의 10대 소녀들에 대한 이야기를 구상했다. '소녀들의 모놀로그'라고 이름붙인 대본이었다.

이 연극은 결국 그 무대가 취소되었지만 나에게는 중요한 계기가 되어줬다. 무엇보다 다시 '글'을 쓰게 했고 흐려지는 '페미니스트'라는 내 정체성을 붙잡아 확인할 수 있도록 했다. 과거의 비혼여성 페미니스트가 아닌 기혼여성 그것도 아들만 둘 가진 페미니스트, 라는 정체성을 확립하는 과정과 계기가 되어준 것이다.

'아이들을 위해서 무조건 희생하는 엄마보다는 당당한 엄마가 되어야겠다, 단순히 나 하나만을 사랑했던 지고지순했던 엄마로 기억된다는 건 끔찍하다'는 생각을 하게 되자 아이들에게 엄마가 하는 일이 무엇인지 이야기하기 시작했고 엄마가 없는 시간에 아빠와 함께 함으로써 아빠의 존재를 볼 수 있도록 만들기 시작했다. 이왕 만든 가족이라면 그 기능을 제대로 균형 있게 해낼 수 있어야 내가 기혼여성 페미니스트라도 될 수 있다는 현실감각이 생겼다.

이프라는 밥상, 내가 엎은 걸로 하자.
뒤엎은 년이 다시 차리는 거다!

그럼에도 기혼여성으로 육아와 살림과 일을 병행한다는 건 녹록치 않았다. 남편과의 합의나 가사분담은 문제도 아니었다. 그건 항상 문제였기 때문에 새삼 새로운 문제로 다가오지 않았다는 이야기다. 그런 문제를 기본으로 깔고 옵션으로 페미니즘을 더 얹은 페미니스트로 내가 무엇을 다시 할 수 있을까? 흥미진진한 국면에 접어들었다.

2013년쯤 해킹 당해 너덜너덜해진 이프 사이트를 복구하는 작업부터 시작했다. 한때 술자리에서조차 마주하기 어려웠던 유숙열 선생님과 함께 잡지 이프를 들고 종로 인쇄소에 PDF 파일 작업을 맡기고 경기도 분당으로 호스팅 업체와 미팅 다니는 날들이 1년간 이어졌다. 메인화면조차 열리지 않던 온라인이프 닷컴의 데이터 복구 작업과 동시에 36권의 이프 잡지를 PDF 파일로 데이터베이스화하고 가입회원에 한해 무료로 다운로드 받아 누구든지 볼 수 있는 서비스를 구축했다. 그것만으로는 뭔가 부족한 듯해서 스토리텔링 콘텐츠를 만들어보자고 의견을 냈고 이프 팟캐스트 〈웃자뒤집자놀자〉 채널을 만들어냈다. 예전의 이프 잡지를 꺼내 다시 읽는 것으로 시작한 팟캐스트는 지금 온갖 페미니즘 이슈를 모두 말하고 있다. 예민한 주제는 조심해서 말해야 한다거나 이런저런 주제는 피하자는 식의 원칙도 없다. 그냥 말하고 싶은 주제를 골라 말하고 싶은 사람과 모여 신나게 떠든다는 것이 원칙이라면 원칙이다. 그 원칙이 가장 중요했다. 여자들이 모여 네트워킹을 하고 그것을 이슈로 무언가 프로젝트가 될 수 있다면. 그것이야말로 세상을 바꾸는 좋은 시도, 굿 워킹이니까.

이프가 그랬으니까.

이제 이프 팟캐스트는 2017년 상반기 현재 400여명의 독자가 정기적으로 찾아 듣는 온라인 팟캐스트 방송 채널로 자리 잡았다. 페미니즘을 주제로 하는 채널들 사이에서 지나치게 재미만을 추구하지도 않으면서 나름 정보도 충실한, 페미니즘 입문을 위한 제법 괜찮은 채널로 인식되는 중이다. 내 목소리를 들으며 편집할 때는 손발이 오그라들지만 그래도 오프닝과 클로징 멘트를 짜고 녹음하고 편집해 한 회

방송분량이 완성되면 뿌듯하다. 나는 이미 나만의 페미니즘을 구현하고 있구나, 벌써 자리를 잡아가고 있구나. 방송을 핑계로 지금 떠오르는 2030 페미니스트들도 만나고 '세월호' 같은 뜨겁고 아픈 주제도 이야기 할 수 있었다. 지금이 아니면 접할 수 없는 만남, 꼭 나눠야 할 이야기를 기록으로 남겼다.

누구든 길을 잃을 수 있다. 길을 잃을 때 자신이 어디에 있는지 어디로 가려 했는지를 기억해내는 작업은 혼자만의 힘으로 버거울 수 있다. 그 버거움을 누구보다 잘 이해하는 나다. 특히 대한민국이라는 현실에서 여자들은 자기 자신을 버리라고 얼마나 강요받으며 지쳐 나가 떨어지는지 잘 알고 있다. 그래도 그 버거움 끝에 자신을 포기하는 일이 없기를 바란다. 고백컨대 나는 잠시 나를 포기했었다. 결혼하고 아이 낳고 부모님을 잃는 그 모든 과정에 나는 나를 놓아버렸었다. 그러니 나를 불행하게 했던 '죄책감'은 순전히 나 스스로에 대한 것이었다. 포기하면 편해진다는 말을 잠깐 믿었다. 부모님을 잃은 상실감이 아이를 통해 채워질 줄 알고 '임신과 출산'을 감행했으나 독박육아의 덫에 걸렸을 뿐이고 그 독박육아의 덫을 핑계 삼아 나 자신을 한없이 지워냈다. 얼마나 불행했는지는 더 이야기하지 않겠다. 과거에 점령당하지 않고 내 길을 찾은 현재의 내가 중요하다.

지금은 내가 이렇게 저렇게 '이프'라는 이름을 내건 밥상을 다시 펼치니 사람들이 모여든다. 그리웠던 사람들도 모이고 궁금했던 이들도 슬금슬금 자리 한 켠 차지하고 앉아 나와 마주본다. 그런 모든 장면들은 부담스럽지만 설레고 민망하면서도 기쁘다.

나는 다시 이렇게 살고 싶었던 거다. 여자인 나를 이야기하고 내가 보는 것을 다른 사람들에게도 보여주고 같이 공감하고 움직이고 바꿔내고… 여자들이 여자인 스스로를 포기하도록 내버려두고 싶지 않다. 이 인생은 내 거니까 욕심껏 열심히 살아낼 거고, 나와 함께 열심히 살 여자들을 포기하지 않고 또 열심히 사는 것… 그게 앞으로의 내 페미니즘 비전일 것이다.

Photo by 윤연

박지아

서울여성회 성평등교육센터장.
열아홉 살 때 만난 멋진 선배들이 소위 운동권이었고
스무 살부터 본격적으로 이 길로 들어섰다.
진보잡지사 기자, 시민단체 간부, 진보정당 당직자,
여성단체 상근자 등 다양한 일을 했지만 결국은 쭉
같은 길에 서 있었다. 강의로 밥을 먹고 강의 말고도
백가지 일을 하는 바쁜 일상을 즐기는 중.
운동권으로 사는 가장 큰 기쁨이라 할,
좋은 사람들에 둘러싸여 살고 있다.

운동권 페미니스트의 꿈
그리고 승리

　　페미니스트라는 고백이 유난하지 않은 시대, 대통령이 되기 위해 스스로를 '페미니스트'라고 호명하고 애쓰는 시대에 '페미니스트의 고백'은 어떤 의미일까. 최소한 페미니스트라는 것을 고백하는 것, 그 자체로 지면을 할애 받은 건 아니라고 생각한다. 그렇다면 2017년 페미니스트의 고백은 왜 필요한 것일까.

지금, 페미니스트는 어떻게 같고 어떻게 다른가

　　나는 지난겨울 내내 거리에 있었고 박하여행(박근혜 하야를 만드는 여성주의자 행동)에서 활동했다. 박하여행은 박근혜 퇴진 정국에서 만들어진 커뮤니티다. 민주주의를 훼손한 박근혜를 퇴진시키기 위해 광장으로 거리로 나가는 것은 당연했다. 그러나 박근혜를 끌어내리기 위해 광장에서 사용될 수많은 여성혐오와 성차별 언사들이 예상되고도 남았다. 이미 너무나 오랫동안 겪어왔기 때문이다. 광장이 민주주의 실현의 열망으로 가득 찰 때마다 견디고 참아야 할 일은 그만큼 많았다. 촛불소녀에게 보낸 열광과 유모차 부대라는 여성에게 보내던 찬사는 '성역할 고정관념'의 반영이었고, 군복을 입은 사람들이 대열을 지켜준다며 한 행동은 보호를 가장한 통제였지만, 그렇다고 당장 광장을 떠날 수는 없었던 나는 몇 번의 항의와 비판을 하는 것으로 위안했다. 정확히는 견뎠다.

그래서 이번에는 박하여행을 만들었다. 박하여행을 만들며 결심한 것은 더 이상 참지도 떠나지도 않겠다는 것이었다. '박근혜가 여자라고 욕하지 마세요. 당당하게 국민의 이름으로 하야를 외치세요'라는 피켓을 들고 거리에 나갔고 촛불시민들에게 유인물을 돌렸다. 또한 집회의 성차별 발언을 모니터링 하겠다고 공표하고 사전집회부터 쫓아다니며 집회의 내용을 꼼꼼하게 온라인에 옮겼다. 사회자의 '잡년' 발언을 듣고 바로 그 자리에서 항의 글을 쓰고 펴 날랐다. 촛불집회가 열리는 매주 토요일 집회 전에 모여서 강연을 하고, 영상을 보고, 모니터링을 발표했다. 토요일을 중심으로 한 주가 움직였다.

박하여행에는 많은 사람들이 함께 하게 되었다. 박하여행은 11명의 기획단으로, 온라인 활동을 했고 수많은 반응을 돌려받았다. 활동하는 한편으로는 회원가입을 받았다. 회원가입 조건은 만만치 않았다. 1만 원의 가입비를 내고 실제 활동(토요일 집회 참석, 집회 모니터링 등)을 하는 것이 가입조건이었다. 그런데도 참 많은 사람들이 가입하고 함께 활동을 했다. 그만큼 광장에서 혐오문제는 분명했으며, 분명히 사라져야 할 일이라는 공감대가 높았다.

'이런 단체가 필요하다고 생각했다', '여성혐오 때문에 광장에 나오지 않겠다는 사람들도 이해하지만, 광장에서 그것과 싸우는 사람들이 필요하다고 생각했다', '(지방에 있어서) 같이 활동하기는 어려워도 이런 단체가 꼭 필요해서 가입했다'는 것은 광장에서 박하여행이 가장 많이 듣는 이야기였다.

이러한 공감은 당연히 박하여행만의 것은 아니었다. '민주주의와 여성혐오는 함께 할 수 없다'는 생각이 모여 페미존이 만들어졌다. 사회자의 '잡년' 발언에 대해 주최 측은 공식사과를 했고, 집회에는 평등 가이드라인이 만들어졌는가하면 자유발언 전에 욕이나 차별발언을 하지 않겠다고 약속하는 절차를 진행했다. 그럼에도 불구하고 온갖 성차별과 혐오발언이 튀어나왔다. 그러나 예전처럼 혼자 견디지 않아도 됐고, 혼자 예민한 사람 취급을 받지 않아도 됐고, 작은 것으로 큰일을 망치는 사람이 되지 않아도 됐다. 집단이 생기고 목소리를 내고 변화를 만들었다. 그것으로 너무 행복했던 경험이었다. 작지만 소중한 승리, '우리'가 이긴 것이다.

그런데 '우리'는 누구일까

대선 선거운동 기간 동안 박하여행에서는 가입자가 직접 쓰는 '내가 생각하는 페미니스트 대통령'이라는 글을 연재했다. 유력 대선 후보들이 줄줄이 스스로를 페미니스트라고 말하는 대선 전인지라 스스로를 페미니스트라고 규정한 이유와 기준은 무엇인지, 페미니스트 대통령이라면 어떤 일을 해야 하고 하지 말아야 하는지에 대해서 아예 이야기되지 않았거나, 아니면 전혀 다른 생각을 가진 것이 확인되는 상황에서, 토론을 시작하자는 기획이었다.

20회까지 연재된 글은 예상대로 다양했다. 박하여행에 가입한 사람이 다양한 만큼, 대선에 대한 기대와 예상도, 대선 이후 예상도 매우 달랐다. 그런데 비슷한 것은 '페미니스트 대통령'을 정의내리는 것에 대한 불편함 또는 거부감이었다.

물론 너무도 잘 이해할 수 있는 일이었다. 진짜 가짜 페미니즘 논쟁에 그렇게 시달렸으니 말이다. 작년 강남역 살인 사건으로 여혐논쟁이 불붙었을 때, 나 역시 '양성평등은 좋은데 성 평등은 싫다', '페미니즘은 원래 이런 게 아닌데 너희들이 틀렸다', '성 적대 페미니스트'라는 이야기를 들었다. 그러니 페미니즘에 대한 정의를 내리는 것 자체가 우리를 가르고 더 과격한(하다고 여겨지는) 이를 갈라내는 배신이라는 생각이 들 수도 있다.

그렇지만 사실 우리는 다르다.

페미니스트가 된 계기가 다르고, 경험이 다르고, 중요하게 여기는 지점이 다르다. 그런데 여기에 그치지 않는다. 내가 광장에서 페미니스트라는 이름으로 박근혜 하야를 외칠 때 누군가는 '박근혜가 여성이라는 이유로 욕을 먹으니 박근혜를 옹호하겠다'는 이야기를 했다. 페미니스트라는 이름으로.

그래서 우리는 말해야 한다.

나는 어떤 페미니스트인지. 내가 생각하는 페미니즘이란 게 도대체 뭔지 말하지 않으면, 추상적 의미의 페미니즘 물결 속에서 '우리'를 만들지 못할 수도 있다. 그래서 지금, 내가 어떤 페미니스트인지 고백이 필요하다. 그 고백에 나도 한 걸음 보탠다.

고백 하나. 나는 '꿘충 페미'다

처음 '꿘충'이라는 단어를 들었을 때 놀랐다. 내가 소위 '운동권'이기 때문에 기득권 세력에게 '종북'으로 불릴지언정, 온라인 또는 광장에서 비아냥거리는 소리를 듣게 되리라고는 생각하지 못했다. 특히 페미니스트 진영에서 이런 말을 듣게 되리라고는. 그러나 '꿘충'이라는 말에 담긴 의미의 동의여부를 떠나서 나는 '운동권'이며 '페미니스트'가 맞다.

나에게는 페미니스트의 삶보다 '운동권'이 먼저였다.

지역에서 폭력적인 것으로 유명한 고등학교에 다니며 뭔가 잘못됐다는 생각이 가득했는데, 성당에서 만난 대학생들은 그것이 왜 문제이고 어떤 의미인지를 설명할 수 있도록 도와줬다. 그 이후 '운동하려고 대학 간다'는 소리를 들을 정도로 세상에 대해 빠르게 배웠고 바꿀 수 있다고 배우는 게 너무 좋았다. 그리고는 매주 있는 집회, 역사에서 경제로 철학으로 이어지는 학습, 선배를 만나고 선배가 되고, 새내기를 맞이해서 다시 새내기를 맞이할 때까지 이어지는 일련의 사업이 익숙한 삶이 되었다. 그 기간 동안 나는 큰 변화를 얻었다.

하나는, 내 삶의 방식과 미래를 선택할 수 있다는 것을 알게 된 것이다.

나는 '철밥통'이라고 불리는 직업을 선택할 수 있었다. 그 덕분에 부모님은 내가 아무리 운동을 해도 대학생일 때일 뿐 곧 그만둘 거라고 생각하셨다. 그런데 운동을 하면서 만나게 되는 멋진 선배들에게는 '현장'이 있었다. 그것이 공장이던, 지역이던, 자신이 있는 곳을 현장이라고 부르는 선배들처럼 살고 싶었다. 배운 대로 살아야 한다고 믿었던 나는 생산직 노동자로 살거나 현장 상근자로 살겠다고 결심을 했다. 그리고 그 이후 쭉 그렇게 살고 있다. 내 미래가 고등학교 3학년 때 성적에 맞춰서 확정되는 것이 아니라 언제든지 내가 삶을 결정할 수 있다는 것을 배운 것은, 이후 내내 나에게 힘을 주었고, 여성운동에 뛰어드는 것 역시 그리 어렵지 않았다.

둘째, 내가 누리는 당연한 자유도 누군가 누리지 못한다면 미안한 일이라는 것을 배웠다. 내가 학생운동을 하는 동안 전국적으로 가장 큰 학생대표조직이 이적단체로 규정되었다. 3월에 단위의 대표자가 되면 4월에 수배자가 되는 과정이 당시 학생운동권의 삶이었다. 그리고 나도 그 단체의 대의원이었다. 그런데 나만 안전했다. 나는 종교단위의 대표자였기 때문이다. 경찰이 집에 전화 한 번 걸어온 것이 다였다. 3월에 중앙위를 하고 난 뒤, 나와 같은 회의의 구성원들 모두 수배를 당하고 나만 홀로 남았다. 학교까지 봉고차를 끌고 와 수배자를 실어가고, 부모님이 잠깐 보자고 해서 나간 후 끌려가고, 잡혀가면 탈퇴서가 강요되고, 탈퇴서를 제출한 친구들은 학교로 돌아오지 못했다. 거리를 걸으면서도 눈물이 났다. 내가 거리를 걷는 자유자체가 너무 미안했기 때문이다. 나 혼자 누리는 자유 따위가 얼마나 무거운지, 같이 싸우는 것만이 자유로울 수 있는 유일한 방법이라는 것을 배웠다. 그리고 이것은 여성운동을 하면서 내 위치를 성찰하게 만드는 힘이 되었다.

그래서 나에게 진보운동과 여성운동은 다른 것이 아니었다.

여성운동을 시작한 것도 선배의 제안 덕분이었다. 학생운동을 마치고 진보적인 잡지사에서 일하던 나에게 한 선배가 '여성운동'을 제안했다. '진보는 여성운동을 해야 한다'는 것. 시작은 진보잡지의 여성팀장이었고, 지역시민단체 여성국장이었다. 고작해야 여성학 책 몇 권본 게 전부였던지라 처음 A4 용지 두 장의 여성꼭지를 쓰기 위해 책을 다섯 권씩 읽으면서 시작했다. 가르쳐 줄 사람도 하나 없고, 책을 권해줄 사람도 없어서 헤매고 헤매며 시작했던 것이 벌써 15년이 넘었다.

처음 시작하니 관련된 모든 일을 해야 했고, 글이건 강의건 성폭력사건 해결이건, 이것이 운동이기에 물러서거나 잴 수는 없었다. 그저용감하게 맡겨진 일을 했고, 돌아보니 그 모든 것이 계기였고 경험이었고 기회였다. 그러니 나에게 진보운동과 여성운동은 다른 것이 아니었다. 여성운동도 운동인 것이다.

고백 둘. 나는 정의당에서 활동한다

이 고백은 '꿘충 페미'와 같은 내용 일수도 있다. 그러나 사실 나는이 두 번째 고백이 더 힘들다. 한동안 이 정체성을 숨기고 싶었던 적도있었다. 특히 작년에.

나는 2002년에 민주노동당에 가입해서 내내 진보정당 활동을 해왔다. 당비를 한 번도 밀린 적이 없으며, 한 번도 당 활동을 하지 않은 적이 없다. 2002년 총선에서 선본활동을 시작해, 서울시 당여성위원회집행위원, 중앙당 조직국장, 정책연구원, 구의원 비례대표, 성평등 강사단 기획단과 강사단장, 지금은 정의당 중앙당 성 평등 강사단장이자서울시 당여성위원장으로 활동하고 있다.

진보정당이 페미니즘과 관련해서 있었던 모든 일에 함께했다고 말해도 과언은 아니다. 성평등 교육이 의무교육이 아닐 때부터 전국 강의를 다녔으며, 성폭력 사건이 일어나면 대책위원회 활동을 했다. 여성할당 30%를 만들 때에도 있었고, 그것이 선거 때마다 재논의 되는 현장에도 늘 있었다. 성평등 교육을 의무교육으로 만들 때 당규개정안의 초안을 만들었고 10년 동안 당내의 강사단 교육을 진행했고, 당의 공통교안을 만들었다. 진보정당이 성평등을 제도적으로 받아들이고 적용되는 일에 손을 보탰으며, 진보와 후퇴를 반복하는 걸 함께했다.

물론 별의별 일이 다 있었다. 중앙당 남성 당직자가 여성 당직자를 폭행하고 그것이 악의적으로 왜곡된 일도 있었다. 당시에는 중앙당에 근무할 때가 아니었는데, 후에 중앙당에 들어가서 그 이야기를 자세히 듣고는 경악했다. 민주노총 성폭력 사건으로 지도부가 총사퇴하고 피해자 모임이 만들어졌을 때는 여성위원회 명의로 성명서를 내자고 했다가 거부당하고 개인 이름으로 성명서를 쓰고 서명을 모았던 일도 있었다. 이일은 후에 통합진보당 국회의원 비례대표 선출로 논란이 이어졌고, 울면서 입장문을 써서 당 게시판에 글을 올리며 내내 울고 다니던 때도 있었다. 이 밖에도 '이제는 말할 수 있다' 버전의 이야기가 백 개는 된다.

그래도 나는 절망하지 않았다. 당이 완벽해서 활동하는 게 아니라, 내가 얼마나 활동하는가에 따라 달라질 거라 믿으며 힘을 아끼지 않았다. 더디더라도 나아지고 있다고 믿었다. 이런 직책과 역할을 하는 동안 당에서 월급을 받은 적도 있었지만 주로는 그렇지 않았다. 여성단체에서 상근자로 있으면서도 내 돈과 시간을 써가며 활동했다. 그리고 그것이 나에게는 보람되고 자랑스러운 일이었다.

그런데 진보정당에서 페미니스트로 활동하면서 두 번 꺾였다. 첫 번째는 통합진보당 중앙위 폭력 사건이었다. 나는 그 자리에 있었다. 회의를 무산시키려는 측과 회의를 진행하려는 측이 나뉘어 있었고, 나는 견뎌야 하는 쪽이었다. 회의장을 들어갈 때부터 붙어있는 살벌한 플래카드와 피켓, 참관인들이 외치는 구호 소리를 견뎠다. 그리고 전 국민이 다 보는 생중계 상황에 폭력사태가 일어났다. 갑자기 내 옆으로 사람들이 뛰어서 무대로 올라갔고, 무대 위에서는 비명소리가 넘쳤다. 책상 무너지는 소리가 나고, 책상에 앉아 있던 대표단이 걱정됐지만 움직일 수 없었다. 싸움을 말리기 위해 무대로 가는 순간, 싸움은 더 커질 수밖에 없었기 때문에 그저 울면서 비명소리를 듣고 있을 수밖에 없었다.

그러나 나를 정말 꺾이게 만든 것은 폭력사태 이후였다. 전 국민이 보는 생중계 현장에서 폭력을 행사한 이들이 피해자를 향해 '맞을 짓을 해서 맞았다'고 이야기했기 때문이다. '피해자유발론' 그 단어를 쓸 수밖에 없었다. 진보정당에서 10년 동안 전국을 다니면서 강의안을 쓰면서 단 한 가지만 바꿀 수 있다면 '피해자유발론'이라는 단어라고 생각했다. 그런 나의 10년의 시간이 아무것도 아닌 것처럼 짓밟히는 느낌이었다. 그 와중에 '정의당'으로 간다는 이유로 남자친구와도 헤어졌다.

두 번째 꺾인 건 그렇게 다시 시작한 정의당에서였다.

이른바 '정의당 메갈 사태'.

메갈리아에서 제작한 티셔츠를 입고 사진을 찍어 올린 성우는 계약이 해지됐고 이에 대해 문예위(문화예술위원회)가 낸 논평으로 당은 난리가 났다. '여자 남자 친하게 지내자'는 플래카드를 내 건 '당원 비상대책위원회'가 만들어졌고, 상무위(타 정당의 최고위원회와 유사한 지도부·집행기구)는 논평을 철회했고, 또 논란이 일자 '정의당은 페미니스트 정당'이라는 발언이 나왔다. 이 문제를 해결하기 위해 젠더 TF가 만들어졌고, 나는 그 역할을 맡았다. 그런데 상무위는 워크숍에서 '극단적 방식의 미러링과 무분별한 혐오에 대해서는 지지할 수 없고 동의하지 않는다는 점을 확인한다'는 입장을 발표했다. 당시 엠티를 가 있던 나는, 엠티고 뒤풀이고 다 미루고 노트북을 꺼내들어 젠더 TF 위원 사퇴서 초안을 수정했다. 그동안 해결하겠다는 다짐으로 마음에만 담아 두었던 말을 날카롭게 쏟아냈다.

사실 문예위 논평 철회 사건이 처음이 아니었다. 총선에서는 '엄마가 사자十字 남자 만나래요'라는 홍보문구가 나왔고, '중식이 밴드' 논쟁도 있었다. 중요한 건 그런 일이 벌어질 때마다 당이 보이는 태도였다. 정확한 입장을 내지 않음으로써 결과적으로 전혀 책임지지 않은 모습. 그래서 당내 여성주의자들을 벌판에 세워두고 개인의 갈등으로 만들어버리는 모습. 당이 유일하게 움직일 때는 갈등을 무마하거나 표로 이어질 때라는 것뿐인가, 라는 생각에까지 미쳤을 때 느껴지던 것은 절망감이었다.

그리고 나는 아직도 그 와중에 있다. 그럼에도 열심히 당직을 수행하고 선거운동을 했지만 마음은 복잡하다. 대선기간 동안 당이 보인 행보에 대해 '진보정당이라면 그 정도는 해야지'라는 마음과 '그렇게 욕하더니 표가 되니까 움직이나'라는 마음이 오락가락 한다. 그렇지만 단하나 변하지 않은 것은 진보정당은 완성형이 아니라 만들어지는 중이며, 내가 선택할 수 있는 건 그 변화를 만들 것인가 방관할 것인가 뿐이라는 것이다. 그래서 나는 아직도 '정의당에서 활동하는 페미니스트'이다. 비록 이것으로 양쪽에서 욕을 먹을지라도 말이다.

고백 셋. 나는 여성운동의 승리를 꿈꾼다

사실 나는 여성운동이 마음에 들지 않을 때도 많았다. 물론 여성운동이 없다면 지금의 내 삶도 없다는 것을 잘 알고 있기에 존경과 감사의 마음을 언제나 갖고 있다. 1970년대 선배들의 투쟁이 없었다면 나는 합의이혼이라는 당연한 절차를 가질 수 없었을 것이다. 1980년대 선배들의 투쟁이 없었다면 나는 이력서를 쓸 때마다 내 몸무게와 신장을 밝혀야 했을 것이다. 1990년대 선배들의 투쟁이 없었다면, 성폭력을 저지른 뻔뻔한 가해자에게 '당신 그냥 법으로 합시다'라고 당당하게 말할 수 없었을 것이다.

그럼에도 나는 여성운동에 불만이 많았다. 우리나라에서 처음 정권교체를 하고 김대중 정권이 들어섰을 때, 내가 뽑은 사람이 대통령이 되는 최초이자 (아직까지) 최후의 경험을 한 새벽, 펑펑 울었다. 그리고 최초로 여성부가 생겼다. 그래도 호주제는 굳건했고, 파견법이 도입되고 노동조건 악화의 첫 타깃이 되어 여성노동자들이 줄줄이 잘리고 비정규직이 됐다. 그때 여성운동은 무엇을 했는가?

노무현 정권이 들어서고 여성부는 여성가족부가 되었다. 성매매를 하지 않는 이유가 가족을 지키기 위해서라는 캠페인을 여성부의 이름으로 진행할 때, 여성가족부가 되고 조직은 커졌지만 예산의 90%가 보육 예산으로 채워질 때, 건강가족법이 만들어지고 이혼숙려기간이 생길 때, 노무현 정권과 젠더 거버넌스를 꾸렸던 여성운동은 무엇을 한 것인가?

이 문제에 대한 평가 없이는 새로운 정권하에서의 여성운동 역시 같은 길을 가지 않으리라는 보장이 없다. 그러나 내가 진짜 여성운동에 가진 불만은 '언제까지 문제제기만 할 것인가'이다. 그리고 이것은 한국의 여성운동만의 문제가 아니다. 어떤 운동이건 궁극적인 승리는 올바른 방법(노선)과 그걸 만들 힘에 달려있다. 그런데 과연 우리는 어떤 노선을 가지고 있으며, 어떤 힘을 모으고 있는가.

우리는 여성문제를 이야기하며 가부장제를 이야기했다. 성차별의 문제는 사회구조의 문제라고 했다. 그런데 그걸 어떻게 해결할 것인가? 감히 단언컨대 여성운동은 지난 몇 십년동안 이 답을 찾지 못했다. 노동, 성, 가족 등 개개별의 문제와 사안을 제기하고 밝혀 온 여성운동은 그 사안들을 해결하기 위해 법과 제도의 개선운동을 했지만, 성차별이 사회구조의 문제라고 했을 때 그것을 어떻게 해결할 것인가에 대한 답을 내놓지 못하고 있다. 더욱 우려를 할 수밖에 없는 까닭은 답을 못 찾는 게 아니라 안 찾고 있는 것은 아닌가 싶어서이다.

한편으로 힘의 문제 역시 간과되고 있다. 박근혜를 끌어내리기 위해 전국에서 천만 명이 넘게 촛불을 들었다. 만약에 낙태죄 강화 같이, 국가가 우리의 몸을 통제하겠다면 우리 중 몇 명이나 촛불을 들 수 있을까? 그것이 어느 날 갑자기 만들어지는 것이 아니라 어디서 어떻게 조직될 것인가, 그래서 결정적인 순간 어떻게 하나로 모아질 것인가. 역사는 이런 준비 없이는 승리가 없다는 것을 알려주고 있다. 그것이 내가 지역에서 여성운동을 하는 이유다.

반성폭력 운동을 하며 마음 깊숙이 답답했던 건 '피해자에게 잘못이 없다'는 결론으로는 성폭력의 문제가 해결되지 않는다는 점이었다. 그런데 CPTED(범죄예방환경설계) 모니터링을 하면서 내 답답함은 다소 해결되었다. 성폭력 사건을 해결하겠다며 상담을 하고 사례집을 만드는 것 외에 '지역 자체를 안전하게 설계'하는 것으로 강의를 진행하고 주체를 모으고 활동을 펼치며 무언가 해결의 실마리를 직접 목격한 듯했다. 바꿀 수 있구나, 라는 희망이 다시 나를 가슴 뛰게 만들었다. 여성운동의 주체들이 실질적인 사업들로 만나고 연결되는 현장에 다시 내가 있었다. 더디더라도 누구와 어떻게 만나야 할지 알게 되면서 내 꿈은 다시 커지고 있다.

그래서 감히 고백하건데 나는 여성운동의 전진이 아니라 승리를 꿈꾼다. 법과 제도 몇 개 바꾸는 것 말고, 성차별이 사회구조의 문제라면 그 사회구조를 송두리째 뒤집어 성차별 따위가 발을 못 붙이는 세상을 만들고 싶다. 그들에게 승인받는 여성운동 말고, 성차별의 피해자들이 직접 주체가 되고 타협 없이 변화를 만드는 집단이 생기고 그 집단의 힘으로 세상을 바꾸고 싶다. 그래서 나는 여성 '운동'을 한다.

김영란

어떤 책이든 팔아드리는
전설의 북마케터.
1997년 내 나이 24세 때 이프를
만나고 유숙열을 만났다.
그때 샘이 내 다이어리에 이렇게
써 주셨지. "이프의 보배. 김영란"
That's all! 무슨 말이 더 필요해~

Photo by 윤연

이프 마케터의
깃털 만큼 가벼운 고백

거래처 사장: "지금 이걸 책이라고 팔겠다고… 우리 때는 얼어붙은 냇물 깨서 빨래 빨아대면서 애들 키우고, 단칸방에서 시부모모시고 시동생 다 키우고 살았는데. 세상 좋아졌지. 제사가 싫다고? 쯧쯧쯧…."

나: "그러게요. 저도 이 출판사 빨리 그만두고 다른 출판사를 찾아야 하는데… 쯧 쯧~~"

도서출판 이프의 두 번째 단행본 『나는 제사가 싫다』라는 제목의 책을 들고 지방서점(총판)에 갔을 때 사장하고 나눈 말들이다. 그러나 내가 이프 책을 한두 번 팔아 보나. 이래 뵈도 3년차다. 당신들의 같잖은 충고는 금방 개나 줘버리는 최강 멘탈의 소유자란 말이다.

나는 출판 마케터다. 책을 파는 사람. 처음 팔기 시작한 책이 페미니스트 저널 이프였다. 초기엔, 그러니까 〈오르가슴을 찾아서〉라는 제목의 특집이 실린 1998년 이프 겨울호 같은 경우는 교보문고 매장 진열대에 올려놓지도 못했었다. 점잖게 생긴 어르신이 이런 '막돼먹은 잡지'를 버젓이 깔아 놓고 파냐며 전혀 점잖지 않게 서점에 항의를 하는 바람에 간신히 제목만 보이도록 빼곡히 책들이 꽂혀 있는 서가 쪽으로 빼야 했다. 하지만 그 오르가슴 특집호가 어찌나 잘 팔렸는지 시기가 끝나면 다시 찍지 않는 잡지 '주제'에 재판까지 찍었다. 어쩌면 호통 치던 그 어르신도 집에 가서 슬쩍 인터넷 주문을 하셨으리라 짐작된다. 아님 말고.

영업을 위해 서점에 다니면서부터 이런저런 시빗거리를 너무 많이 당했다. (그래, 그건 당한 거였다) 초창기엔 나도 발끈해서 "그래서요? 뭐가 문젠데요?"라고 대들었다. 거래처나 선후배들 사이에서도 '쟤는 건드리면 피곤한 애', '피하는 게 상책인 사람', '까칠한 마케터'로 이름났다. 그때 내 머리칼 색은 도화지 같았다. 세 번의 탈색 후 초록색으로 염색하고 나타났을 땐 선배들도 한마디 했다. 머리 좀 그만 괴롭히라고. 그러나 나는 기센 언니 코스프레를 해야만 했다. 덤벼라. 다 싸워 주겠다, 는 나의 의지를 머리 색깔로 표현했던가!

그런데 어느 순간부터 난 예수를 배신한 베드로처럼 변해 갔다.

"네? 페미니스트요? 어머 저는 그냥 이프에서 월급 받고 일하는 직장인이에요."

그렇게 넘겼다. 시비를 걸어오는 사람들은 나와 그냥 싸우고 싶었던 것이지 진짜 페미니즘이 궁금해서가 아니라는 걸 알아챌 즈음 나는 쓸데없는 싸움에 지쳤다.

전쟁 같은 바깥 일, 외근을 하고 이프 사무실로 돌아오면 선배들은 폭풍 칭찬을 해주었다. 그지 개떡 같았던 거래처 아저씨들의 험난하고 무례한 말을 전하면서 그 때 거기서 내가 어찌나 잘 대응했는지 무용담을 슬쩍슬쩍 끼워가며 선배들의 칭찬의 말을 꿀 먹듯이 받아 먹었다. 그때 내 별명이 구라였다. 사랑을 더 받고 싶은 나머지 뻥이 점점 세지고 커졌던 것도 인정. 아 송구하여라. 그대의 이름은 이프 1대 영업자로다.

그렇다고 모진 핍박과 억압만 당했던 것은 아니다. 1990년대 말을 거쳐 2000년대 초만 해도 대학교 앞에는 '사회과학' 서점이 많았다. 그날이오면, 논장, 숙명인, 직립보행, 청년글방 등등…. 이름도 찬란하고 똑똑해 뵈는 이런 서점에서는 고가의 사은품을 두둑하게 챙겨 주는 〈우먼센스〉보다 〈이프〉가 우선이었다. 서점 내에서 잡지 이프로 토론회를 하는 경우도 종종 있었다. 소위 말해 이프매니아층이 있었단 말씀이다. '수금' 하러 서점에 갔는데(노란 입금표에 그 달 팔린 액수를 적고 수금해 오는 게 서점 방문의 1차 목적이다-10만원을 넘지 않았다는 것은 안 비밀) 어떤 학생이 이프 너무 좋아한다며 음료수를 주면서 아는 체를 하는 때도 있었다. 서점 사장님도-주로 사장님보다는 총무님들이-자기도 이프 팬이라며 훅 고백해오던 그 뿌듯한 순간들. 그 짜릿했던 경험!

사실 이프는 대한항공 기내지로 납품될 때도 있었다. 우리 잡지책 좀 놔주세요. 공짜로 드릴게요, 구걸해서가 아니라 직접 항공사에서 결제를 받았다. 으쓱으쓱. 잡지 뒤에 독자 엽서가 있었는데 기내에서 이프를 봤다면서 대한민국에 이런 잡지가 있다니 놀랍다는 엽서를 보내온 해.외.동.포 여러분도 있었다. 당시 이프 편집장 혁란 선배는 직접 자신이 만든 이프를 비행기 뒤 잡지 코너에서 다른 잡지들과 꽂혀 있는 것을 보고 생의 큰 기쁨을 느꼈다고도 말했다.

그렇게 이프 마케터 생활을 7년 정도 하다가 그만 두고 (모든 사직서의 대표 사유인 일신상의 이유로 퇴사를 하고) 다른 출판사로 옮기게 되었다.

그런데 면접하는 순간부터 좀 꼬였다.

"페미니즘 출판사 경력이 좀 걸리네요."

뭣이라? 자랑스럽던 페미니즘 출판사 경력이 채용에 걸린다고? 이렇게 말한 분은 누구나 알만한 인문사회출판사 대표였다. 내가 나치 활동을 한 것도 아니고 페미니즘을 알 만한 사람이 이런 무식한 발언을 아무렇지도 않게 내뱉는 힘은 도대체 뭐지? 그냥 무식한 건가? 한마디 해야겠다! 고 생각했는데.

"아아. 저는 페미니스트는 아니고요. 그냥 책을 팔았을 뿐이에요. 이 출판사에 누가 되지 않도록 열심히 일하겠습니다."

그렇게 또 다시 베드로가 되었다.

하지만 페미니즘은 내 안의 송곳니였다. 숨기고 모른 척 하려고 해도 불쑥불쑥 비집고 나왔다. 직원들과 회식을 가면 어라? 수저통을 내 앞에 놓지? 왜지? 옆에 있는 청년 앞에 두시는 게 낫지 않나. 어라? 고기 굽는 가위랑 집게를 굳이 나한테 넘기시는 이유는 뭐지?

이 원고는 좀 그렇지 않나? 여자가 사회생활을 하려면, 이라니. 여기서 '여자가' 라는 단서가 왜 붙어요? 회의할 준비는 각자 담당자가 해야지 왜 재무팀 언니가 음료수를 준비해요?

부장님과 블루스를 왜 취 줘야하는데? 이 양반이 지금 내 팔짱을 낀 건가? 정신이 나갔나? 나는 냅다 찬물을 뿌렸다!!! 그래서 난 잘렸는가? 나왔는가? 오래 되어서 기억이 잘 나지 않는다.

그렇다. 난 여전히 책을 팔고 있다. 이 출판사 저 출판사 대략 스무 군데의 출판사를 경험했고 지금도 역시 출판마케터 일을 하고 있다. 놀랍지 않은가. 이프에서 시작한 초보마케터가 '웬만해선 아무렇지 않은' 20년차가 되다니.

가끔 서점 신입사원들 중에(그들도 이젠 신입이 아니지만) 내가 이프 마케터 출신인 걸 알게 되면 '저 학교 다닐 때 이프 완전 팬이었어요' 라며 반가워하는 사람들을 만난다. 농담 삼아 "그러게, 그때 도서관에서 빌려 보지 말고 서점에서 사보지 그랬어요. 그러면 지금도 이프 볼 수 있었을 텐데"라며 나 또한 이프가 너무 좋았다고 다시 고백한다.

지금도 달라진 건 없다. 여전히 마초적인 사람들도 많고 여성혐오의 말을 아무렇지도 않게 지껄이는 사람도 많다. 난 계속 페미니스트의 가면을 썼다 벗었다 할 것 같고 출판마케터 일도 계속할 것 같다. 그렇게 보이지 않는 곳에 점조직처럼 퍼져 있는 이프 독자들을 유쾌하게 만나면서….

그런데 현재, 이 시점에 다시 이프라니!!! 이프가 책을 다시 펴낸다니. 이프는 내가 놀던 놀이터다. 언니들이 막아 줄게. 너희들은 꼴리는 대로 한번 마음 놓고 놀아봐! 했던 그 이프. 그 멋진 언니들이 한 명도 두 명도 아니고 그냥 바글바글 했던 그 이프! 나의 첫사랑! 이프가 스무 살이 되어서 다시 짠, 하고 나타났다. 내가 이러려고, '이프'를 다시 사람들에게 팔려고, 아직 이 출판 바닥에 있었구나. 그래 와라. 내 기꺼이 세련되게 이프의 책을 팔아 보리라.

물론 나는 다시 베드로가 될 것이다. 서점에 가서

"그러게 이 언니들 아직도 이러고 있네요."

"오랫만에 돌아온 언니들인데 서점 메인 한번 가주시면 진짜 고마울 것 같은데… 수량 많이 받아주실거죠?"

난 진지하게 여성학을 공부한 적도 없고 여성운동의 치열한 경험도 없다. 네가 무슨 페미니스트냐 할 수도 있다. 나의 가벼움이 탐탁치 않은 사람도 있을 것이다. 진지하게 고민하고 지식으로 완전무장한 전사만이 페미니스트라면 난 페미니스트가 아니다. 남들이 뭐라든 뭔 상관이랴. 난 그냥 좋아하는 언니들 옆에서 내가 좋아하는 일 하다 보니 이렇게 생긴 사람으로 된 거다. 나에겐 깃털만큼의 가벼움과 유쾌함과 어디에 내놔도 별로 쫄지 않는 뻔뻔함이 있다. 이게 바로 이프 언니들이 알려준 페미니즘이다. 그래서 나도 말한다.

너의 욕망을 숨기지 마! 꼴리는 대로 잘 살아봐! 언니가 응원한다!

전현경

모금방법을 배워 페미니즘
운동판을 윤택(?)하게 만들겠다고
들어간 <아름다운 재단>에서
모금조달에 통달하지도 못하고,
이타주의와 시민성을 평생의
업으로 지고 살고 있음.
그래도 여전히 페미니즘이
몸과 정신의 준거임은 변하지 않음.

Photo by 윤연

나는 매일
페미니즘을 목도한다

1996년 5월 29일 저녁 7시 몇 분. '고대생 이대 대동제 집단 성폭력 사건'은 나의 인생을 크게 바꾸었다. 이화여대 대동제 행사장에 고대생 400여 명이 집단으로 난입하여 행사 참여자들을 짓밟고 다음 날 행사를 위해 설치된 무대장치를 부쉈다. 생명공학과 95학번 차모씨는 기차놀이 대형으로 지나간 남자들에 의해 팔뼈가 여러 조각으로 부서졌는데, 응급차로 옮기면서 본 그녀의 티셔츠에는 수많은 발자국 흔적들이 찍혀 있었다. 그녀가 병원으로 실려 간 후에도 삼사십 분간 더 지속된 난동 장면, 그리고 사고를 키우지 않기 위해 그토록 커다란 혼란 중에도 자리를 지키고 앉아 조용히 노래를 부르던 이대 여학생들을 보면서 전체 행사 기획자였던 내 눈에는 불이 나는 것 같았다. 가슴이 타들어갔다. 아무리 많은 눈물을 흘려도 그 불은 잦아들지 않았다. 내 인생 전부를 써서라도 저 놈들을, 저런 폭력적인 일들을, 이런 걸 가능하게 한 지금의 세상을 1도라도 바꾸지 못하면 이 불에 내가 타죽을 것만 같았다.

남학생들의 여대 축제 난입 폭력 사건을 계기로 여러 대학의 여성주의자들이 모였고 '들꽃 모임'이 만들어졌다. 1996년 5월 29일 이후 약 7년 동안, 나의 모든 삶이 이 이름 안에 들어 있었다. '들꽃 모임'에서 준비한 '페미니스트캠프', 캠프에서 만난 졸업예정자들이 모임 '돌꽃 모임', '돌꽃 모임'에서 IMF를 맞아 경제적 자립을 해보자며 만든 '프리워FReE War', 그리고 이 모든 일들의 든든한 배경이자 뒷심이 되어준 지금도 눈물 나게 그리운 이름 '페미니스트 카페 고마'.

비록 마스크를 썼지만 모든 방송사와 일간지, 그리고 월간지까지 얼굴을 내게 된 '지하철 성추행 경고방송 촉구 퍼포먼스'는 민우회와 함께 진행한 이슈파이팅이었는데 아직도 3호선 역 안내 방송에서 그 흔적을 찾을 수 있다. 그 7년의 시간 동안 말을 하고, 글을 쓰고, 거리에 나가거나 노래를 불렀다. 그러는 동안 없었던 여성가족부가 생겼고, 각종 법제도와 센터들이 늘어갔다.

14년간 여자가 사는 세상은 변했나? 나는?

2003년 〈아름다운재단〉에 입사할 때는 모금하는 법을 배워서 어느 여성단체에서건 평생 일할 수 있는 기반을 닦겠다는 생각이었을 뿐, 2017년인 지금까지 돌아가지 못하고 일하고 있을 줄은 정말 꿈에도 몰랐다. '직업으로서의 비영리단체 활동가'라는 것이 다 그렇겠지만, 지난 14년간 나의 삶은 매달 월급이 나온다는 사실 이외에는 어떤 것도 예측대로 되지 않았다. '모금하는 법'은 생각했던 것처럼 몇 개월 배워서 쓸 수 있는 단순한 기술이 아니었다. 적은 시간과 돈을 내어 누구를 돕고 세상을 바꾸고 싶다는 기부자들을 만나면서 또다시 가슴이 뜨거워지기도 했다. 그렇게 14년이 지나니 누가 보아도 여기가 내 자리인 듯싶기도 하다. 그렇다면 나에게 페미니즘은 어디에 있을까? 그 때의 타오르던 불은 어디로 갔을까?

여성주의의 세례를 받은 나는 서른 살에서 마흔네 살까지의 개인적인 삶을 누구보다도 편하게 살 수 있었다. 누구처럼 결혼을 해야 하는지, 누구처럼 아이를 낳아야 하는지에 대한 스트레스를 거의 받지 않고 살았기 때문이다. 물론 혼자 사는 삶에 대한 고민이 없는 것은 아니지만, 지나고 보면 소위 정상가족 안의 사람들이라고 그것으로부터 자유로운 것도 아니다. '언니네' 편집팀과 액션나우팀에서 '비혼'이라는 개념과 생각해야할 꺼리들을 미리미리 챙겨둔 것은 지금까지도 큰 도움이 되고 있다. 지난 14년간, 내가 새로 알게 된 것은 페미니즘 밖의 여성들의 삶이었다. 말하기에도 입이 아프지만 20대에서 30대 후반까지 사람들에게 '결혼'이라는 숙제는 그냥 충분히 좋은 연애관계를 망치고, 가족과의 오붓한 시간을 갈등으로 변질시키며, 멀쩡한 자아를 '결핍된 자존감'으로 격하시키고 있었다. 그런데, 노력과 행운이 겹쳐 제때 결혼을 해서 제때 아이를 낳은 여자들의 삶은 잘 보면 더 끔찍했다.

둘째아이 육아 때문에 퇴사했던 동료 한 명이 파트 타임제로 다시 일하게 된 적이 있다. 팀장까지 경험한 숙련 노동자답게, 그녀는 주 3일만 나와도 신입 두 명의 몫을 거뜬히 해냈다. 그녀와 가까이 지내면서 알게 된 워킹맘의 삶은 외롭고 고단했다.

"간사님, 결혼할 거예요? 결혼하더라고 아이는 낳지 마세요. 저는 아이가 생기고 제 삶이 완전히 파괴되었다고 느껴요. 인생이 많이 바뀐다고요? 아니요. 바뀌는 정도가 아니라 내가 생각했던 삶은 그냥 없어지는 거예요."

엄마가 된다는 것은 아이를 통해 나의 신체적, 정신적 약점이 극한
까지 드러나는 것을 경험하는 일이었다. 나를 닮아 겁이 많은 아이가
안타까워 야단을 치면 아이가 더 소심해지니 머리가 아픈데, 매일의
육아를 위한 시간을 쪼개고, 도와줄 사람을 찾고, 아이가 아프거나 문
제가 생겼을 때 대처하는 것은 끝없는 스릴의 연속이었다. 그녀가 미
국 유학을 하면서 그렸던 인생의 비전대신 '전업주부로 주저앉지 않
기' 위한 고군분투만 남았다.

3년 후 그녀는 다시 정규직이 되었는데, 그 해 우리 팀에 나를 비롯
해 유독 페미니스트들이 많았다. 우리 팀은 잘 되는 팀답게 소통과 수
다가 많은데, 그 중 페미니스트 활동 추억에 대한 내용도 많았다. 그녀
는 "이 팀에서 나만 소수자야. 다 페미니스트잖아~!"라며 볼멘소리를
하곤 했는데, 우리도 관련 현장에서 이미 멀어져 있기 때문에 당신하
고 똑같다고 항변하곤 했다. 그 즈음부터인가, 그녀가 한동안 뜸했던
육아 고민을 말하기 시작했다.

#1

그녀 "우리 큰 딸이 어제 '아빠는 멋있고, 엄마는 예뻐~'라고 하는 거
　　　예요. 글쎄…"

나　　(뭐가 문제지? 큰 딸이랑 요즘 사이 좋은가보네?)

그녀 "그래서 제가 그랬죠. '엄마는 왜 예뻐? 엄마도 멋있고 싶은데??
　　　왜 남자는 멋있고 여자는 예쁘다고 해?"

나　　(아.......................................)

그녀　"제가 페미니스트는 아니지만, 애들이 너무 고정관념에 빠져 있

　　　는 거 같아요…"

나　　"그게 페미니스트들이 하는 생각이고 말이에요."

그녀　"이건 꼭 페미니스트가 아니라도 사람이라면 다 상식이어야 하

　　　는 거잖아요."

#2

그녀　"큰애네 학교에서 애들한테 선물을 주는 게 있는데요. 얘가 저한

　　　테 와서 귓속말로 '엄마~ 저기 분홍색은 여자애들 거고 파란색

　　　은 남자애들 거 같아'라고 하는 거예요. 진짜 기가 막혀서…"

나　　(뭐 대충 맞을 것 같은데)

그녀　"그래서 제가 애를 붙들고 얘기했죠. '파란색이 여자애들 거면 어

　　　떡할 건데? 너 여자애들 장난감만 갖고 놀면 세상의 장난감 중에

　　　절반밖에 못 가지는 거야. 너는 다 가질 수 있는데, 그래도 분홍

　　　색만 찾을래?'라고 했죠."

나　　(틀린 말은 아닌데, 뭐 그걸로 애를 다그칠 일인가)

그녀　"제가 페미니스트는 아니지만 학교에서부터 애들한테 이러는 게

　　　힘들어요. 집에서는 남자랑 여자랑 애 낳는 거 빼고 똑같다. 할

　　　수 있는 일, 가질 수 있는 것도 똑같다고 말해주는데, 밖에서 기

　　　가 막히게 그런 생각이 묻어 와요."

나　　"저기, 간사님. 페미니스트 맞는 것 같은데요??"

#3.

그녀 "어제는 너무 말을 안 들어서 '너 이렇게 엄마 말 안 들을 거면 이 집에서 나가~!' 라고 해버렸어요. 그러니까 또 찔찔 울면서 '엄마 ~ 흑흑… 나 커서 시집갈 때까지는 이 집에서 엄마랑 아빠랑 같이 살면 안 돼?' 라고 그러는 거예요, 글쎄."

나 (애랑 잘 지낸다 했더니 또 화를 내는군)

그녀 "그래서 붙들고 말했죠. 누가 꼭 결혼을 해야 하는 거라고 했어? 어른이 된다고 꼭 시집을 가야 하는 거 아니야~~~~"

나 (????????????????)

그녀 "제가 페미니스트는 아니지만, 왜 애들이 이렇게 생각하는지 모르겠어요."

알쏭달쏭한 고민 상담이 이어진 지 1년쯤 된 2017년 2월 13일 월요일 오전 10시 몇 분. 그녀가 말했다. "지난 주말에 보내주신 『나쁜 페미니스트』 책의 발췌문을 봤거든요. 다 제가 했던 말들이더라고요. 그래요. 저 페미니스트인 것 같아요. 인정할게요." 그녀가 스스로를 페미니스트라고 말하는 순간, 나는 시계를 확인했다. 그 시간을 꼭 기억해두고 싶어서였다. 나의 1996년 5월 29일 저녁 7시처럼 그녀의 삶도 2017년 2월 13일 오전 10시부터 다른 궤적을 그리게 될 것이다. 그녀는 스스로 페미니스트가 되었고, 나는 기혼여성의 삶에 연대하는 마음을 배웠다. 1996년 5월 29일 이후 내가 세상을 1도라도 바꿨는지는 모르겠다. 그날 이후 페미니즘으로 인해 나 자신은 많이 변해온 것 같다. 그녀도 많이 변할 것이라 기대한다.

올해 여성의 날을 맞이해서 아름다운재단 직원 10명이 'FEMINISM PERFECTS DEMOCRACY' 티셔츠를 공동구매 했다. 취미로 배우는 살사모임에서 만난 30대 남자들은 '예민해서 단체여행 가기가 힘든데 형들이 그걸 이해 못해서 힘들다'며 여성주의 책을 추천해 달라고 한다. 강남역 10번 출구 앞이나 온라인의 뜨거운 공론장 한가운데가 아니지만, 페미니즘의 에너지가 내 일상에도 끊임없이 흘러들어오고 있다.

그렇게 나는 페미니즘을 매일 목도한다.

이진옥

(사)젠더정치연구소 여.세.연
대표를 맡고 있으며 아이 두 명과
다문화 가정을 이끌고 있다.

Photo by 윤연

진동하는 페미니즘,
탄성적인 페미니스트
Oscillating feminism, Resilient feminist

스물여섯 살의 나침반, 이프

이프는 완전히 길을 잃고 침잠하던 시절의 내게 중대한 결
정을 하게 도와준 참고서였다. 물론 그 때 사 모았던 이프 잡지들은 아
빠가 내 엘피판들과 함께 버렸을 것이다. 아빠가 분명히 말했듯, 우리
는 '아빠의 집'에 사는 것이고 모든 물건에 대한 재량권은 아빠에게 귀
속되는 것이었을 테니. 서울에서 대학을 마치고 대전의 부모님 댁으로
돌아가 보습학원 강사로 근근이 살아가며 내가 무엇을 하며 살 것인가
에 대한 질문에 답하지 못한 시절, 부모님은 다시 서울로 향하는 이사
준비를 하시고 난 무엇인가 당장 결정해야 하는 압박감에 초조해 하던
1999년 가을이었다. 이프에 실린 기사, 전혜성 작가와 이정향 감독의
대화 속에 등장한 "스물여섯 살에 혼자 미국 여행을 했다. 그녀 생애
가장 잘했던 일이었다"는 두 문장은 곧 스물여섯 살이 될 내게 마치 명
령하는 듯했다. 떠나라고. 그 명령에 이끌리듯 난 26세에 영국으로 떠
났고, 박사과정을 마치고 서른네 살에 한국으로 돌아왔다.

지난 9년 동안, 다시 말해 내가 한국으로 돌아온 후부터 공생해야

했던 두 번의 위험한 정권이 나를 지금 이 자리에 있게 한 만큼, 정권 교체가 된 지금은 그 이전의 정권과 너무 대비되어 의도하지 않아도 그 9년의 시간이 복기된다. 현재의 나를 설명하는 가장 쉬운 방법은 사단법인 젠더정치연구소 여.세.연[1]의 대표라는 나의 소속 단체와 직위일 것이다. 나는 여성의 정치 참여를 촉진하고, 이제는 남녀 동수를 주장하는 제도적 · 담론적 실천 및 연구 활동에 주력하는 단체의 대표이다. 초등학교 때 반공독서읽기 우수상과 6년 개근상을 받을 만큼 나는 성실한 애국소녀였다. 고등학교 시절 독도 지키기에 관심이 있다며 '공무원'이 되어 나라에 기여하고 싶어 정외과에 진학했다, 고 대학 오티 때 썼다며 어느 선배가 이야기해준 게 기억난다. 물론 민족, 국가, 정치, 국제관계에 어릴 적부터 다소 관심이 높았던 것은 사실이고, 지금은 여.세.연의 대표로서 그 10대 시절보다 훨씬 더 '정치'에 경도된 만큼, 이 플롯은 거짓이 아니다.

하지만 이건 아주 표피적인 설명에 불과하다. 나를 설명하기 위해서 '생애사'를 처음 쓰면서 일곱 살, 다섯 살 난 두 아이의 엄마가 되어서도 내가 다시 다섯 살의 아이로 돌아갈 수밖에 없다는 걸 인정하는 데 많은 시간이 걸렸다. 난 항상 엄마가 그리웠다. 나의 어릴 적 기억 중 가장 강렬하게 남아 있는 건, 당시 대구에 살았던 엄마가 나를 할머

---

1 여.세.연이라는 단체는 2000년에 창립한 여성정치세력민주연대의 약자이자 '여성이 세상을 연다'는 중의적 의미를 담고 있다. 그 여세연이 2014년 연구소 체제로 전환하며 함께 하게 되었는데, 연구소로 바뀌기 전에도 이 단체는 연구와 활동을 병행해왔고 지금도 마찬가지이다.

니와 함께 기차에 태운 후 잠시 화장실에 간다 해놓고 돌아오지 않았던, 그리고 서울역에 도착했을 때 더 이상 엄마가 없다는 걸 알고 서글프게 주저앉아 울었던 사건이었다. 초등학교 5학년이 되어서야 엄마, 아빠, 언니, 동생과 다시 함께 살게 된 난 행복함으로 충만했지만 그럼에도 엄마에게 낯설고 항상 모자란, 칠칠치 못한 딸이었다. 그 이후 줄곧 갈등을 반복하던 엄마와의 관계에서 도망쳐 난 나를 길러준 할머니에게 애착을 품었지만, 할머니는 손녀인 나보다 손자들에 대한 사랑이 지대했다. 때문에 내게 자기 확신은 생존을 위한 필수품이었고, 세상에 그걸 증명하겠다는 건, 결핍에서 비롯한 인정 투쟁이다.

내 페미니즘의 원형, 분단 체제에서 나를 키운 여자들

내가 어떻게 페미니스트가 되었는가의 궤적을 좇다보면, 나를 만든 두 여자의 삶에서 그 원형을 찾게 된다. 지금은 95세로 고령이 된 할머니는 나와 단 둘이 밤을 보내는 날이면 아무에게도 하지 않았을 이야기보따리를 풀어 놓곤 했다. 양반집 무남독녀로 태어나 자신이 우겨서 소학교에 다녔고, 놀고 뒹굴기를 좋아했다는 그 소녀는 일본이 결혼하지 않은 처녀들을 데려간다는 흉흉한 소문에 열여덟 살에 원하지 않는 옆 동네 집안의 남자에게 급하게 시집을 보내졌다. 첫 날 밤에 너무 무섭고 서러워 삼일을 줄곧 울었다는 할머니는 한국전쟁 중에 과부가 된다. 좌익 청년 대표를 맡고 있던 시동생이 감옥에 갇히자 공무원이었던 남편은 동생을 풀어달라고 지인에게 청탁하기 위해 집을 나선

후, 영영 돌아오지 않았다. 며칠 후 동네에는 수백 명의 사람들이 총살당했다는 소문이 돌았고, 할머니는 감히 남편과 시동생의 시신을 찾을 생각조차 할 수 없었다고 한다. 그리고 이 이야기는 자식 누구에게도 하지 않았다. 엄마는 아직 모른다, 자기 아버지가 왜 죽었는지. 내 외할아버지는 보도연맹 학살의 희생자였을 것이다. 진실을 밝히는 것은 나의 몫일 것이다.

할머니는 허리가 굽도록 억척스럽게 농사를 지어 네 자식을 길러냈고, 엄마는 오빠와 남동생, 여동생의 교육을 위해 할머니 노동을 보조했다. 다른 자식들과 달리 초등학교밖에 공부를 못시키고, 지게에 달린 라디오에서 명동 양장점의 구인광고를 듣고 서울로 야반도주 한, 열여덟 살까지 소처럼 일만 시켰던 큰 딸에 대한 죄책감으로 할머니는 아직도 엄마의 눈도 못 마주치고 말도 잘 못 붙인다. 엄마 아래 남동생은 열일곱 살에 물에 빠져 죽었고, 엄마가 대학원 공부까지 뒷바라지를 했던 오빠는 미국으로 이민을 갔고 가족과 연을 끊었다. 국졸의 애비 없는 딸이라는 엄마의 콤플렉스는 엄마의 유일한 자존심인 황희 정승의 후예라는 족보로 포장되었고, 자신의 희생에 대한 억울함은 감히 자신과 평등하려 하는 천민 출신의 아들이었으며, 아빠를 앗아간 때려죽일 북한 놈들과 북한 놈들에게 돈을 퍼준 김대중, 노무현 정부와 없는 아빠 대신 아버지의 역할을 했던 오빠를 미국으로 데려간 전라도 출신의 이대 졸업한 여자에게 향했다. 끔찍하게 게으르고 불량한 생활을 하는 주제에, 그런 엄마의 차별과 혐오 표현을 곧이곧대로 지적하는 나는 점차 엄마의 불안정한 자존감에 위협적인 존재가 되어갔다.

난 엄마에게 "염병할 년"이었다. 분단 체제에서 삶을 살아온 두 여자들로부터 나는 벗어나고 싶었고, 꼭 안아주고 싶었다. 그렇게 나의 페미니즘은 진동해왔다.

페미니스트와 정치학자의 경계에서

염병할 년에서 엄마로부터 이해받는 성인의 딸로서의 내 삶은 우리 사회에서 부침이 심했던 페미니즘의 흐름과 일치한다. 불협화음으로 기억되는 여중여고 시절의 나는 『외딴방』에서 또래 집단과 다름을 표식하는 방식으로 헤겔을 들고 다니는 '미서'처럼 동급생 친구들과 차이를 만드는 방식으로 정치학을 선택했다는 게 정확한 설명이다. 다시 말하면, 나는 소위 남성적인 것을 공부함으로써 다른 여자들과 달라 보이고, 다르고 싶었던 것이다. 아빠와 할아버지, 고3 담임을 거역하고 신촌에 위치한 4년제 대학 정치외교학과에 지원을 고집했고, 운이 좋게 합격했다. 비록 내가 대학에 들어간 시기 정외과의 여학생 숫자는 매년 갱신 중이었지만, 여학생은 성적 타자로서 품평되었고 남성 세계에 길들여져 갔다. 마침내 내가 그 규범의 잣대를 내 맘대로 바꿔 내 세계를 온전하게 갖출 때까지, 난 사람들과 지난하게 싸웠고 나 스스로를 시험하거나 부정했다. 문민정부 이후에도 정권과 자본에 대항해 싸울 명분은 많았고 동시에 한국의 경제성장 효과가 우리 세대에 낙수하던 그 시기에, 성정치를 표방한 개인의 '자유' 선언은 스스로 도전할 의지와 기존 질서를 거부할 용기가 있던 모두에게 당연한 상식의 기초가 되었다. 그 시기에 페미니스트가 되는 건, 어찌 보면 가장 잘 나가는 문화적 계급의 훈장을 다는 특별한 일이자, 누구도 함부로 건드릴 수 없는 방패를 얻는 셈이었다. 그럼에도 데이트 강간과 낙태를 경험하면서 피해자가 되는 걸 피하지 못한 나를 원망했다. 충분히 페미니스트이지 못한 걸 자책하기도 했고, 내상을 극복해가면서 페미니스트로 단단히 단련되기도 했다.

정치학과 여성학은 여러 모로 닮았다. 여성학과 정치학은 현실을 설명할 것인가 또는 현실을 바꿀 것인가라는 이중 긴장을 공통적으로 내재하고 있고, 이는 학문의 목적이 실천 지향에서 출발했다는 걸 지시한다. 인문학적 토양에 뿌리를 내리고 있는 페미니즘이 아니라 남성이 출산한 정치학에 젠더를 불어넣고 싶었고, 그를 통해 정치학을 페미니스트 변혁의 도구로 삼고 싶었다. 이프를 읽고 떠날 수 있던 행운을 누리며, 영국에서 난 나의 바람을 이루었다. 하지만 정치학에서 페미니즘을 공부하면서도, 한편 생계를 꾸리는데 더 집중해야 했고 활동가로서의 과거와 연구자로서의 현재 사이에서 방황했다. 박사논문을 위해 IMF 위기 이후 만들어진 여성독자노조운동의 현장 연구에서, 현장의 활동가로서 지녔던 내 과거의 정체성과 현재의 연구자 정체성 사이의 혼란은 박사논문을 마친 후에도 끝내 풀지 못했다. 그 비싼 영국에서 박사학위를 딴 내게 기대되는 제3자적 연구자의 태도와 업적은 나 스스로 불만족스러웠고 내 몸에 맞지 않았다. 여성과 정치라는 강의를 맡으면서 외도로 시작한 소위 여성 정치학에서 난 페미니스트 정치 운동의 당사자성과 연구 사이의 긴장을 가장 쉽게 완화할 수 있었고, 그것이 나를 여.세.연에 이르게 한 구체적인 맥락이다. 그리고 의도하지는 않았지만, 학문 세계에서 페미니즘을 접하고 나는 다시 나를 만든 두 여자들의 삶을 만나 내 페미니즘의 원형임에도 늘 불화했던 그녀들과 나름 화해를 하는 중이다. 내가 싸우고 있는 적폐 세력을 지지하는 내 엄마와 할머니를 부정하지 않으면서 그녀들의 관점에서 정치를 읽어내고 그 정치가 결국에는 그녀들의 삶에도 가까이 다가갈 수 있게 하는 것, 그것이 페미니스트 정치의 궁극적 목표이지 않을까, 생각한다. 그렇게 여.세.연 대표라는 나의 이력은 내가 페미니스트로서 정체성을 스스로 부여하고 페미니스트로서 방황하고 살며, 페미니스트 가치를 실천하다가 당도한 지금의 결과이다.

쓰러지고 일어나기를 반복하는 탄성적인 페미니스트로 살기

여.세.연과 나는 비슷한 모양새의 경계에 서 있다. 연구자와 활동가가 같은 사안에 대해 같은 입장을 지니고 있다하더라도 그 문제를 풀어나가는 속도와 방식은 매우 상이하다. 물론 모든 시민사회 단체는 학자적 접근과 훈련을 필요로 하고, 모든 연구자는 현실에 대한 깊숙한 소통 채널을 확보하는 것이 필요하지만, 그 양자의 간극을 메우는 것은 상당한 양의 노동을 요구한다. 여성학에서 세심하게 발전되어 온 '여성'과 '젠더'는 여전히 근본적으로 정치학적으로 질문되지 않고, 정치학에서 페미니즘은 여전히 자기 울타리조차 만들지 못한 채 부유하고 있다. 더 나아가 페미니스트 세력에서는 여성의 정치 참여에 대한 주장이 남성 권력에 편승하고자 하는 여성의 문제로 보는 소위 자유주의 페미니즘으로 여.세.연을 바라보고, 시민사회 정치개혁 연대 단체들도 그와 별반 다르지 않다. 그런 비판적 시각은 일면 타당하고 일면 편견에서 비롯한다. 정치 대표성에서 동수parity가 이루어진다고 해도 그것이 젠더 정치의 만병통치약은 아닐 것이다. 아무리 그 '여성'이 문제적인 개념이더라도, 여성이 모든 곳에 있는 만큼 여성은 모든 수준의 권력 구조에 있어야 한다. 이러한 당위적인 주장이 제도적인 장치로 현실화되어야만 심각하게 남초화된 정치를 바꾸고 정치가 보다 다층적인 젠더의 문제 해결에 적극적으로 나설 것이다. 그러나 이런 당연한 상식을 보다 많은 이들이 받아들일 수 있도록, 여.세.연이라는 단체를 통해 나는 연구와 활동, 정치학과 여성학, 여성계와 페미니스트 세력, 그리고 제도 안과 제도 밖의 사이에서 진동하며 경계를 넘나들고 있다.

이런 경계인으로서의 삶은 나뿐만 아니라 모든 페미니스트에게 다가오는 운명일 것이다. 주어진 정체성에 단단하게 닻을 내리기보다 돛을 올려 유유하게 여행을 떠나는 자에게 페미니즘은 비로소 자신의 일부가 될 수 있다. 나의 경계인 정체성은 영국 남자와 결혼하고 아들과 딸을 낳고, 하나의 다문화가정을 이루면서 더욱 파고 들어온다. 이중 국적으로 태어난 내 아이들은 한국에서 태어났지만 평생 (혼혈아) 외국인 취급을 받을 테고, 시민권이 있지만 영국에서는 한국인으로 취급받을 것이다. 내 아이들의 혼종성은 결국 나의 몫이며, 더불어 엄마로서 "페미니스트 되기란" 근본적인 질문을 반복적으로 마주하게 된다. 이제 마흔셋, 지금 내 개인적 삶의 선택을 만들고 주변의 관계를 맺고 젠더 불평등을 타파하는 고리들을 사회적으로 연결해가는 과정에서 나의 페미니즘은 다양한 분야의 여성운동에 대한 오지랖으로 삐져나왔다. 경계 넘기를 시도하며, 페미니즘은 내 삶을 안전하게 해주는 정적인 장소가 되기도, 내 삶을 불안정하게 뒤흔드는 역동적인 시간이 되기도 한다. 내 페미니즘 원형은 현재와 과거 사이를 진동하며 앞서 나가기도 뒤로 주춤거리기도 하며 깊어지고 나를 단단하게 해왔다. 여느 인간 사회와 마찬가지로 페미니스트 세계도 치열하게 싸우고 갈등한다. 하지만 페미니스트 세계에서 뿜어지는 분노가 페미니스트로 향할 때 페미니스트들은 다시 페미니즘을 딛고 일어난다. 진동하는 페미니즘에서 탄성력을 키우며, 내 페미니스트 오지라퍼 인생은 그 모양새를 달리하며 계속될 예정이다.

Chapter 4

페미니즘
콤플렉스가 있었다

박미라

20년 전엔 페미니스트저널 이프의 첫 번째 편집장이었고,
10여 년 전부터는 명상이나 치유하는 글쓰기를 안내하고
상담을 하면서 살고 있다.
독자들이 궁금해 할 것 같아 덧붙이자면 그토록 불화했던
이프의 옛 친구들과는 같으면서도 달라진 모습으로
여전히 함께하고 있다. 우리의 미덕은, 으르렁거리면서도
서로를 끝까지 포기하지 않았다는 점이다.
고통스러워하면서도 갈등의 본질로 들어가 직면했다는 점이다.
그 무서운 이프의 여자들이 오늘의 나를 만들어주었다.

우리는 왜 그토록
불화했는가

　돌아보면 나는 늘 남들과 조금 다른 고민에 매달려 있었다. 학생운동을 할 때 나는 어떻게 하면 독재체제(그 당시 학생운동의 타도 대상이었다)와 잘 싸울 것인가 보다는 나의 두려움을 어떻게 이길 것인가 하는 문제와 씨름했다. 부끄럽게도 그 당시 나의 가장 큰 두려움은 시위에 참가하는 것이었다.

　나는 1980년대 학생운동 세대다. 80년대 초반엔 교내에 일명 '짭새'라고 하는 사복경찰이 상주했고, 하루가 멀다 하고 시위가 벌어졌다. 요즘 같은 시위가 아니었다. 교내 건물 옥상에서 절규에 가까운 외침이 들리고 다량의 유인물이 펄럭이며 아래로 떨어진다. 그러면 전쟁은 시작되었다. 경찰들이 "잡아!" 하면서 뛰는 소리, 캠퍼스에 흩어져 있던 학생들이 모여들어 '스크럼을 짜고' 구호를 외치는 소리, 여학생들의 비명소리 같은 것들이 뒤엉켜 학교는 삽시간에 혼란 속으로 빠져든다. 이어 주동자와 시위 참가자들이 경찰에 끌려가는 모습이 보인다. 학생들이 폭력적으로 진압되는 장면, 여학생이 머리채를 잡혀 끌려가는 모습들이 내 눈에는 그야말로 아비규환의 현장이었다. 낭만적인 대학생활을 꿈꾸던 스무 살 여자애에게 그것은 전쟁의 공포 그 자체였다.

　경찰에 끌려간 학생들은 대부분 퇴학조치 되었고, 고문을 당했으며 그 뒤 남학생들은 바로 강제 징집되어 군대로 보내졌다.

상황이 조금 나아져서 경찰은 더 이상 학내에 들어올 수 없게 되었다. 그러나 시위가 시작되면 무장한 경찰들이 교문 앞을 가로막았고 학내 집회를 끝낸 우리는 '운동가요'를 부르며 교문을 향해 행진했다. 대오에서 이탈하지 못하도록, 서로 밀착해서 양팔로 친구들의 어깨를 감싼 채, 노래를 부르며 천천히 경찰을 향해 걸어갔다.

겁에 질려있는 나를 보는 것이 가장 두렵다

우리는 학교 담벼락을 깨서 일명 '짱돌'을 만들었고 그걸 경찰을 향해 던졌다. 여학생들은 던지기가 잘 안되니 대부분 돌을 깨고 나르는 일을 맡았다. 쉴 새 없이 터지는 최루탄의 그 독하디 독한 매운 냄새는 나름 익숙해졌지만 사방으로 튀면서 상당히 먼 거리까지 날아가는 지랄탄은 정말 무서웠다. 지랄탄이 터지는 소리가 시작되면 우리는 미친 듯이 반대편으로 뛰었다. 뜀뛰기가 젬병인 키 작은 여학생인 나는 지랄탄에 쫓기면서 종종 죽음을 떠올리곤 했다. 학교 밖 낯선 거리에서 진행되는 시위는 또 얼마나 살벌했는지. 우리는 정해진 시위 장소로 암암리에 모여들었고, 이미 정보를 입수한 경찰들까지 깔려서 거리는 긴장감으로 터질 것 같았다.

아니, 고백하자면 내 가슴이 두려움으로 터져버릴 것 같았다.

전쟁터를 방불케 하는 시위 현장, 끌려간 학생의 고문, 그리고 구속된 학생의 가족들이 당하는 공공연한 불이익…. 그 고난의 과정을 나는 감당할 자신이 없었다. 하지만 무엇보다 고통스러운 건 두려움에 질려 있는 나 자신을 목격하는 일이었다. 양심에 따라 당당하게 행동하는 지식인이 되어야 하는데, 정의를 위해 내 몸을 기꺼이 내던져야 하는데 그토록 두려움에 떨고 있다니 내 자신이 부끄러워 견딜 수가 없었다.

그 마음을 친구나 선배에게 털어놓기도 했다. 속으로만 끙끙 앓으며 숨기는 건 더 괴로운 일이었기 때문에 일종의 양심선언을 시도했던 것이다. 사실 나는 위로를 통해 용기를 얻고 싶었다. 너도 두렵구나. 우리도 그래. 이 문제를 어떻게 풀 수 있을까, 하는 논의의 장이 생기기를 간절하게 바랐다. 하지만 선배와 친구들은 대수롭지 않게 여겼다. 그까짓 거 가지고 뭘 그래, 하는 식이었다. 약한 모습을 인정하면 정말 약해질까 봐 나의 두려움, 자신들의 두려움을 외면했는지도 모른다. 그리고 그 두려움을 외면한 대가는 각자가 알아서 감당해야 하는 트라우마로 남겨졌다.

어쨌든 나의 두려움과 고민은 학년이 올라가도 줄어들지 않아서 나는 점점 더 위축되고 어두워졌다. 얼굴 근육을 끌어올려 포커페이스를 유지할 기운조차 없었다. 마음은 더 큰 납덩이로 짓눌려 자주 죽고 싶었다. 그땐 몰랐다. 반복해서 목격한 그 폭력적인 장면들이 트라우마가 되었고, 나는 트라우마의 무게에 짓눌려 점점 더 파랗게 질려갔다는 사실을.

페미니스트로 살아갈 때도 나의 고민은 친구들과 달랐다. 친구들이 세상의 차별, 그리고 그 차별과 싸우는 것에 몰두하는 동안 나는 페미니스트들 간의 우정이나 관계 맺기에 더 관심을 가졌다. 나는 선배 페미니스트나 사회에서 당당하게 제 목소리를 내는 성공한 여성들을 존경하고 선망했다. 아니, 어느 집단에서든 페미니스트는 다 멋져 보였고 사랑스러웠다. 그 멋진 여성들과 진정으로 멋진 관계를 유지하고 싶었다. 그래서 그들의 이야기를 참 많이 들어주었고, 그들의 장점과 미덕을 찾아냈으며 그들에게 무한한 지지와 격려를 보내는 데 힘을 다했다. 그것이 내가 여성운동을 하는 사람으로서 의리를 지키는 방식이라고 생각했다.

우리는 자주 오해했고 쉽게 공격적으로 변했다

그러나 상대 여성도 나를 그렇게 대해주는 건 아니었다. 차별 없는 인간애를 꿈꾸면서도 같은 여성들끼리 서로 노여워하고 원망했다. 내가 경험한 그들은 자신의 이익에 민감했고 서로 견제했으며, 이해하려하지 않았고(아니, 자주 오해했고) 쉽게 공격적으로 변했다.

이프도 예외는 아니었다. 여성운동을 하면서 이프 식구들은 언제나씩씩했고 뜨거웠지만 고통스러운 일도 많이 겪었다. 우선 경제적인 어려움이 첫 번째였다. 페미니스트저널 이프는 애초, 이프의 이데올로그라고 할 수 있는 유숙열 선배가 거액의 돈을 투자하면서 창간되었다. 사실 그녀가 자산가였던 건 아니다. 자신이 기자로서 번 돈을 모두 이프에 투자한 것이다. 그 돈으로 살림을 해야 했던 나는 늘 쫓기는 심정이었다. 시스템 없이, 개인적인 의지를 원동력 삼아 잡지를 만들고 행사를 준비하는 일은 정말 힘에 부쳤다. 나는 서서히 지쳐갔다.

투자를 받기 위해서 사장이 자주 바뀌었다. 우리 문화를 공유하지 못한 사장님들은 번번이 소외감을 느꼈고, 조직 갈등의 원인이 됐다. 수직관계에만 문제가 있었던 건 아니다. 수평관계에서도 초기 열애의 시간을 지나자 균열이 일어났다. 우리는 여러 가지 이유로 누군가를 불편해하거나 원망하거나 다투었다. 갈등은 항상 존재했는데, 어떤 때는 그 정도가 심해져서 격렬한 소용돌이에 휘말렸다. 이프의 창간 정신대로 우리는 욕망에 너무 충실했던 것 같다. 자신의 욕망을 추구하기 위해 우리는 날카로워졌다. 각자의 욕망은 상대의 욕망과 부딪치며 서로에게 여지없이 상처를 냈다.

그 상처가 정말 아팠다. 나는 이미 동료들과 심장을 공유한 상태였고, 그래서 서로의 칼이 아주 조금만 움직여도 심장은 상처를 입고 피를 흘렸다. 그러나 아무에게도 고민을 말할 수 없었다. 나는 모든 사람들이 의지하는 이프의 든든한 기둥이어야 했으며, 사람들은 내가 늘 그런 모습을 유지하기를 바랐다. 외롭고 아픈 시간이 지속되자 나는 이프에서 도망치고 싶었다.

이프가 많이 알려지자 남성들의 공격이 극심해졌다. 한번은 방송에서 한 군가산점제 이야기 때문에 분노한 남자들이 이프 홈페이지에 몰려들었다. 방송에 출연했던 이프 관계자가 이프 편집장으로 잘못 알려지면서 게시판에는 편집장을 향해 온갖 욕설과 악담이 쏟아냈다. 여성의 성기를 들먹이며, 밤길을 조심하라며, 너의 등에 칼을 꽂겠다며… 그들의 폭력성을 모르는 바 아니었지만 내 입장에서 그처럼 집중적으로 공격을 당하기는 처음이었다. 그때 더 미웠던 건 그 추잡한 욕설들 사이에서, 자신은 이성적인 지식인이라며 훈계와 설교를 늘어놓은 남성들이었다. 그들은 자신을 다른 마초 남성들과 다르게 대해줘야 한다고 주장했지만 나는 그때 확실히 알았다. 약자의 고통에 관심이 없다는 점에서 그들은 모두 똑같은 가해자라는 사실을. 그때 무력하게 공격 받은 경험은 나를 다시 분노와 트라우마에 시달리게 만들었다.

그 당시 잘 나가던 진보적 남성 논객들은 이프를 배부른 페미니즘이라고 비난했다. 우리가 기득권을 더 갖고 싶어 안달하는 나른하고 돈 많은 중산층 여자들이라는 것이다. 웃기는 얘기였다. 그때 우리가 기득권을 탐했더라면 그토록 미친년이 되어 싸우지 않았을 것이다. 나중에야 알게 됐지만 그것은 중산층 남성들이 자신의 욕망을 우리에게 투사한 것에 지나지 않는다. 나이가 들었으니 이제 그들도 자신을 성찰했을까. 그때 그들이 우리에게서 발견한 나른함과 이기적 욕망이 사실은 자신들의 숨겨진 욕망이었다는 사실을 말이다.

더 깊은 상처는 같은 페미니스트들의 공격에서 말미암았다. 이프가 창간된 지 몇 년이 지나자 이프의 기사에 대해 당시 젊은 페미니스트들이 문제를 제기하기 시작했다. 특집이 만들어질 때마다 우리는 젊은 페미니스트들의 비판과 비난의 소리를 들어야 했고, 그들의 주장에 반박하거나 논쟁하느라 정신을 차릴 수가 없었다. 그들의 지적은 너무나 집요하고 신랄하고 차가웠다. 나와 우리 이프 편집진은 점점 더 우울해졌고 지쳐갔다. 나는 그들에게 말하고 싶었다.

제발 정치적으로 올바른 틀로 우리를 가두려 하지 마. 숨이 막힐 것 같아. 우리는 너희들의 적이 아니야. 생각이 다르다고 해서 우리 입을

틀어막으려 하면 안 돼. 왜 그렇게 생각하는지, 우리에게 좀 더 물어봐 줘. 다양한 의견이 자유롭게 표현되고 제약 없이 논쟁의 장에 올라야 페미니즘이 더 풍요로워지는 거야. 무엇보다 페미니즘은 위험한 경계를 넘나들면서 고루하고 딱딱한 것을 무너뜨리는 작업이야. 위험한 아이를 다루는 엄마처럼 굴지마…라고.

결국 나는 이프의 편집장을 그만뒀다. 이프를 깊이 사랑했지만 너무 고통스러웠다. 정말 멋진 곳이었지만 그 뜨거움을 당해낼 수가 없었다. 깊은 자매애를 맛봤지만 그 자매애가 흉기가 되는 것도 경험했다. 그 이후로 나는 여성주의를 알게 되어 행복하다는 말, 페미니스트로 사는 것이 행복해졌다는 서사를 의심한다. 너무 뻔하고 단순해서 지루하기도 하다. 한껏 삐뚤어진 나는 이렇게 중얼거렸다. 이제 곧 너의 동지들 때문에 지옥을 맛보게 될 거야… 라고.

혐오라는 감정의 다른 모습들

마음공부를 하지 않을 수 없었다. 그때 내가 경험한 것들이 무엇인지, 왜 그런 일들이 벌어졌는지 알지 않으면 견딜 수 없을 것 같았다. 무엇이 나를 그렇게 고통스럽게 만들었는지, 그들은 왜 그렇게 화났었는지, 사랑한다면서 우리는 왜 그토록 불화했는지 알고 싶었다.

돌아보건대 나는 너무 미숙했다. 서른 살이 훌쩍 넘도록 나 자신을 찾지 못한 공허함으로 더 멋진 여자들, 외부의 유토피아를 찾아다녔다. 그 나이 되도록 나는, 인간이 선함과 악함을 모두 가진 존재라는 사실을 알지 못했다. 내가 선함을 추구할수록 내면에는 분노가 쌓이고, 그 분노에 조응하는 인간관계가 맺어진다는 사실은 더더욱 이해할 수 없었다.

혐오라는 감정의 이면에 질투나 선망, 호기심 등이 동전의 양면처럼 존재한다는 사실을 알아채지 못했다. 그래서 우리는 남성들의 대표적 사고기능인 이성적 사고의 한계를 비판하면서도 이성적 논리로 비난당할 때 주눅 들고 열등감을 느꼈다. 뿐인가. 남성들의 미숙함, 유아적 이기주의를 비판하면서 우리 역시 자신을 성찰하지 않았다. 피해의식은 피해를 당한 경험에서 나온다고 했던가. 그런데 우리는 강자에게서 입은 피해의 억울함을 우리 자신, 또는 같은 여성에게서 보상받으려고 서로를 공격했다. 결국 우리는 밖에서도 안에서도 행복한 거처를 만들 수 없었다. 많은 페미니스트들이 페미니즘 밖으로 뛰쳐나와 유랑자가 되었다. 여성학자인 고미송은 『그대가 보는 적은 그대 자신에 불과하다』에서 여성주의자의 왜곡된 분노를 이렇게 고백한다.

"모든 분노가 그러하듯이 여성주의로 인한 분노 역시 문제의 원인을 밖에서 찾는 데에서 비롯된다. 이것은 쉽게 말하면 자신의 고통을 남의 탓으로 돌리는 일이었는데, 이 속에서는 피해의식만 늘어날 뿐 보다 성숙한 책임의식이 생겨나질 않는다. 실제로 문제의 원인을 밖에서 찾는 내 모습에는 교묘한 자기기만이 있음을 어느 순간부터 자각했다. 내면에서 자각되지 않은 문제가 종종 외부로 투사된 채로 나의 비판의 대상이 되고 있었음을 발견하기도 하였다. 예컨대 내가 비판하는 권위주의는 이미 내 안에서 내면화되어 있었지만 스스로 인정하기 싫었던 바로 동일한 권위주의였음이 드러나곤 했다."

페미니즘을 만난 지 30여 년이 흘렀다. 이제 나는 개개인의 내적 성숙이나 성찰 없는 페미니스트 유토피아를 믿지 않는다. 여성들이 그토록 싫어했던 폭력성과 편견이 그 안에 숨어 있을 수도 있기 때문이다. 자신의 폭력성을 돌아보지 않는 사람이라면 그가 여성이라도 거리를 둔다. 잘못하다간 그들이 쥐고 있는 무기에 치명상을 입을 수 있기 때문이다. 과거 페미니스트들이 그토록 자랑스러워했던 여성들 간의 연대의식으로서의 '자매애'는, 어쩌면 신화에 불과할지도 모른다고 생각하게 됐다. 여성들간의 싸움은 종종 남성들과의 싸움보다 치명적이기 때문이다.

그래서 나는, 우리 안에 존재하는 상처와 분노와 미숙함을 돌아보고 치유하는 작업을 시작했다. 처음엔 나를 돌아보는 과정이었는데 그 길의 끝에서 다른 여성들의 아픔과 만나게 됐다. 그 길은 또한 남성들 내면의 병든 여성성과도 이어져 있었다. 그런데 무엇이든 끝까지 가보면 알게 되는 게 있다. 우리가 상처나 분노나 미숙함이라고 지칭했던 것들이 사실은 우리의 부끄러운 약점이 아니라는 사실을. 우리가 도달해야 할 목적지가 어디인지 알려주는 아주 중요한 신호라는 것을.

권혁란

나도 세상도 사람도 가장 아름다운 시절에
페미니스트저널 이프의 세 번째 편집장이었다.
이후 물결 따라 흔들리느라 부침이 심했다.
타고난 길치에 방향치이나 길을 잃었다고 생각해 본 적 없다.
걸어가는 모든 길이 좋았다.
이상하게 슬프고 어리석은 여행 에세이 『트래블 테라피』를
펴낸 후, 외국인을 위한 한국어교사가 되어
생존한국어만으로도 가능한 순수문학을 목도했다.
<왕좌의 게임>의 아리아가 마침내 되어야 할 노 원No One의
세계를 도 닦듯이 기다린다.

여자에게 문학을
가르쳐 주겠다고요?

　　너무 오래전 일이라 어떤 작품이었는지 기억할 수 없지만 성석제의 소설에서 문학을 너무 사랑해, 사는 곳도 인천 문학동이고 죽을 때도 '문하-학'하고 단말마의 비명을 지르며 떠날 사람이라는 등장인물을 본 적이 있다. 입만 벌리면 문학의 진정성을 설파하고 곧 굶어죽어도 하나의 아름다운 문장을 찾기 위해 머리를 쥐어뜯는 어느 '문청'을 두고 해학적으로 쓴 글이었던 것 같은데, 어쩐지 그 인물이 우스꽝스러워 배꼽을 쥐고 웃었던 기억만은 생생하다. 같은 과 친구들과 술 마시다가 '문하—학'하면서 건배한 것도 여러 번이고 문학을 하려면 우리 문학동에 살아야 하는 거 아냐! 떠들기도 했다. 그 때의 나는 소위 '문학소녀'를 지나 '문청'으로 불리던 시절. 아니 스스로 '문청文靑'의 범위에 끼워 넣은 것이지 사람들이 말하는 문청 속에 여자는 암암리에 배제되어 있었다. 문청은 천재적인 문재를 가진, 아울러 퇴폐적이고 탐미적인 성향의 예비 남성 작가를 이르는 말이었다. 아무튼 닥치는 대로 시와 소설을 쓰거나 책을 읽느라 날밤을 새우고 옮겨 적으면서 시인이나 소설가로 등단하려고 했던 그 때. 그 시절에도 물론, 그 후로도 오랫동안 여자가 글줄 꽤나 쓰거나 책 좀 끼고 읽으면 문학소녀라는 둥, 센치sentimental한 감수성을 가졌다는 둥 인정이나 존경과는 좀 거리가 먼 표현으로 가치를 하향평가 해댔다. 절치부심 어렵사리 작가의 반열에 들어섰다 해도 여류작가로 표기되면서 그녀의 문학적 성취보다는 생물학적 성의 종류를 괄호 안에 도드라지게 드러내 표기했다. 배제되거나 평가절하 되거나 결여되거나 굳이 '여자'임을 보태거나. 글 쓰는 여자라는 존재는, 오래 그러했었다.

시가 필요 없는, 아름다운 나라에서

생면부지의 땅 스리랑카로 떠나와서 처음 쓴 일기는 이랬다.

여긴 사시사철 꽃이 펴. 이 꽃 저 꽃, 꽃들이 하염없이 피어나고 지고 있어. 한 나무에 봄과 여름, 가을 겨울이 다 들어있어. 하루 종일 더워. 좀 덜 덥거나 더 더울 뿐 일 년이 다 여름이야. 그러니 꽃이 피었어, 꽃이 졌어, 너는 나의 봄이야, 너는 내 인생의 여름이었어, 너 없는 날들은 온통 겨울이야. 붉은 낙엽처럼 떨어져 뒹구는 내 가슴은 온통 시린 가을이야. 그런 문장들로 시 한 편 노래 하나를 완성할 수 있는 사람들에겐 도무지 꽃도 계절의 변화도 '무쓸모'한, 새로울 게 하나도 없는 땅이야. 확 쏟아지는 빗줄기와 맨발로 걷는 흙길을, 인도양을 건너온 바람의 결을, 꽃잎의 부드러움을 굳이, 부러 가장 슬픈 척, 날카롭고 예민한 척, 저만이 잡아챈 듯 문장 하나로 옮겨 적고 삶의 비의를 알아낸 양 거들먹거리는 시인이나 작가는 할 일도 없고, 명망 따위 누리며 살 수 없는 곳이야.

각설하고. 그 시절엔 왜 시인이나 작가가 되고 싶었을까. 논두렁과

밭이랑 사이로 돌아다니면서 해 저물 때까지 농사일을 마치고 나면 빨랫비누로 풀물 든 손바닥을 씻고 밤중에는 흐릿한 백열등 아래서 세로줄로 된 소설책을 소리 내어 읽던 아버지 탓이었을까. 어느 오후 낡은 스웨터를 걸쳐 입고 텔레비전에 코 빠뜨린 채 원피스를 입은 도시 소녀가 모아 쥔 양 손을 흔들며 노래하는 '누가, 누가 잘하나'를 보고 있으면 인정사정없이 두꺼비집을 내려놓고 소죽을 끓이라던 무정한 아버지는, 늦은 주말 밤 〈TV 문학관〉이 시작할 때면 잠들어 있을 때도 깨워 반드시 텔레비전 문학관을 보게 했었다. 종중제사가 있는 날에는 검정 두루마기를 입고 한자로 일필휘지 제문을 쓰시던 아버지 모습과 까맣게 물들어가는 한지의 글자가 신비로웠다. 그렇게, 흙에서 태어나 흙으로 돌아간 농사꾼 아버지 속에 흐르던 피의 흐름 탓일까. 어쩌면 종종 글짓기대회에 나가 '장원'이라는 이름의 상을 받거나 머리를 쓰다듬어 주는 문학반 선생님의 손길을 잊지 못한 탓일 수도 있겠다.

초등학교를 다닐 때는 '자유교양반'이라는 게 있어서 문학반을 대신했는데 책을 읽고 독후감을 쓰면 이런 저런 상을 하얀 종이에 써서 상장을 주었다. 국어사전, 영어사전, 옥편은 모두 상에 대한 부상으로 받았다. 도 대회에 학교 대표로 참가하면 또 글짓기 부문 상장을 받았다. 아버지에 대한 글로 큰 상을 받아 어느 날엔 전교생 조회 시간에 글을 낭독하기도 했다. 중학교 고등학교 다니는 동안에도 문학반에서 활동했는데 그다지 특출하지 않은 평범한 촌아이가 칭찬을 받을 때는 오로지 글쓰기에 한해서였던 탓에 문학에 대한 관심의 흐름은 아주 자연스러워 시인이나 작가를 일종의 직업으로 여기게 되었을 것이다.

문예창작과를 갈 것인가, 국어국문과를 갈 것인가 고민하다가 국문과를 택했을 때는 아마도 작가가 안 되면 국어교사라도 할 수 있겠단 요량이었다. 국문과를 졸업할 무렵 친구 세 명과 모여 동인지를 펴냈다. 동인지 이름은 필록티티스. 동인은 세 명의 여자. 남자는 없었다. 필록티티스Philoktetes라는 동인지 이름의 뜻은, 첫 시집 『새가 가는 하늘』의 판본에 이렇게 적혀 있다.

> "필록티티스. 그리스 신화의 필록티티스가 화살을 가지고 전쟁에 꼭 필요한 사람의 역할을 했듯이 작가는 사회에서 겪은, 작가자신의 정신적인 질환을 작품 속에 투영시킴으로써 사회에 기여한다."

웃어도 괜찮다. 우리들은 그 때 스물 두 살이었으니. (현재 검색창에 필록티티스를 넣어보면 영웅 허큘리스Heracles의 스승이라고 나온다. 영웅조련사 필록티티스.)

시인 대신 내추럴 본 페미니스트가 되다

첫 시집을 찍기 전 엄선한 이십여 편씩의 시를 들고 우리는 당시 '여류시인'인 김선영 교수님을 찾아갔다. 그 시절, 그야말로 딱 여류시인이라는 단어에 맞게 얼굴이 희고 성정이 고운 교수님은 문자 그대로 함박꽃처럼 웃는 얼굴로 이 험악한 시대에 참여시가 아닌 순수시를 쓰는 여학생을 만나 기쁘다, 시며 서시를 써주셨다. 서시의 제목은 '빛나라 세 사람 말의 농부여'였는데, 시는 명명백백 순수했다.

> "깊은 밤 깨어서 홀로 가슴에 꿈을 묻는 사람, 꿈의 꽃, 열매를 보리니. 시인이여 하늘과 가슴과 또 종이에 별의 말을 피우는 자여 꿈으로 황량한 들판을 갈아엎는 자여 잡초를 뽑고 돌멩이 걸러 내 옥토沃土를 열어가는 자여, (중략) 겨울에 수확을 하는 농부란 세상에 시인밖에 더 있으랴. 빛나라 세 사람, 말의 밭갈이 말의 조촐한 농사꾼이여. 그네의 금빛, 밀알들의 축제 황량한 겨울 벌을 메우고 있어라. 번쩍이고 있어라, 오래오래 기름져 열어 나가라."

세 명의 여학생시인은 그 때, 사실 거의 데모꾼이었다. 각자 '언더'의 조직이 있었고 금서만을 힘들게 모아 문학 대신 의식화 되는 공부를 하고 있었다. 나는 스크럼을 짜고 가두시위를 나가기 전의 출정식에서 김수영 시를 낭독했다.

"자유를 위해서 비상하여 본 일이 있는 사람이면 알지. 노고지리가 무엇을 보고 노래하는가를. 어째서 자유에는 피 냄새가 섞여 있는가를. 혁명은 왜 고독한 것인가를. 혁명은 왜 고독해야 하는 것인가를."

한 친구는 마이크를 잡고 울며 양성우의 겨울공화국을 읽었다.

"사랑하는 모국어로 부르짖으며 진달래, 진달래, 진달래들이 언 땅에도 성성하게 피어나게 하고 여보게 우리들의 슬픈 겨울을 몇 번이고 몇 번이고 일컫게 하고, 묶인 팔다리로 봄을 기다리며 한사코 온 몸을 바둥거려야 하지 않은가, 여보게."

또 한 친구는 방송국에서 해방가와 출정가를 틀었다. 김지하의 오적을, 신경림의 농무를, 곽재구의 사평역에서 같은 남자 지식인들의, 투사들의 시와 소설을 읽고 공부하고 감동했다. 그렇다 해도 긴 머리 하얀 얼굴의 치마 입은 우아한 '여류시인'의 순수시를, 그 마음을 비웃지는 않았다. 국문학과의 다른 남자교수를 찾아가지 않고 유일한 여교수를 찾아간 것은, 훌륭한 선택이었다. 우리는 필록티티스의 이름으로 다섯 권의 시집을 냈다. 모두 결혼을 하고 모두 아이를 낳아 엄마가 되었어도 계속 시를 썼다. 누군가에게 시 쓰기를 배운다는 생각은 아무도 하지 않았다. 유명한 작가의 문하생이 되면 신춘문예든 어느 문예지든 등단하기가 쉬울 거라는 말을 나눈 적은 있지만, 존경하는 시인이나 소설가를 찾아가 가르침을 청해본 적은 없었다. 아이들이 자라고 서로의 삶의 자리가 달라지면서 오랜 시간이 흐른 후 신기한 일이 벌어졌다. 나는 페미니스트 저널에 시가 아닌 글들을 쓰고 있었고, 다른 친구도 여성회에 들어가 지역 여성운동의 중추를 담당하고 있었으니. 우린 등단작가가 되지 않았으나 누구의 가르침도 받지 않고 페미니스트가 되어있었다.

"시인이란 말이지, 소설가라는 사람은 날 때부터 그렇게 태어나는 것 같아. 일종의 칩chip이 있다는 거야. 말을 다루고 문장을 써낼 수 있는 일종의 남다른 칩이 있지 않은 이상 글은 가르칠 수도, 배울 수도 없다고 생각해." 나는 시를 쓰는 사람에서 다른 훌륭한 시인의 시를 읽으며 탄복하는 순수 독자가 되었다.

원고 기계처럼 청탁받은 칼럼만 쓰며 살던 날들을 접고 한국어 교사가 되어 한글을 처음 만나는 외국학생들을 가르치면서부터는 자주 엄마 생각이 떠올랐다. 무학인 내 엄마는 여섯 자식 중 막내인 내가 글을 읽고 쓰기 시작할 때서야 몹시 부끄러워하며 글자를 배우고 싶어 하셨다. 자식들을 다 키운 연후에야 혼자만 못 읽고 못 쓴다는 사실을 통렬히 깨달으신 탓일 게다. 책을 펴고 있노라면 어떻게 그렇게 글을 잘 읽느냐고 탄복했고, 빼곡한 일기장을 보면서 무슨 글자를 그렇게 많이 쓰느냐고 놀라워하셨다. 기역 니은부터, 아야어여부터 글자를 가르쳐드렸었다. 그러나 끝내, 엄마는 글을 이해하지 못하셨다. 한자씩 다 읽을 수는 있을지언정 단어나 문장을 해독하시지는 못하셨으니까.

어느 날 스리랑카 학생들에게 물어보았다. 왜 이 곳에서는 책을 읽는 사람을 볼 수가 없는지, 서점에는 왜 그렇게도 문학서가 찾기 어려운지, 스무 살이 되기까지 무슨 책을 읽었는지, 시인이나 소설가는 어디 있는지. 감명 깊게 읽은 책 제목과 작가 이름을 써내라고 나누어준 종이는 앙상한 몇 글자만 쓰여 있었다. 내 학생들이 학문에 뜻을 세운 사람이 아닌데다 궁벽한 시골에 살고 있는 탓이려니, 생각했다.

문단 내 남성 작가들의 성폭력, 그 저열한 가르침

아무려나. 이렇게 시가 잘 쓰이지 않는 나라에서, 시를 쓸 필요가 없는 나라에서, 그들의 문자가 아니라 영어로만 문학을 하는 나라에서, 문인이라는 것이 커다란 권력을 갖지 못한 탓일까. 작가입네 주억거리거나 거들먹대는 사람이 없는 가난하지만 아름다운 땅에서, 문단 내 성폭력이라는 태그를 달고 쉼 없이 펼쳐지는 한국 남성 작가들의 허접하고 꼴사나운 행태를 하염없이 읽었다. 성공하거나 유명한 남자 시인들이, 젊거나 나이든 작가들이 문학 지망생인 여자들에게 행한 별별 짓과 말들을 낱낱이 밝히는 여자들의 폭로와 고백과 피해의 경험을 연대의 마음으로 읽고 분노했다. 시를 잘 쓰려면 남자를 알아야 돼. 그러려면 나에게 배워야지. 남자를 알려면 나하고 자봐야지. 등단을 하고 싶으면 나를 통해야지. 내가 문단에 아는 사람이 많아. 그러려면 내 작업실로 혼자 오라고. 아직도 저들이 저런 짓을 하고 살고 있는 건가, 어이없고 화가 났다. 문학반 학생에게, 글을 쓰려는 여자에게, 시로 세상을 헤쳐 나가려는 사람에게 시인이란 것들이, 작가라는 것들이.

명백히, 저 일들은 이리 저리 나도 겪어본 일들이다. 인터뷰를 하러 갔다가, 취재하러 갔다가, 때론 당신의 시를 참 좋아해요, 고백을 했다가 곧바로 이어지는 끈적이는 손짓, 노골적인 희롱을 여러 번 겪었다.

곧잘 자학적이고 탐미적인 시를 쓰고 클래식 음악을 전문가 수준으로 향유하는 것으로 소문난 시인 K는 인터뷰를 청했을 때 자기 작업실로 오라고 했다. 처음 만난 순간부터 취재의 대답보다 내가 몇 살인지 물었고 내 외모와 스타일에 대해 주섬주섬 품평하다가, 믿지 못하겠지만 시간이 얼마 지나지 않아, 눕자, 고 말했다. 내 나이가 적지 않은데다 시를 배우러 간 것도 아니었음은 물론 짧은 치마를 입거나 야한 옷차림을 한 것도 아니었는데도. 어리고 젊은 여자가 시를 배우겠다고 청하며 찾아왔다면 어떤 일이 벌어졌을까. 그는 지금도 TV에 자주 나온다.

처절할 만큼 해학적으로 스스로를 바닥까지 끌고 내려간 시로 유명한 또 다른 시인 Y는 취재 차 만난 자리가 바로 술집. 당신의 시를 참으로 좋아해 당신 시집을 몇 권이나 샀는지 모른다, 고 고백하면서 이야기를 시작했다. 조금씩 취해가던 시인이 마지막으로 한 행동은 여러 여자들에게 전화를 건 것이었다. 하나 둘 술집으로 찾아온 사람들은 내 연배거나 더 많은 중년의 여자들. 문화센터 시창작반 학생들이라고 했고 시인이 선생이라고 했다. 알콜릭으로 오래된 오이지처럼 쩐 시인의 술값은 모두 여자들이 지불했는데, 한두 번 해본 일이 아닌 것 같았다. 마침내 취한 시인이 여자의 어깨로 무릎으로 쓰러져 엎어지는 것을 본 것이 마지막이었다. 뿐인가. 젊은 한 때, 접어두었던 시를 몇 편 써서 국내 시전문지에 당선된 적이 있었다. 우수상이었고 상금이 오십만원이었는데, 얼마 후 시전문지 대표인 원로 남자시인을 만났다. 희롱이랄 것까진 없지만 등단하려면 얼마간의 후원이 필요하다는 뉘앙스의 말을 들었고 본격적으로 여류시인으로 활동하려면 그들의 리그로 들어와 사사받는 게 좋을 거라는 일종의 제안을 듣기도 했다. 남성 문인이나 예술가들에게 보고 듣고 경험한 이런 일들은 몇 가지도 더 말할 수 있다.

술 힘을 빙자해 놀리는 손짓과 말들, 모르는 척 여기저기 만지거나 건드리는 몸짓들. 남성 문인과 예술가들은 거의 누구도 여자인 사람에게 자기가 가진(가졌다고 믿는) 문학 세계의 넓고 깊은 예술의 면면을 보여주지 않았다. 작가들을 만나서 이야기하고 온 후에는 그들의 시집을 하나씩 버려야 할 날들이었다. 그래도 아직 내 집 책장에는 버리지 않은 저 남자들의 책들이 꽂혀 있다. 오래 탄복하며 외웠던 문장들을, 밑줄을 그었던 구절들을, 인터뷰했던 그 얼굴들을 기억한다. 그 남자 작가들이 문학으로 이루어낸 세계가 고작 어린 여자들을 향한 유혹과 성폭력과 구역질나는 자살 협박이라는 것이 하도 비루하여 분노조차 민망하다. 쉐임 온 유. 짧게 뱉는다. 이봐. 부끄러운 줄 알라고.

나는 사실 계속 운이 좋은 편이었다. 문학계에 어떤 줄도 없어서, 문단으로 이끌어주거나 문장을 가르쳐줄 남성 작가들이 없어서 더 이상 나쁜 일을 당하지 않았으니 말이다. 몇 년 전 처음으로 장편 소설을 썼었는데 생초고인 천여 장의 소설을 읽어봐 준 작가는 유명 여성작가 H였다. 그 분은 원고를 모두 읽고 A4 프린트 각 장마다 꼼꼼하고 준열하게 가르침을 써주었다. 왜 주인공이 그 행동을 하는 것인지, 뒤틀린 문장을 어떻게 손봐야 하는지, 글을 쓰려면 어떤 책을 읽어야 하는지에 대해서까지. 『뼛속까지 내려가서 써라』, 『소설가의 각오』, 『아티스트 웨이』등 읽어야 할 책의 목록을 적어주었다. 여성작가 H는 단 한 번도 등단에 대해서, 그 길로 가는 첩경이나 우회로에 대해서, 돈에 대해서 말하지 않았다. 희롱도 비아냥거리는 말도 없었다. 상금이 탐나 쓰기 시작한 그 소설을 참담하게 까이면서 조언을 듣고 다시 쓰기 시작했다. 다행인지 불행인지 1등은 하지 못했다. 일억 원의 상금도 받지 못했고 또다시 이름 뒤에 괄호 열고 소설가, 라고 쓸 수 있는 기회는 갖지 못했다. 그래도 얼마나 행운인가. 문단 내 성폭력 속의 남성작가들과 엮이지 않은 것은. 한편의 소설로 단박에 소설가가 되지 않은 것은. 그들의 리그에 속하지 못한 것은.

술잔을 붙든 손으로 생의 비밀을 혼자만 아는 양 한껏 문학의 포즈를 취한 후, 앙상한 문장들을 꿰어 묶은 자기 책을 전가의 보도처럼 옆에 끼고서 여자야, 이리 와, 다 가르쳐 줄게, 시인 만들어 줄게, 작가 하게 해줄 게, 그러니 일단은 한 번 하자! 나랑 연애해야 사랑을 알지. 나랑 자봐야 남자를 알지. 내 문학세계를 알아야 좋은 글을 쓸 수 있다고. 내 줄을 잡아야 등단 할 수 있다는 것을 몰라, 소리쳤을 그들의 이름을 불러본다. 제법 작가의 포즈로 찍은 사진 속 얼굴을 본다.

제발! 문학을 가르치지 말아줘. 그냥 성석제 소설 속의 저 문학 폐인처럼, 머리칼을 붙들고 골방에 앉아, 자기만의 깊디깊고 넓고 넓은 세계를 이루는 꿈을 꾸면서 문하-학, 하고 단말마의 비명을 혼자 뱉어줘. 꺼지려면 혼자 장렬히 산화해 달라고.

Photo by 이미정

제미란

아트 워크숍 리더.
페미니스트 저널 이프 창간부터
아트디렉터로 일하다가
프랑스로 건너가
파리 8대학 여성학과에서
현대 여성미술에 관해 공부하며
박사과정을 수료했다.

가위 리추얼,
나는 자유를 입는다

겨울잠이었다. 자고 또 잤다.

곰이나 뱀이 겨울잠 기간 동안 오로지 잠만 자는지 나는 잘 모른다.

사람인 나는 잠시 깨나면 부시시 무언가를 찾아먹고 다시 잠들었다.

그러기를 사십여 일 쯤, 일어나 보니 발가락이 보이지 않았다.

반듯이 서서 아래를 굽어보면 발가락이 보여야 하는데 배가 가리고
있던 것이다.

나가야 하는데 상의는 여며지지 않고 바지는 잠기지 않았다. 어쩐다….

옷을 사러 가는 일은 곤혹이었다.

예상되는 다소간의 구질한 체험들.

좁은 피팅룸에서 옷 안에 몸을 구겨 넣고 거울을 바라 볼 때의 자괴감.

그 시선의 주인은 누구인가.

'그래… 이러구 사느니 차라리 맹글어 입자!'

옷에 대한 고찰이 시작되었다.

상의는 일단 몸통이 들어가야 하고 목이 나와야한다.

양 팔이 빠져나올 구멍도 필요하다.

흠… 그러니까 옷이란… 막힘과 트임으로 이루어진 천으로 된 자루로 수렴된다.

가위 리추얼

미싱은 다뤄본 적 없으니 오리기만으로 가능한 옷은 없을까?

마침 재미 삼아 지니고 있던 땡처리 한복감을 떠올렸다.

두루마리를 방 안 가득 펼쳐두고 네 개의 구멍으로 이루어진 자루를 구성해갔다.

남색과 다홍 빛 천을 색종이 놀이하듯 오리고, 퍼즐 맞추듯 이어갔다.

혼자 낄낄거리며 천 사이를 깡총 발로 옮겨 다니며 미친년이 따로 없었다.

아! 드디어! 첫 작품의 완성!

더는 이러저러한 옷의 틀에 나를 끼워 넣지 않아도 되었던 쾌감!

자기 관리란 몸매 관리와 동의어가 되어버렸다지만

그 시절의 동면이 내겐 심리적 긴장이나 울울을 내려놓도록 하는

마음 관리에는 도움을 주었을 것이다.

옷에 내 몸이 맞지 않는다고 나를 자책하진 않기로 한다.

가위질은 '비만은 나태' 라는 통념이 나를 관리하는 것을 끊어내는

자기 선언이었고, 가위 리추얼은 그렇게 시작되었다.

옷장, 욕망의 연대기

내친김에 옷장을 열어 젖혔다.

지난 허물처럼 멍하니 걸려있는 옷들….

이 시절에 이런 옷을 사들이고, 저 시절엔 저런 옷을….

과연 욕망의 연대기다.

피부가 덮고 있는 안쪽까지를 나 혹은 나의 신체라고 한다면

옷은 두 번째 피부라고 해야 할까.

옷도 나. 인지라 그토록 사들이기에 열공 하고

명품을 감아서라도 나. 의 가치를 드러내고 싶겠지?

옷이라는 피부는 세상과 만나는 경계라서
내면의 표현 욕구 뿐 아니라 외부의 통제와 간섭도 공존한다.
섹시해라! 단정하라! 욕망과 통제가 갈등하는 배틀그라운드!

기왕 시작된 가위질이었다.
나는 지난 욕망의 허물들을 모두 꺼내
카라를 자르고 소매도 오리고 단정한 솔기도 뜯어내서 너덜거리게 했다.
세상에 대한 눈치 보기를 끊어내는 또 다른 가위 리추얼….
한복 천으로 만든 네 개의 구멍으로 된 자루를 신나서 입고 돌아다
녔더니만 웬걸, 버스에서 어떤 이가 따라 내린다.

        "그 옷을 사려면 어디로 가야하나요?"
        "하하… 저에게 사셔야 할걸요?"

그 날로부터 남을 위해서 옷을 만들기도 하는
얼치기 재단사로서의 여정이 시작되었다.

원하는 모양대로 오려내고 남은 천은
적절해 보이는 다른 곳에 이어 붙이곤 했는데
옷의 만듦새는 기이한 누더기에 다름 아닐 때도 많았다.
하지만 누.덕.이란 말 그대로 덕을 쌓는 일, 에너지를 모으는 것이라
고 애써 우기고 다녔다.

본시 근본 없는 재단이니 자를 사용하지 않았다.

천을 다 망쳐버릴까 두렵지 않았던 것은 아니다.

옷이란 자고로 이러이러해야하는 건 아니야?

오래된 고정관념이 가위의 길을 막아서기도 했다.

그럴 땐 차라리 눈 질끈 감고 주저와 두려움을 잘라버렸다.

나의 누더기 옷을 입은 여성들은 자.유.를 입는 것 같다고 전했다.

신체를 조이거나 구속하지 않는 스타일에서 오는 것이기도 하지만

유희와 놀이로 만들어진 옷의 에너지 때문이리라 생각한다.

empowering

여러 날 동안 진행되는 함경도 굿을 본 적이 있는데

굿이 진행되는 동안 무속인은 수십 벌의 의상을 갈아입는다.

어떤 옷을 입느냐에 따라 울려나오는 소리도 춤사위도 드라마틱하

게 달라졌다.

물론 옷마다 다른 장군님을 모시는 탓이겠으나

옷의 형태와 빛깔이 각각 다른 에너지 파장을 일으키고 있었다.

클라이맥스로 가면서는 옷을 여러 벌 겹쳐 입으며

소리도 껑충거림도 엑스터시를 향해 격렬해졌다.

그 때 확연히 느꼈다.

옷은 그것이 감싸고 있는 신체에 영적인 영향을 준다는 것.

Photo by 오승철

또 그 사람의 영혼은 옷이라는 껍질을 뚫고도 드러나고야 만다는 것.
그래서 옷은 영혼을 담는 그릇이라는 것을….

마치 전쟁터로 나가는 무사들이 갑옷을 하나하나 조이며
임전의 기상을 끌어올리듯
옷은 세상과 한판 맞장 뜨기 위한 힘을 끌어내주기도 한다.
난 페미니즘이란 옷을 입고 삶의 대목들을 헤쳐 나왔다.

선배들이 터미네이터처럼 총알받이로 싸우며

한 올 한 올 짜낸 옷감이다.

피범벅 노고로 짜인 그 옷은 추위에 몸을 데워주고

더위와 병충해로부터 나를 보호해 주었다.

그리고 마음이 찌그러들고 영혼이 황폐해 갈 때

다시 한 번 용기를 끌어내기 위해 그 옷을 찾아 꺼내 입기도 했다.

탯줄 자르기

스타일과 맵시란 나를 바로 세울 때 비로소 살아난다는 것!

그러니까 사실 가장 아름다운 옷이란 바로 당당한 누드라고 말하곤

한다.

언제부터 그렇게 뻔뻔하고 당당했냐고? 날 때부터 그랬냐고?

맞다. 날 때부터….

나는 이프라는 자궁을 통해서 다시 태어났으니까.

캠벨의 말처럼 '너는 할지니…' 라는 의무를 벗어버리고

내가 원하는 삶, 천복을 따르는 대열에 합류할 수 있던 것은

세상의 편견과 싸우며, 함께 울고 웃으며 나누어 마신

이프라는 모유 덕분이었다.

하지만 이프를 통해 지음 받았던 내 갱생의 삶에서도

탯줄을 끊어내는 가위 리추얼이 필요했다.

Photo by 오승철

CHAPTER 4   페미니즘 콤플렉스가 있었다

'같이 껄껄대며 웃던 날도 좋았지만,

함께 섞이지 못하면 뒤 꼭지가 가렵던 날들도 많았지만'

(이면우의 시, '작은 완성을 위한 고백' 중에서)

이제 외로움과도 벗하며

단순하고 소소하게 잘 늙어지고 싶다.

성심으로 옷을 짓고,

먼 곳에서 찾아온 임자를 만나 길 떠나는 옷들을 배웅하며,

옷의 새로운 여정을 축복하며,

그럭저럭 '꼭 해야 할 일만을 하면서(같은 시)',

천천히 잘 잦아들고 싶다.

김미경

27년간 자라고 배우고, 27년간 직장생활을 하다,
남은 27년쯤은 화가로 살기로 결심했다.
쉰네 살이 되던 2014년 전업 화가를 선언했다.
서울 경복궁 옆 서촌 옥상과 길거리에서 동네 풍광을 펜으로 그려
먹고살고 있다. '서촌 옥상화가'라고도 불린다.
책 『브루클린 오후 2시』(2010년), 『서촌 오후 4시』(2015년)를 펴냈으며,
전시회 '서촌 오후 4시'(2015년)와 '서촌꽃밭'(2015년)을 열었다.
스스로 '생활 속에서 페미니즘을 살살 실천하며 사는 여자'라고 생각한다.
그림으로 페미니즘의 자유로움을 표현할 수 있는 날을 꿈꾼다.

페미니즘은
내 인생의 나침반

　　'대한민국 페미니스트들의 고백'이라는 섹시한 제목에 홀려, 덜컥 쓰겠다고 해놓고 한참을 도망 다녔다. '고백'이라는 단어가 주는 무게 때문이었던 것 같다. 여태껏 세상에 이야기하지 못했던 뭔가를 이야기해야할 것만 같았다. 하지만 무엇을, 어떻게 이야기해야 할지 알 수 없었다. 그러다 떠올린 게 스물세 살 딸이다. 미국 대학에서 사회학을 공부하고 졸업한 지 1년차. 맨해튼 식당에서 웨이트리스로 아르바이트하며 페미니스트 글쓰기를 시도 중인 딸. 딸이 내게 던지는 질문에 대답하는 방식으로 써보면 어떨까 싶었다.

페미니스트로서, 페미니스트 엄마에게 궁금한 게 뭐지?

딸: 엄마 주변의 멋진 여자들을 많이 보고 자랐잖아…. 그래서 지금도 내 친구들은 다 멋있는 여자들! 모태 솔로로서 이렇게 멋있는 친구들이 있다면 남자가 필요 있나? 하는 생각이 드는데… 그러면서도 왜 나는 남자들의 관심을 받고 싶은 걸까?

나: 헉. 바로 본론으로 들어가네. 지금 엄마의 고민이 바로 그건데.

엄마 주변엔 너무 좋은 여자 친구들이 많은데, 엄마는 맨날 남자랑 섹스하고 싶어서 껄떡댄단 말이야.

물론 엄마가 처음 페미니즘을 공부하면서 '나는 남자가 필요 없다', '관심 있다 하더라도 원 나이트 스탠드용으로만 만난다' 막 그런 식으로 산 적이 있었거든. 그런데 또 연애하고, 결혼하고, 이혼하고. 그리고 또 지금은 그림에 빠져서, 그림과 섹스하는 느낌으로 살면서도, 늘 남자와 섹스 하는 것을 기대하고, 그리워한단 말이야. 남자들이 그윽한 눈길로 바라봐주면 기분이 좋고 말이야. 정말 왜 이럴까? 남자와 섹스하고 싶고, 남자의 관심을 받고 싶으면 페미니스트가 아닌 걸까? 엄마 이젠 이런 고민 하지 않는단다. 인간이 여자도 있고, 남자도 있으니까… 마음에 드는 여자 친구에게 관심 받고 싶은 것처럼, 마음에 드는 남자 친구에게 관심 받고 싶은 걸로 편안하게 생각해. 단지 그 둘 사이의 불균형이 무엇인지를 열심히 관찰하고, 어느 쪽으로 치우치지 않으려고 노력하는 정도.

딸: 왜 여자들은 성공하려면 남자들 세계의 '성공'을 따르는 거야? 회사에서 소리 지르면서 무섭게 보스가 되고 돈을 많이 벌고. 그게 정말 여자들의 가치와 가능성을 보여주는 걸까?
그게 정말로 성공한 걸까? 아님 그냥 남자들이 만든 '성공'이란 뜻을 따르는 걸까?

나: 너 어릴 때, 엄마가 맹렬히 직장 일을 하던 때는, 남자들 세계의

'성공'을 따르는 것 외에 성공할 수 있는 다른 어떤 방법이 있는지 잘 몰랐던 것 같아. 페미니스트로서의 기본인 경제적인 독립을 위해, 남자처럼 열심히 일하고, 남자처럼 피도 눈물도 없는 당당한 보스가 되는 것. 그게 최선이라고 생각했지.

30여 년 전 엄마가 신문사에서 일할 때만 해도, 편집국 내에서 주요 부서라고 할 수 있는 정치부, 사회부, 경제부에는 여자들을 거의 보내지 않고 주로 문화부나 생활부, 편집부, 교열부 쪽에 보냈지. 엄마는 그때 다른 여기자들과 모임을 만들어, 사장을 찾아가 정치부나 사회부, 경제부에 여기자들을 많이 보내라고 요구했어. 그런데 말이야. 그때 사장을 찾아가 '여기자들을 정치 경제 사회부에 보내지 않는 것은 성차별'이라고 목소리를 높이면서도, 엄마는 진짜 정치부나 사회부로 발령 받을까봐 속으로 엄청 걱정했어. 하하. 당시 생활부에서 일하면서도, 하루의 모든 시간동안 회사를 위해 일해야 하는 마당에 정치부, 사회부로 가면 더 많은 시간을 회사를 위해 일해야 하는 거야. 그러면 너와 함께 놀 수 있는 시간이 더더욱 없어지고 말이야. 그리고 가장 중요한 건, 엄마는 정치나 사회 분야보다는 생활이나 문화 취재가 훨씬 재미있고 좋았던 거야. 엄마가 그림을 그리며 사는 이런 삶을 좋아하는 사람이라는 걸 깨달은 건, 27년이라는 오랜 직장생활을 견뎌내고 난 이후였어. 지금 그림 그리며 먹고 사는 이 삶이 너무 좋지만, 그 세월을 견뎌내지 않고, 내가 원하는 것을 쉽게 찾을 수 있었을까는 의문이야. '내 속의 가치와 가능성을 나만의 방식으로 찾아내는 것.' 너의 질문

그 자체가 엄청 소중한 변화인 것 같다. 그게 쉽게 찾아지지 않으니까, 그렇게 남자들의 조직 속에서 견디면서 배워 나왔던 거지. 그런 것들이 쌓여 이제 너처럼 그런 식의 획일적인 직장생활을 견디지 않고도 '나만의 가치와 가능성을 찾아 나서겠다'는 여성들이 나오게 된 게 아닐까? 그리고 남성 중심의 조직에서 살아남으려고 발버둥치고 '성공'도 하면서, 그 조직도, 그 자신도, 많이 변화시켜냈고 말이야.

엄마는 왜 페미니즘에 관심이 생겼어?

나: 어릴 때 한 살 터울 위의 오빠를 할머니가 더 편애한다는 느낌을 받았던 게, 남녀 차별에 대한 첫 인식이었던 것 같아. 그리고 남녀 공학 대학에서 여학생이 비주체적인 역할을 하는 거, 진보적인 운동권에서도 여학생이 비주체적으로 되는 거, 연애하고, 섹스하고, 낙태도 하고, 그런 과정에서 스스로 비주체적인 존재가 되는 경험들이 너무 불쾌하고 싫었어.
도대체 왜 이런 것인가? 그 이유가 궁금했어. 그래서 여성학을 한 번 공부해 보자 싶어졌어.

딸: 페미니즘이 엄마 인생에서 어떤 의미야?

나: 내 인생을 통틀어, 하나의 이론을 페미니즘만큼 진지하게 공부하고, 실천하려고 노력했던 건 없었던 것 같아. 내게 페미니즘은

글쎄 어떤 하나의 학문이나 이론이라기보다, '모든 불평등에 대한 감수성을 무디지 않게 자극해주는 나침반 같은 거'라고나 할까? 잘 이해되지 않는 온갖 불평등과 마주칠 때면 페미니즘을 떠올려. 그러면 이해의 실마리가 풀리기 시작해. 페미니즘에서 배운 'Personal is Political'이라는 문구는 엄마 인생의 제일 큰 화두가 되었어. 돌이켜 생각해 보면, 나는 늘 그 화두를 내 삶 속에서 실천하려고 발버둥 치며 살아온 것 같아. 직장생활과 결혼, 그리고 결국 내가 찾은 그림이라는 일. 이 모두에 'Personal is Political'이라는 화두를 붙들고 맞닥뜨린 것 같다.

딸: 'Personal is Political'이거 정말로 중요한 것 같아. 요새 주위에 말로는 페미니스트라고 하는 남자 애들을 보면 여자들을 진심으로 존중하지 않는 것 같아. 여자들도 똑같은 문제가 있는 것 같고. 겉으론 페미니스트라고 하면서 다른 여자들을 질투하거나 나쁜 남자를 좋아하거나 이런 패턴들을 반복하는 것을 보면 마음이 무거워져.
우리 안에 내면화되어 있는 '여성혐오'를 없애는 게 정말 중요해.

나: 맞아. 내면화되어 있는 것들까지 변화시킨다는 거, 정말 쉬운 일이 아닌 것 같아.

딸: 나는 페미니스트라면서 왜 엄마한테 맨날 나쁘게 하는 걸까?
왜 엄마한테 인간으로서 말도 안 되는 기대를 가질까?

내 룸메이트가 이것도 한 가지의 여성혐오misogyny라고 하더라. 엄마들은 세상에서 제일 힘든 일을 매일 해내고 있는데, 왜 항상 나와 사회는 부족하다고 생각할까?

나: 정말 '엄마'라는 주제만큼 페미니즘에서 깊이 파고들어야 할 주제도 없을 것 같아. 인간도 분명 동물인데, 동물 세계에서는 상상하기 힘든, 가혹한 '모성'을 인간은 요구한단 말이야.

엄마가 엄마를 이야기 하자면

너와 싸울 때 여러 번 이야기했듯이, 엄마는 엄마로서의 준비가 전혀 안된 상태에서 너를 낳았고, 엄마라는 역할과 직장인 역할 사이에서의 갈등이 아주 심각했어. 정확하게 말하면, 당시엔 엄마로서의 역할을 거의 팽개치다시피 했다고 할 수 있지. 페미니스트로서, 직장에서, 신문사에서 일 잘하는 직장인으로, 멋진 언론인으로 살아남는 것은 첫째로 중요한 일이고, 엄마로서의 역할은 두 번째로 중요한 일이라고 생각했었으니까.

그런 과정에서 네가 많이 힘들어했지. 우리의 싸움도 여기에 근본 원인이 있었던 것 같아. 네가 어느 순간, 엄마가 너무 이기적으로 엄마 자신의 삶만 중요시한다고 비난하기 시작했을 때, 진짜 괴로웠어. 미안한 마음과 함께, '엄마가 페미니스트로 살려고 그렇게 했던 것인데, 자기가 페미니스트가 됐다면서 그때의 엄마를 그렇게 이해를 못해주나?' 하는 섭섭한 마음이 마구 뒤섞였지. 네 속에서도 그런 갈등이 뒤섞이고 있었으리라 믿어. 엄마가 주체적인 삶을 찾아가고 싶은 걸 이해하는 마음과, 전통적인 역할의 엄마로부터 무제한적인 사랑을 받고 싶다는 마음 사이의 갈등이겠지. '엄마'는 무한 희생과 무한 사랑을 위해 태어난 존재로 보는 인식의 허구를 알면서도, 그걸 놓치고 싶지 않은 이율배반.

정말 엄마로 살아 보니까 '모성'에는 우리 사회가 씌워놓은 허구가 진짜 많다는 걸 느낀다. 엄마는 네가 너무 사랑스럽고 좋지만, 엄마 자신이 더 중요한 거야.

아무리 생각해도. 그걸 부인하는 건 허구인 것 같아.

딸: 엄마는 어떤 여자들을 우상으로 보면서 자랐어?

나: 우상? 엄마가 우상으로 생각한 여자가 있었나? 자랄 때 그런 여자 우상은 없었던 것 같아. 소설 속 주인공? 루이제 린저의 책 『생의 한 가운데』속 주인공 니나가 떠오르네. 단단한 자의식을 가진 여자가 멋져 보였어. 자기만의 세계를 가진 여자. 그때 현모양처였던 할머니는 분명 우상이 아니었어. 그 삶이 그렇게 멋지거나 유쾌해 보이진 않았거든. 지금 생각하면 아들 딸 일곱을 낳고, 키우고, 먹이고, 공부시킨 할머니의 삶은 그 자체로 대단했는데, 어릴 때 할머니만의 정신세계가 없는 듯 보였었어. 소설가, 시인처럼 자기 정신세계를 가진 여자가 되고 싶다는 생각.

글을 쓰고 있으면 자기 세계가 있는 것처럼 보였거든.

딸: 내가 남자를 만난다면 무엇을 조심하거나 생각하면 좋겠어?

나: 좋아한다는 자신의 감정을 잘 관찰하고 존중하려는 마음을 가질 것, 그리고 관계는 변화한다는 것을 알고 받아들일 것. 이 두 가지야. 돌이켜 생각해 보니, 어떤 사람에게 빠진다는 것은, 상대방이 가진 에너지나 지식, 영감, 섹스 등이 그 순간 내게 필요해서였던 것 같아. 이성적으로 '이 사람을 좋아해야겠구나' 하고 결정했던 적은 없었던 것 같은데. 마음이 끌리고 좋은 거. 자꾸 보고 싶은 거. 그 감정에 충실했던 것 같아.

'어떤 사람을 좋아한다'는 건 아주 종합적이고 기적적인 반응인 것 같아. 내 속에 있는, 나도 의식하지 못하는, 46억년 지구 역사의 일원으로, DNA로 내 몸 속에 숨어 들어와 있는 수천조개의 그 무엇의 복합 작동일 수 있고, 내 마음 깊은 곳의 숨겨진 촉감에 대한 기억일 수도 있고, 아주 복합적이란 거지. '내가 좋아하는 것'이 무엇인지, 왜 그런지에 대한 감수성을 잘 키워나가는 게 제일 중요한 거 같아. 좋아하는 색깔, 사람, 행동, 느낌, 책, 나무, 꽃에 대한 감수성을 잘 키워나가고 있으면, 그 감수성에 맞는 좋아하는 사람이 생기는 것 같아.

이런 이야기하면, 너는 "그래서 아빠를 만나서 이혼했어?" 하겠지? 그 당시 엄마에게 필요한 에너지를 아빠가 줬고, 엄마는 아빠를 좋은 사람으로 느꼈으니까. 그런데 모든 관계는 변화한다는 걸 이해하는 게 아주 중요한 일인 거 같아. 이 글을 쓰고 있는 지금 이 순간에도 엄마의 생각이 계속 변하고 있고, 우리는 계속 변하니까. 변화도 관계의 아주 소중한 부분으로 받아들여야 할 거 같다고 생각해.

딸: 내가 페미니스트가 아니었거나, 남자에 너무 매달렸거나, 여자로서 포기를 쉽게 하는 딸이었다면… 어땠을 거 같아?

나: 너무 속상했겠지. 그런데 '여자라면 인생의 언젠가는 다 페미니스트가 될 테니까 좀 기다려봐야지~' 하는 생각도 했을 것 같아. 그리고 솔직히 엄마는 네가 남자한테 매달리는 모습도 좀 보고 싶다. 하하하. 남자가 여자한테 매달리는 건, 용감하고 자신 있는 행위로 보면서, 여자가 남자한테 매달리는 건 좀 추하게 보는 경향이 있잖아? 물론 요즘은 많이 달라졌지만. 남자한테 자기 인생을 거는 건 바보 같은 일이지만 좋아하는 남자한테 거절당하면서도 적극적으로 애정 표현 하는 건 멋진 것 같아. 여자들이 먼저 좋아한다고 말하고, 거절당하고, 또 다시 구애하고… 그런 것도 페미니스트의 한 모습인 것 같다고. 남자 좀 꼬셔봐라.

딸: 페미니스트를 한 문장으로 정의한다면?

나: 경제적으로, 심리적으로, 주체적으로, 자유롭게 사는 여자.

나: 김미경(화가)/ 딸: 마린(식당 아르바이트생)

Photo by 윤연

황오금희

스물다섯 살에 <여성신문> 기자로 여성주의 매체의 일원이
된 후 페미니스트저널 <이프>와 <여성신문>에서
편집장으로 일했다. 이후 6년 남짓 국회에서 보좌관으로
일하며 국가시스템을 파악하는 요긴한 경험을 쌓았다.
2011년 9월 스토리텔링 콘텐츠와 캐릭터를 개발하는
마이스토리돌MyStoryDoll을 만들었다.
전국 지자체를 고객으로 스토리텔링 프로젝트를
수행하면서 도시 브랜딩, 도시마케팅, 관광활성화 방안을
개발하고 있다.

어쩌다
페미니스트

더 늦기 전에 고백해야겠다. 나에겐 페미니즘 콤플렉스가 있었다. 나는 생물학적 여성으로 폭력 혹은 차별을 겪다가 자력갱생한 여성주의자가 아니다. 여성차별이 만연한 사회모순에 항거하며 머리끈을 불끈 매고 광장으로 나온 여성운동가도 아니다. 학생운동을 하다 운동권내 남성들의 여성차별을 내부고발로 항거한 진보진영 열혈 여성활동가도 아니다. 여성학 이론으로 무장하고 탁월한 글 솜씨로 진영의 기대를 한 몸에 받는 칼럼니스트도 못 됐다. 구구절절 간증할 과거지사도 없고, 비분강개하며 '주먹 쥐고 일어서'야 할 사건사고에 얽힌 일도 없다. 있었어도 젠더감수성이 둔해서 감지를 못했거나, 기억나지 않을 만큼 심각하지 않았을 것이다. 하여간 내겐 페미니스트가 될 밑천이 없었다. 페미니즘과 나의 관계를 설명하자면 페미니즘은 내 일거리였다. 페미니즘 진영이 일터였고, 페미니즘이 업무의 대부분인 직업을 가진 것이다. 밥벌이로 페미니즘을 만난 나는 그야말로 '어쩌다보니 페미니스트'가 되었다.

내 첫 직장은 여성신문이다. 내가 여성신문 기자로 일하기 시작한 게 스물다섯 살이던 1992년인데 그 해 여성신문은 창간 4주년을 맞았다. 내년에 여성신문이 창간 30주년을 맞는다고 하니 참으로 초창기

멤버에 해당되시겠다. 페미니즘의 '페'자도 고민하지 않았던 내가 당대 최고로 센 페미언니들이 만들었다는 운동권 신문에 어떻게, 아니 왜 들어갔지?

솔직히, 그런 데인 줄 모르고 들어갔다.

1990년대 여자 지방대생에게 취업이란 높은 벽

1991년 지방 국립대학의 졸업을 앞둔 내게 취업의 벽은 너무 높았다. 공대나 상대 출신 남자 동기들은 대기업 추천서를 서너 장 씩 받아 원하는 회사를 골라서 들어가던 시절이긴 했다. 임용고시가 처음 도입된 해였지만 그때만 해도 사범대 출신 친구들은 수월하게 선생님이 되었다. 나는 지방대 졸업자 중에서도 '루저'에 속했다. 전공은 분자생물이면서 기자를 직업으로 삼아야겠다는 꿈을 꾸었다. 대학 방송국 기자를 하면서 기자직이 적성에 맞는다고 확신했지만 언론고시를 뚫을 실력을 갖추지는 못했다.

하여간 대책 없는 청춘이었다. 일간신문부터 여성잡지까지 지원하는 족족 떨어졌다. 졸업을 앞두고 겨우 서울의 한 월간잡지에 취업이 되었다. 입사 후 회식자리에서였나 임원 중 누가 "망하기 직전 몸부림으로 신입사원을 뽑았다"고 이실직고 하더니 출근한 지 녁 달 만에 이 망할 놈의 잡지는 진짜 망했다.

그해 봄은 잔인한 4월로 기억된다. 이모 집에 얹혀살면서 실업자까지 된 나는 그야말로 처량한 '촌년'이었다. 인생은 꽃피는 봄날에 접어

들었지만 일상은 우중충 회색빛이었던 그 시절 내게 한 여자가 나타났다. 그 여자는 이문세 씨가 진행한 〈별이 빛나는 밤에〉에 매주 화요일 영화를 소개한 영화평론가였다. 우연히 라디오에서 흘러나오는 '그 여자 목소리'는 내게 '통통 튀는 빨간 공'처럼 느껴졌다. 문세아저씨의 그 유명한 말발에도 밀리지 않고 치고받는 말솜씨가 귀를 기울이게 했다. 저 여자 누구지? 무슨 '빽'으로 저렇게 자신만만하지?

여자에게 '멋있다'는 느낌이 든 건 그 때가 처음이었던 것 같다. 주눅 들어 쭈글쭈글 했던 내 청춘에 훅 하니 생기가 들어온 느낌이 들었다. '그 여자' 이름은 유지나. 그 땐 몰랐다. 앞으로 내 삶이 그런 멋진 여자들과의 만남으로 줄줄이 이어질 것임을.

그즈음 스포츠신문에 실린 광고 하나가 눈길을 끌었다. 영화평론가 유지나가 시나리오 강좌를 열었다는 광고였다. 시나리오를 공부할 마음은 없었는데 무조건 그 강좌에 등록해야겠다는 생각이 들었다. 대학로 한 스튜디오에서 첫 강의가 있었던 토요일 오후 드디어 라디오에서 듣던 그 목소리의 주인공 유지나 선생님이 눈앞에 나타났다. 어쩌면 상상했던 대로 그대로 생긴 분이었다. 나는 속셈학원에서 아이들을 가르치는 파트타임 일을 하며 시나리오 강의를 들으러 다녔다. 강의 시작 때는 스무 명 쯤 되었는데 수료할 때쯤엔 남자 셋, 여자 셋이 남았다. 소수정예가 남아 더욱 친밀한 공부 겸 놀이모임이었던 것 같다. 빔 벤더스의 〈베를린 천사의 시〉나 라스 폰 트리에의 〈유로파〉를 함께 보았다. 정말 유명했던 박광수 감독의 강의를 듣고 뒤풀이도 했다. 달랑 6개월 시나리오를 접한 내가 박 감독께 "〈베를린 리포트〉의 강수연은

미스캐스팅인 것 같다"고 말했다는 걸 이 글을 쓰다가 떠올렸다. 쥐구
멍 없나!

그때 함께 공부했던 여자 셋 중 한 사람이 바로 여성신문의 김효선
선배. 김효선 선배는 내가 기자를 꿈꾸고 있다는 걸 알던 터여서 여성
신문에 결원이 생겨 채용공고가 나자 감사하게도 나를 추천해주었다.
기자로서의 경력도 미천한데다 여성운동에서의 경험도 없었던 내가
경력기자에 응시할 수 있게 된 건 그저 '배워가며 잘할 수 있을 것 같
다'는 선배의 기대와 추천 덕이었다. 말랑말랑한 연예인 인터뷰 같은
걸 하게 될 줄 알고 일을 시작했다가 아뿔싸, 그건 착각이었다. 신문사
에 모인 여자들을 보니 장난이 아니었다. 마르크시즘과 여성주의를 결
합한 주제로 석사논문을 썼다는 딱 봐도 운동권 박혜숙 선배, 걸걸한
전라도 사투리와 커다란 키로 운동권 기자 포스를 물씬 풍기던 김명
순. 사회부 선배들이 책장에 앉아 머리를 쥐어뜯으며 담배를 뻑뻑 피
워대는 모습이, 진짜 멋졌다. 그 멋에 홀려 '여긴 어디? 나는 누구?' 어
리바리 헤매이며 페미니즘의 현장 속으로 들어갔다.

스물다섯 해를 살아오면서 무신경하게 흘려보냈던 수많은 여성 문
제들과 직면하게 됐다. 천둥벌거숭이였던 내가 세상의 눈을 뜨는 시기
였다고 할까. 여성운동의 현장을 찾아 전국을 다니고, 1995년에 베이
징에서 열린 북경여성대회에 다녀오면서 세계여성운동의 거대한 흐름
을 접하기도 했다. '좌냐 우냐'보다' 페미냐 마초냐'가 살만한 세상을
만드는 데 더 중요한 질문이라는 정치적 진영논리도 갖게 됐다. 6년 쯤
취재 현장을 정신없이 돌아다니다보니 여성학 공부를 해야겠다는 생

각이 들었다. 여성주의 저널리스트로서 조금 더 전문성을 갖고 싶었기 때문이다. 이론적으로 정리한 교재를 보며 공부를 하니 현장에서 보고 들었던 여성이슈들이 정리되고, 시야가 넓어지는 느낌이 들었다. 그리고 페미니스트저널 이프와 만났다.

이 언니들이 내 인생에 들어올 것 같은 느낌적인 느낌!

1997년 대학원 동기가 너무 재미있는 잡지가 나왔다면서 들뜬 모습으로 페미니스트저널 이프 창간호를 들고 공부모임에 왔다. 윤석남, 박영숙, 이혜경, 유숙열, 유지나, 김신명숙, 박혜숙, 박미라, 제미란…. 특히 문화일보 기자로 있던 유숙열 선배는 여성신문 기자 시절 취재 현장에서 몇 번 마주쳤는데 처음 봤을 때부터 느껴지는 카리스마라니…. 세상에 내가 페미니즘을 업으로 삼으며 일하는 동안 선망해온 멋진 언니들은 다 모여서 이 잡지를 만들었네! 직함도 아트디렉터, 매니징디렉터에, 여자의 욕망을 아는 잡지, 이프 스피릿spirit은 '웃자! 뒤집자! 놀자!'라니. 쩐다! 페미니즘의 영역이 사회 분야에서 문화 분야로 전이되었음을 알리는 신호탄 같았다. 페미니즘을 일거리로 만나 '어쩌다 페미니스트'가 된 내게 더없이 편안한 커뮤니티로 다가왔다. 기약은 없었으나 왠지 이 언니들을 곧 만나겠구나 싶었다.

오래지 않아 박미라 선배가 객원기자로 동참해주길 청했다. 훗날 필력으로 이름을 떨치는 권혁란, 하늘하늘 아름다운 이숙인 선배를 이때 객원기자로 처음 만났다. 사실 내게 객원기자는 핑계거리였고 이프 사람들과 노는 게 좋았다. 내가 가장 신나했던 건 선후배들과 함께 한 술자리였다. 이프 여자들은 모였다 하면 동네가 떠들썩하게 웃고 떠들고, 울고불고 했다. 인정한다. 내가 제일 술자리를 좋아하고 술도 제일 잘 마신다.

술자리가 중간에 끝나는 게 늘 아쉬웠다. 아쉬운 술자리는 해장국으로 다독여줘야 하지 않은가. 새벽 5시에 출근하는 석간신문 기자 유 선배를 붙잡고 정유미, 권혁란, 김영란, 조박선영 등등과 새벽 해장국을 먹은 게 얼마나 많았던지. 그때 일로 20년이 지난 지금도 유 신배한테 한소리 듣는다. "밤 12시가 넘으면 집에 안 가려고 하고 해장국을 먹어야 직성이 풀리는 징글징글한 술버릇의 소유자"라고. 유 선배에게 각인된 나의 아이덴티티는 '술, 해장국, 집에 안 가'이다. 아이고, 웃겨라. 근데 어떡하지. 나는 지금도 이프 여자들과 술 마시는 게 정말 좋다.

3년 전부터 이프 선후배들과 여행계를 붓고 있는데 조만간 유럽이든 남미든 아프리카든 날아가서 함께 술 마실 생각에 신난다.

계속 노는 아이로 있어야 했는데 발을 너무 깊숙이 담갔다. 객원기자로 시작된 이프 일은 편집장으로 이어졌다. 박미라 선배 후임의 두 번째 이프 편집장이었다. 돌이켜보니 당시 편집국의 라인업은 가히 어벤저스급이었다. 초창기부터 이프 기자인 김보미와 조박선영이 편집국에 있었고, 여성학을 전공한 권김현영, 전홍기혜, 정박미경을 객원기자로 영입했다. 객원기자로 영입했던 세 사람은 지금 최고의 여성주의 이론가로, 프레시안 편집국장으로, 이프 편집장을 거쳐 여성주의 소설가로 등단한, 후덜덜한 '언니'들이 되어 있다. 그들과 함께 더 멋진 잡지를 만들지 못했다는 아쉬움이 남는다. 잡지만 만들어도 벅찰 판에 안티미스코리아페스티벌도 치렀다. 단행본팀에서는 속속 베스트셀러를 출간했다. 작은 조직에서 참으로 많은 일을 해냈구나.

시간이 지날수록 일의 성과가 충분한 보상으로 이어지지 않는 조직의 환경은 굉장한 스트레스로 느껴졌다. 페미니즘을 파는 일은 온전한 직업이 될 수는 없구나싶었다. 급진적인 이미지의 대표주자로 여겨지는 이프 편집장의 자리도 벅찼다. 아, 그 와중에 나는 임신과 출산까지 했다. 서른다섯 살, 그즈음 나는 턱밑까지 차오른 피로감을 느꼈다.

'어쩌다 페미니스트'에서 '제대로 페미니스트'로 살기 위해서는 계속 가난하거나, 혹은 포기하거나 해야 했다. 나는 후자를 선택했다. 웃으며 들어갔다 울며 나온다는 게 딱 이런 경우다.

뼈 속 깊이 페미니즘을 새겨 이름하야 뼈 페미니스트

이프를 그만둔 후 오래 동안 미뤄두었던 석사논문을 썼다. 주제는 이전에 정해 두었다. 〈여성주의 매체의 정치학과 딜레마에 관한 연구〉. 나의 20대와 30대의 절반을 보낸 여성주의 언론에서 경험한 것을 충실히 기록하는 것으로 나의 역할은 그만 마무리하고 싶었다. 징글징글 고생스러운 일만 있었다고 생각해왔는데 논문을 쓰면서 깨달았다. 어느새 내가 이 일에 자부심을 느끼고 있었다는 사실을. 내 청춘의 일부가 부질없이 흘러간 것은 아니었음을.

'어쩌다 페미니스트'는 그래서 지금 어떻게 살고 있느냐고? 페미니즘을 일로 만난 이후 내내 시달렸던 페미니즘 콤플렉스를 극복하게 된 계기가 있었다. 직장생활을 마감하고 창업을 하는 과정에서였다. 마흔 두 살이 될 즈음 나는 내 손으로 지속가능한 내 일을 만들고 싶다는 열 망에 휩싸였다. 그 일이 뭔지, 어떻게 시작해야 할지 하나도 정해지지 않은 상태였다. 내 일을 찾는 일은 알몸으로 세상과 다시 맞서는 일이 었다. 의기소침했고 불안했다. 오로지 나 자신에게 집중하며 내가 누 구인지, 무엇을 하고 싶은지, 어떻게 살고 싶은지, 무엇을 좋아하는지 끊임없이 질문하며 스스로 존재감을 확인해야 했다. 혼자서는 답을 찾 기 힘들었다. 순전히 살고 싶어서 닥치는 대로 책을 읽었다. 정신 번쩍 들게 만든 것은 나보다 훨씬 열악한 환경에서 자기만의 것을 만들어낸 사람들의 스토리였다. 성공스토리건, 자서전이건, 자기계발서이건 자 기만의 것을 만들어 세상에 내놓은 사람들의 이야기가 내게 강한 에너 지로 전달됐다. 그렇게 시작해서 마케팅, 브랜딩, 스토리텔링으로 이어 지는 책읽기는 1년 남짓 지속됐다.

그 과정에서 마이스토리돌이 탄생했다.

마이스토리돌은 나에 대한 질문으로부터 시작해서 나를 찾는 과정, 나를 살리는 과정에서 찾아낸 나 자신이다. 더 이상 물러설 곳 없는 벼 랑 끝에 선 그 위기의 순간에 탁~ 하니 내 안에서 꿈틀대던 에너지가 바로 페미니즘이었다. 뭔가 시도하며 옴짝달싹할 수 있는 기운, 내가 선 자리에서 내가 경험한 것을 말 할 수 있는 힘, 누구의 눈치도 보지 않고 스스로를 인정할 수 있는 용기. '어쩌다 페미니스트'가 된 이후에 알게 모르게 내 안에 그 싹이 자라고 있었던 것이다.

결론은 옛날엔 '무늬만 페미니스트'였다면 지금은 뼛속까지 페미니스트 일명 '뼈페미'가 되었다. 이제 나에겐 페미니즘 콤플렉스가 없다. 그래서 과거형이다.

마이스토리돌 로고.

Chapter 5

**미친년이란
시간여행을 하는
사람이야**

유지현

시집 『달의 역사』 저자, 시인

아름다운 여성주의자로
사는 것이 복되다!

나는 페미니즘이 전부라고 생각하지 않는다. 내전과 기근으로 세계 1,880만 명이 생존 위기에 처해 있고, 지난해 1년 동안 지중해에서 배가 전복돼 바다에 빠져 죽은 난민이 500명이 넘는다. 6분기 연속 한국경제 성장률 0%대, 가계 부채 1,360조원 등 처절한 고통들 중 하나라고 본다. 최근 장차현실 만화『또리네 집』, 장강명 에세이『5년 만에 신혼여행』을 봤는데 읽을 땐 재밌었는데, 다 보고나니 눈물이 났다.

한 세월 굽이굽이 아프게 지나왔지만 돌아보니 '생명의 시원'인 여자로 태어난 것이 은총이다. 여자 중에서도 '아름다운 여성주의자'로 사는 것이 복되다. 비록 페미니즘이 별거 아니고 수준 높은 세상으로 가기 위한 도구, 과정에 불과하더라도.

평범한 일들이 자연스러운 것은 아니다

나는 내 결혼식에서 수동적인 신부가 아니라 당당한 주체가 되고 싶었다. 바닥만 내려다보는 색시가 아니라 손님들, 친구들 하나하나 둘러보고 우아하게 미소 짓는 아름다운 주인공이 되고 싶었다. 그래서 고개를 들었다. 눈을 들어 모두를, 전체를 바라보았다. 그러나 의식적으로 노력하고 애쓰다 보니 내 표정은 긴장됐고, 나는 마치 무사처럼 꼿꼿이 서 있는 어색한 신부로 사진에 남고 말았다. 지금은 웃음이 나오지만 그땐 그만큼 절실했고 심각했다. 주체적인 결혼생활을 하리라는 의지가 내면 밑바닥에서 활활 불타오르고 있었기 때문이다.

아, 그리고 그동안 한국에서 치르는 여러 결혼식에 가보니 천편일률적으로 '신랑 신부'라고 부르는 게 싫어서, 좀 뒤집고 싶어서 신랑과 나는 우리의 청첩장과 결혼 예식 순서지에 죄다 '신부 신랑'이라고 인쇄했다. 신부가 먼지였다. 또 결혼하면 당연히 남편이 '세대주'가 되고, 아내는 '세대원'이 되는 것이 싫어서, 그 당연함을 한번 전복시키고 싶어서, 혼인신고하고 신혼집 주소지엔 나 혼자 세대주로 올렸고 신랑 현주소는 그대로 시부모집에 남겨두었다. 여남이 함께 사는 집에서 법적으로 아내가 세대주가 될 수는 없었다. 그건 선택이 아니라 강요였다. 그런 규칙을 누가 만들었을까. 하지만 그런 나의 작지만 강한 실천도 훗날 '현실의 벽' 앞에 무너질 수밖에 없었다. 아파트 청약에선 부양가족이 있는 세대주가 가산점을 받기 때문에 '여성 단독 세대주'는 매우 불리했다. 그래서 할 수 없이 남편이 세대주가 됐고 나는 '그 아래' 소속 세대원이 됐다. 평범한 일이었다. 그러나 이 평범함이 과연 '자연스러운 것'일까? 과연 평등한 것일까? 나는 그렇게 생각하지 않는다.

계단을 8개 내려가야 하는 반 지하 13평, 방 2개짜리 전셋집에서 신혼살림이란 걸 시작했다. 창문을 열면 지나가는 사람의 신발이 보였다. 신혼여행 다녀와 며칠이나 되었을까. 그땐 핸드폰도 없던 시절, 안방 텔레비전 옆에 2인용 밥솥만한, 까만색 무거운 전화기가 집집마다 놓여있던 시절이었다. 어느 날 따르릉 우렁차게 전화벨이 울렸다. 얼른 뛰어가 "여보세요~" 받으니 무뚝뚝한 목소리의 중년남자가 다짜고짜 반말을 했다.

"나 ㅇㅇ동 삼촌인데, ㅇㅇ집에 들어왔냐~?"

누구지? 누군지 모르겠지만 아무튼 시댁 쪽 어른인 것 같아 나는 새색시답게 더욱 상냥히 대답했다.

"예, ㅇㅇ씨 아직 안 들어 왔는데요~."

그런데… 침묵. 아무 소리도 안 들렸다. 이상했다. 왜 그러지? 생각하는 찰나 갑자기 천둥 벼락 치는 고함소리가 내 귀청을 찢어놓았다.

"어디서 여자가, 남자 이름을 함부로 불러~~?"

도저히 용서할 수 없다는 노기가 가득 찬 음성이었다. 마치 조선시대에 대감마님께서 불손한 종년을 야단치는 것 같은 어마어마한 호통이었다. 아, 이거였구나… 그의 침묵의 의미는.

이번엔 내가 말을 잃었다. 눈앞이 하얬다. 1초, 2초… 사이 온몸의 피가 거꾸로 치솟았다.

"그럼 뭐라고 불러~!!!!!"

그가 내게 소리 지른 것보다 10배는 더 크게, 그가 내게 표출한 분노보다 10배는 더 세게 나는 온힘을 다해 집이 떠나가도록 소리를 지르며 수화기를 꽝 내려놓았다. 속이 후련했다. 내가 뭘 잘못했어? 분명 'ㅇㅇ씨'라고 했건만… '씨'는 '의존 명사로 남의 이름 아래 써서 존경의 뜻을 나타낸다'고 내가 자주 보는 〈동아 새 국어사전〉에도 분명히 나와 있건만… 사전이고 뭐고 감히 여종 따위가 하늘같은 남자의 존함을 함부로 입에 올리면 안 된다 이거야~?

전화기가 부서져라 쾅 내려놓고 씩씩거리며 안방을 왔다 갔다 했다. 나도 모르게 두 주먹을 불끈 쥐었다. 하, 이거였구나! '가부장주의'가! 오천년 가부장제 문화가 내 손안에 바람처럼 휙 '실체'로 잡히는 기분이었다. 마치 영화의 한 장면처럼, 드넓은 벌판에 '나'라는 여자 혼자서 있고 저 앞에는 오천 명 남자 무장군인들이 나를 마주보고 서서 비웃고 있는 것 같았다. 그들은 착착 나에게 다가올 것이고 나는 무기도 없는 빈손이었다.

차가운 분노가 냉기처럼 나를 관통해 갔다. 이제 시작이구나. 그래, 나는 평화를 사랑하지만, 싸우고 싶지 않지만, 싸울 수밖에 없다면, 싸워야겠지. 이것이 내 운명이라면 기꺼이 내 손에 피를 묻히겠다!

이건 부당하니까, 단 하루를 살아도 이건 아니니까.

세상에 이렇게 예쁘고 똑똑하고 착한 여자가 또 있을까

네댓 살 때였나. 작은 한옥에 살았는데 마당 한가운데 빨랫줄이 있었다. 빨랫줄 한가운데 아버지 빤쓰와 남동생 빤쓰는 마치 개선장군처럼 찬란한 햇빛을 받으며 펄럭이고 있었고, 엄마 속옷과 내 속옷은 어두침침한 재래식 부엌 한 귀퉁이에서 마치 죄인처럼 숨겨져 겨우 꾸들꾸들 마르고 있었다.

"엄마, 왜 우리 건 여기다 넜어?"

"아휴~ 여자들 속옷은 남들에게 보이면 안 돼~"

이상했지만 난 너무 어려 더 이상 따져 묻지 않고, 엄마가 그러니까 그냥 그런 줄 알았다. 어쩌면 내 기억 속 최초의 불평등은 바로 그 장면일지 모르겠다. 햇빛 받으며 긍정적으로 펄럭이던 남자들 속옷과 어두운 부엌에 그늘로 숨어있던 여자들 속옷. 이상했다. 똑같은 사람인데. 똑같은 옷인데.

훗날 여성부장관이 되셨지만 당시엔 '여성운동가였던 한명숙' 선생의 권유로 나는 20대 초반이던 1987년 '한국여성민우회' 창립회원으로 참여했다. 변변한 이론서 한 권 읽은 적 없지만 나 같은 사람도 필요했을 정도로 그 당시엔 '여성운동' 동지들의 숫자가 많지 않던 시절이다. 주로 이화여대 나온 언니들이 주축이 됐고 나는 독립적이고 자기 신념이 투철한 여성 선배들을 보면서 내 안의 여성의식이 싹으로, 꽃으로, 나무로 차츰 자라나는 느낌이었다.

"세상에 이렇게 예쁘고 똑똑하고 착한 여자가 또 있을까. 자기를 만난 게 내 인생 최고의 행운이야."

이런 말을 하던 그와 3년 연애를 하며 나 나름대로 '성평등 젠더감수성'을 높였다고 자부하며 혼인했으나 결혼 후 남편은 은근슬쩍 보수적 분위기로 돌아가는 듯했다. 좋다, 내가 온 세상 남자를 바꿀 순 없지만 너 하나만은 내 손으로 책임지겠다, 작심하고 하나하나 문제가 생길 때마다 원인과 결과를 분석하고 토론했다. 그러나 부부 사이의 토론은 말싸움이 됐고 서로에 대한 비난과 고성으로 이어졌다.

"사사건건 따지는 네가 너무 피곤해."

"넌 어떻게 그냥 넘어가는 게 없니? 그렇게 온 세상이 다 거슬리면 어떻게 살아?"

"넌 너무 날카로워. 앞으로 내 인생이 캄캄하다~."

"○○형 형수님 알지? 아침저녁으로 남편 보약 챙겨 먹인대. 너 나한테 한번이라도 보약 해준 적 있어?"

"○○선생님은 일 년에 수십 번을 해외출장 가는데, 한 번도 직접 출장가방 싸본 적 없대. 5박 6일, 날짜만 말하면 사모님이 완벽하게 가방을 싸놔서 ○○선생님은 그냥 들고만 나간대. 나는 너무 부러워~."

그런 소리를 들을 때마다 '인간적으로' 그에게 미안했고 내가 '기본이 안 된' 아내인 것 같아 주눅 들고 우울했다. 남편은 온유하고 차분한 모범생 스타일이고 매우 성실하고 소박한 사람이라 그런 남편이 그런 말을 하는 것이 끝도 없이 나를 슬프게 했다. 예민한 여성의식을 가지고 작은 문제부터 해결하려고 고군분투하는 내 모습이 남편에게는 이기적이고 피곤한 여자로 비친 모양이다. 하도 그런 소릴 들으니 나는 정말로 내가 진짜 이상한 여자가 아닐까 스스로를 의심하기도 했다. 내가 인성과 인격이 한참 뒤떨어진, 함량미달의 저질 인간이 아닐까… 나 자신에 대한 근본적인 회의를 하게 됐고, 동의할 수 없는 부당함에 파르르 떠는 내 모습을 보며 혹시 내가 좀 미친 여자가 아닐까 하는 의심마저 들었다. (멀쩡한 사람도 사실 이러다 미치는 거다) 남편 앞에선 지기 싫어 끝까지 빳빳이 고개 들고 언쟁했으나 남편이 잠들고 나면 서러워 눈물이 줄줄 흘렀다. 내가 뭘 잘못했지? 공정하지 못한 걸 말하는 게 잘못인가? 하염없이 눈물이 쏟아졌다. 잠이 오지 않았다.

일기를 쓰며 밤새 울었다.

이기적인 젊은 페미니스트 아내?

그런데 이상했다. 왜 아내만 남편 보약을 챙겨야 하지? 자기도 나한테 보약 해 준 적 없잖아? 내가 자기 해외출장 갈 때 가방 싸 준 적 없지만, 자기도 내가 지방출장 갈 때 내 가방 싸 준 적 없잖아? 왜 여자만 비난을 들어야 하지? 이건 부당하잖아. 평등하지 않잖아. 당시 나는 여러 잡지에서 프리랜서 기자로 일하느라 점심도 제때 못 먹고 허둥지둥 여기저기 뛰어다녔고, 내가 자기보다 돈도 훨씬 많이 벌었는데, 왜 나한테만 여러 가지 의무가 덧씌워지는 거지? 밤새 일기를 쓰며 일일이 매듭을 풀어냈다. 이건 부당해. 난 미치지 않았어. 난 결코 이기적인 사람이 아니야. 일기 쓰며 얻은 확신과 정리된 내 생각을 그에게 편지로 썼다. 남편은 안방에서 푹신한 이불 덮고 쿨쿨 단잠을 자고 있는데, '페미니스트 젊은 아내'인 나는 두 평 남짓한 부엌의 작은 식탁에 앉아 이를 악물고 A4 용지에 편지를 썼다. 남편의 그럴 듯한 대사와 논리에 대해 하나하나 조목조목 비판하고, 각개격파 반박했다.

다 쓰면 보통 8장, 9장이 넘어갔다. 동 터 올 무렵, 스테이플러로 딱 찍어 메모와 함께 식탁에 올려놓고, 나는 작은 방으로 기어들어가 잤다. 그런 적이 한두 번이 아니다. 대충 타협할 수 없었다. 고개 숙일 수 없었다. 아닌 건 아니다. 나는 사람이다! 나는 나 자신을 속일 수가 없다!

'가부장 중심주의'로 '기울어진 운동장'에서 나는 매일 사투를 벌였다.

아아… 죽어라 편지를 써놓고 창가로 스며드는 푸르스름한 새벽빛을 느끼며 잠들던 그 무수한 날들이… 그때 흘린 눈물 방울방울들이…

아마도… 나를… '여성주의자'로 만든 건 아닐까.

(그때의 참혹함과 외로움이 떠올라 이 글을 쓰는 지금, 눈물이 뚝뚝 떨어진다.)

남편은 내 치열함과 집요함에 입을 딱 벌리고 할 말을 잃었다. 자기가 보기엔 별 거 아닌, 일상의 작고 사소한 문제들에 왜 저토록 목숨 걸고 싸우는지 이해할 수 없다는 표정이었다. 동시에 한 인간으로서 나를 불쌍히 여기는 것 같았다. 그러나 누가 말했나, 개인적인 것이 정치적인 거라고. 몇 년 뒤 남편은 생후 6개월이 된 기어 다니는 아기와 나를 남겨두고, 혼자 미국유학을 떠날 수밖에 없었다. 뉴욕에 도착한 남편에게서 편지가 왔다.

"선진국에 와 보니 당신이 옳았어. 여기선 남자든 여자든 각자 자기 일은 자기가 알아서 해. 주변의 한국 남자들은 혼자 빨래하고 음식 해먹느라 아주 고생하는데, 나는 당신 덕분에 스스로 하는 훈련을 받아서 뭐든 척척 잘 해. 당신이 선구자야. 나에게 바른 길을 가도록 해준 당신이 고마워."

한 고비 넘은 것 같아 웃었다. 그러나 산 넘어 산이다. 세상이 알아주지 않는, 그저 그렇고 그런 책 두 권을 내며 나름대로 치열하게 살고 싶었건만, 서른 살에 첫 아기 낳았는데, 어린 새끼 두 명 기르며 내 싱그러운 20년 세월은 가볍게 날아갔다. 나는 속절없이 50대 아줌마가 돼버렸다. 기가 막힌다. 애들 기르며 30세에서 40세까지 쓴 시들을 모아 겨우 시집 한 권 건졌다. 내 시집 『달의 역사』다. 7~8년 전인가, 어디서 우연히 내 시 한 편 보고, 여기저기 문의해 몇 시간 만에 연락처를 알아내서 얼굴도 모르는 내게 선뜻 '온라인 이프'에 연재를 부탁한 김신명숙 선생이 좋아한, 내가 페이스북을 안 해서 잘 모르는데 몇몇 페북에 돌아다닌다는 나의 졸시 '가부장제에게'를 소개하며 이 글을 마치겠다. 30대 초반 어느 날 밤, 자다 벌떡 일어나 일필휘지로 순식간에 쓴 것이다. 허나 나는 안다, 내가 쓴 게 아니라는 것을. 누군가 분명히… 깊은 바다인지 아득한 우주의 끝인지 알 수 없는 곳에서 어떤 음성이 들려왔다. 완벽한 문장 고스란히, 순서대로 빠르게 불러주었고 나는 놓칠세라 획획 받아 적었을 뿐이다. 그 순간 거의 90% 완결된 문장이… 내 안에서 혹은 하늘에서 또렷한 어떤 음성이 들려왔다. 얼마 전 미국영화 〈오두막〉을 유의미하게 봤는데, 이건 나의 진실이다.

가부장제에게

웃기지 마라,
바닷물이 쩍 갈라져도
이건 내 새끼다
길거리에 퍼질러 앉아 통곡을 쏟아도
이건 내 새끼다

여자한테 철학이 없다, 사상이 없다
떠들지 마라
새끼 하나 피 흘려 내보내
오줌똥 가려 사람구실하기까지 온전히 키워내는 일 말고
세상에 무슨 철학이 있고 별다른 사상이 있겠느냐

하루에 똥기저귀 스무 개씩 쏟아질 때도
등허리 휘어가며 보송보송 빨아말린 것도 내 손이고
배고파 울며 칭얼댈 때
실컷 먹여 푸욱 잠재운 것도 내 젖이다
3 킬로그램짜리가 6, 9, 15 킬로그램 커다란 돌덩이로 변할 때도
무거운 줄 모르고 처네포대기 질끈 둘러
식은땀으로 이마 적시며 장 보고 밥하고
은행 가고 쓸고 닦은 것도 내 육신이다

수줍던 내 얼굴에 기미가 끼고
연분홍 처녀유두가 시커먼 젖꼭지 됐고
자궁은 쇠약해졌으며
날씬하던 내 몸매는 어깨 굵은 억척아줌마 됐다
오냐, 보아라. 이 모든 것이 생명을 길러낸 증거다

그래, 네 몸뚱이 하나 건사한 너에게
지금 무슨 흔적이 남았느냐

아비의 성을 따르게 하면 전부인줄 아느냐
단 한 방울의 정액 말고 네가 준 것이 무엇이냐
대명천지 이 세상에 "우리 엄마" 소리에
눈물 흘리지 않을 사람 있다면 나오라 해라

인간이 인간을 낳아
비로소 창조신의 반열에 오르는
출산의 피 흘리는 가슴벅참을,
온 몸의 208개 뼈 마디마디를 다 벌려
우주의 깊은 수렁에서 뽀얀 달덩이 하나
건져 올리는 그 혼신의 고통과 희열을
네가 감히 어찌 알겠느냐
인도 가서 여신의 이름을 묻지 마라
유럽 땅 성모마리아의 미소가 우아하다
찬양마라
기골이 장대한 네 잘난 어깨 뒤로
쭈글쭈글 늙고 병든 네 어미의
초라한 육신이 보이지 않느냐
조선반도 방방곡곡 무명의 흰 깃발로
펄럭이고 있는 네 어미들의
혼의 바람소리가 들리지 않느냐

너는 나더러 지독한 년이라 이를 갈지만
그 아이의 순결한 영혼에

나는 천둥이다 번개다
촉촉 스미는 빗방울
일생토록 곁에 있을 봄바람
아침햇살이다

오, 하찮은 가부장제여
끝까지 나는 너를 조롱하겠다
확확,
찢어발겨도 시원찮은
껍데기 이데올로기여

Photo by 윤연

고은광순

한의사. 평화어머니회, 동학실천시민행동 대표.
애기 때부터 순했다 해서 '광'자 돌림에 '순'이 붙었다.
말이 없고 조용해서 어린 나이에 얻은 별명은 '영감',
그러나 남다르게 타고난 정의감 탓에 치고 빠지지
못하고 치고 치고 또 치고 들어가다 보니 환갑이 넘었다.
한반도 통일까지 보려면 더 치고 들어가야 하려나?

62세 내 인생의 페미니즘

처음엔 몰랐다. 왜 곤줄박이가 주방 창문 밖 고춧대 위에 앉아 나를 바라보고 있는지, 왜 동쪽 현관 앞에서 알짱대는지를.

나중에야 알았다. 알을 품을 둥지를 짓기 전 그들은 동서남북에서 집 안의 나를 관찰할 필요가 있었던 거였다. 인간을 포함해서 생명을 가진 것들은 다 완벽하다는 생각을 다시금 했다.

완벽한 존재임에도 불구하고 우리가 상처 입었다고, 삶이 괴롭다고 아우성치는 것은 우리를 둘러싼 시스템이 불합리하기 때문이다. 어렸을 때 내게 상처를 준 것은 '차별'에 관한 경험들이었다. 딸들이 주야장천 콩나물 꼬리를 다듬었던 건 김치를 안 먹는 오빠에게 부족한 식물성 영양소를 공급하기 위해서였고 손톱이 아프게 멸치를 두 쪽으로 가르고 내장을 빼낸 것 역시 기름에 바삭하게 볶은 멸치를 오빠가 좋아하기 때문이었다.

남존여비. 남아선호의 뿌리 깊은 차별은 1980년대 초음파기계가 들어와 태아의 성을 구별하게 되면서 여아생명살해로 이어졌다.

1961년 내가 초등학교 입학하던 해에 5.16 군사쿠데타가 일어났고 정권을 잡은 박정희는 공포정치로 18년 넘게 최고의 권좌에 앉아 있었다. 절대 권력은 절대 부패한다고 했다. 죽을 때까지 권력을 독점하려던 박정희는 유인물 몇 장을 전달했다는 이유 등으로 사회학을 전공하고 있던 나를 두 차례나 감옥에 가두었다. 권력의 손발이 되었던 검사의 취조를 겪으며 그들에게는 대학생인 나만큼의 역사의식도 정치의식도 없다는 걸 알게 되었다. 저항하며 사는 삶, 문제의 제도적 해결을 위해 행동을 하는 것이 슬슬 내게 익숙하게 되었다.

학생운동에서 여성운동으로

최고 권력의 독점과 연장을 위해 국민을 미행하고 감시하며 가두고 죽이는 일을 다반사로 했던 박정희의 만행은 철저한 언론통제로 국민들에게 널리 알려지지 않았다. 1982년 대학원에 여성학이 신설되었다. 1988년 여성신문이 창간되었을 때 여성들은 운동권 내부의 비판에 부딪혔다. '분단의 벽을 허물지도 못한 이때에 한가하게 여성문제를 따로 주장하여 문제해결 역량을 분산시키자는 거냐?'는 것이었다. 페미니즘, 페미니스트라는 말이 등장했는데 마치 '주홍 글씨' 같아서 여성들은 선뜻 받아안지 못했다.

두 번의 제적 이후 요시찰인물로 찍혀 여권발급을 거부당해 유학을 떠날 수 없었던 나는 때마침 찾아온 요통을 침 치료로 해결하고 나서 한의대에 들어가 한의사가 되었다. 한의원을 열고나서 제일 먼저 맞닥뜨린 낭패스러운 문제는 아들 낳는 약을 처방해달라는 환자들의 요구였다. 사회학 공부를 할 때 익힌 솜씨로 한의사 200명에게 설문지를 돌린 나는 남아선호의 병폐가 생각 이상으로 심각하다는 것을 알게 되었다.

자연계 출생성비 106:100(남아:여아)을 기준으로 계산해보아도 초음파기기가 도입된 이후 2000년까지 15년간 감별 후 살해한 여태아 숫자는 90만 명. 매년 6만 명의 여태아가 감별 뒤 살해당했다. 1996년 말, 여성단체연합 사무국장이던 남인순 씨에게 거의 날마다 전화를 걸어 '남녀출생성비 불균형에 따르는 문제점'으로 여한의사회와 함께 토론회를 열자고 졸라댔다. 남녀불평등 문제를 여아낙태로 인한 신붓감 부족문제로 접근하면 남자들도 저항하지 못하리라 생각했다.

1997년 1월에 프레스센터에서 열린 토론회에서 우리는 해결해야 할 제1의 과제로 호주제폐지를 선정했다. 그 날 이효재 교수님은 여한의사회보에 실린 신정모라의 '부모성함께쓰기'에 깊은 관심을 보이며 부계혈통주의에 대한 문제제기가 중요하다고 말씀하셨다. 곧 이어 열리게 될 3.8여성대회에 부모성함께쓰기를 선언하기로 마음을 모은 토론회 참석자들은 그 날부터 이이효재, 손이덕수, 조한혜정, 이박미경, 오한숙희, 고은광순 등의 이름을 적극적으로 쓰기로 했다. 대단히 생소하고 우스꽝스러워 보였던 부모성함께쓰기는 2005년 3월2일 국회에서 호주제폐지가 선언되는 날까지 남성중심 가부장제의 기둥을 무너뜨리는 대단히 위력적인 도구가 되었다. 여성들은 저항하며, 연대하며, 행동하며 사회문제의 해결사로 성장해갔다.

부모성함께쓰기와 호주제폐지

2008년부터 호적이 사라지고 개인을 기준으로 기록하는 새로운 신분등록제가 시행되었다. 형제들 대부분이 미국에 살고 있어서 아버지 돌아가신 후 내가 어머니를 모셨지만 새벽부터 밤까지 바쁘게 돌아치면서 살뜰히 모시기는 어려웠다. 요양소로 걸어 들어간 지 일 년이 조금 지나자 말도 잃으셨고 거동도 못하셨다. 큰 아들은 전역 뒤 복학했고 둘째는 군인이었으니 건강한 남성들을 위해 내가 반드시 옆에 있을 필요는 없었다. 남편에게 부지런히 구청의 요리강습을 받도록 했다. 요일별로 남편과 분담하여 식탁 차리기를 하다가 2010년 가을, 남편과 아들 둘을 서울에 남겨놓고 제대로 앉아 있지도 못하는 어머니를 조수석에 태워 명상공부로 인연을 맺은 갑사동네로 이사했다. 어머니는 침대에 누운 채로 나와 함께 반년을 계시다가 세상을 떠났다. 떠나시는 어머니께 나는 박수를 쳐드렸다. 두 아들에게 훨씬 많이 투자하시고 훨씬 큰 애정을 쏟으셨지만 그랬기에 차별을 겪었던 막내딸은 여성운동가가 될 수 있었으니 참으로 감사한 일 아닌가.

어머니가 돌아가신 후, 회색빛 서울로 돌아가고 싶지 않아 명상스승의 안내로 충북 옥천군 청산에 집을 짓고 2012년 가을 이사를 했다. 호주제폐지운동을 하는 동안 일제 시대에 급조된 양반흉내놀이(족보제작, 제사 지내기)가 한국의 가부장제의 뿌리가 되었다는 것을 알았다. 동학의 절멸로 양반흉내놀이가 강화되었기에 동학에 한 자락 호기심을 갖고 있던 터에 명상스승이 동학접주의 외손자였다는 것을 알게 되었다.

스승의 아름다운 가르침의 상당부분은 동학에 뿌리를 둔 것이었다. 내가 청산에 집을 짓는다는 말을 듣고 도종환 씨가 자신이 쓴 『정순철 평전』을 보내주었다. 정순철은 갑오년(1894) 동학혁명 당시 청산에 본

부를 두었던 동학 지도자 해월 최시형의 외손자이며 청산에서 태어났다. 우리가 태어나서 처음 들었을 노래인 짝짜꿍, 유년기를 벗어나며 모두가 불렀을 졸업식노래를 작곡한 정순철은 방정환과 실과 바늘처럼 함께 지내며 어린이날을 만들고 어린이운동을 통해 일제에 저항했다. 명상스승과 정순철은 부계혈통 사회에서 열외로 치는 외손자들이지만 그들은 동학이라고 하는 엄청난 블루오션을 내 앞에 들이밀었다. 청산에 이삿짐을 풀기도 전에 나는 동학이 동서남북에서 내게 들이닥치는 것을 운명으로 받아들여야 했다.

여성동학다큐소설 13권과 평화운동

해월의 딸이며 정순철의 어머니인 최윤은 열일곱 살이던 갑오년에 청산의 옥에 갇혀 있다가 옥졸 정주현과 억지로 혼인을 했고 정순철을 낳았다. 정순철이 아홉 살이 되었을 때 윤은 남편을 떠나 아들과 함께 서울의 서외삼촌(계모의 남자형제)인 손병희 곁으로 갔다. 수운이 득도를 했던 경주의 용담정에서 생의 막을 내린 최윤의 이야기와 동요작곡가 정순철의 이야기들을 묻어두어서는 안 될 것 같았다. 차별에 저항하고 수평적 민주주의를 꿈꾸었던 동학도들의 삶과 절멸과정은 나도 궁금했다. 다큐소설이니까 경험이 없는 사람도 쓸 수 있다고 꼬드겨(ㅆ) 10여 명의 여성들을 모았다. 동학에 미친 사나이라는 원광대의 박맹수 교수의 전폭적 지원 아래 2013년 말부터 꼬박 1년을 치열하게 공부하며 서로 부추겨가며 글을 써내려갔다. 2015년 12월 13권의 여성동학다큐소설이 출판되었다. 해월의 마지막 설법 향아설위向我設位는 부모와 조상의 심령이 내게 다 들어있으니 나를 위하고 바로 옆 사람을 귀히 여기라는 가르침이다.

호주제폐지운동을 할 때 제일 힘들었던 것은 남자조상 받들어 모시기와 아들 낳아 대 잇기에 매몰되어 있는 남성우월주의자들에게 한 줄기 혈통은 존재할 수 없다는 것을 이해시키는 것이었다. 그런데 이미 120년 전에 해월은 며느리가 하늘이고, 아이들이 하늘이며, 각자가 하늘이라고 말하고 있지 않은가. 한국 역사 속에서 가장 진화된 사고방식을 했던 그들은 당시 세계적 수준의 총을 제작했던 일본의 탐욕아래 순식간에 짓밟혀버렸다.

오로지 약탈이 목표였던 일본은 동학도의 대량살육 이후 아시아에서 반세기 동안 2천만 명 이상을 살해했으며 명분 없는 전쟁에 동원된 군인을 위해 주변국 여성 20만 명을 성노리개로 던져주었다. 일본이 그토록 무모한 전쟁을 일으킨 것은 무기에 대한 자신감 때문이었다. 산속에서 조용히 수행하며 인생을 마무리하려던 내게 소설을 쓰는 동안 과제 하나가 더 끼어들었다. 무기 없는 세상을 여성들의 손으로 만들어가자! 세계 10대 무기회사 중에 미국 소유가 일곱 개. 가장 큰 회사는 록히드마틴. 그 앞에 생을 마감하는 어머니들을 불러 모아 무덤을 만드는 운동을 해야 할까?

그런 생각을 할 무렵 2015년 5월 현경 등이 주도하는 세계여성평화 걷기Women Cross DMZ가 진행되었다. 그렇지! 여성들이야말로 세상의 전쟁을 종식시킬 수 있는 유일한 세력이다! 배낭에 '양쪽 군인 모두 어머니 자식', '무기 없는 세상 어머니 손으로'라고 적은 헝겊을 붙이고 휴전선 철책을 따라 그녀들과 함께 걸었다.

다음 달인 6월 25일, 분단마피아 보수주의자들이 전쟁을 기억하자며 전단지를 나눠줄 때 나는 뜻을 같이 하는 평화어머니들을 조직하여 매주 화·목요일 광화문 미국대사관 앞에서 평화협정을 요구하는 평화시위를 시작했다.

무기 없는 세상, 평화어머니와 동학

8월에는 여성동학다큐소설팀 총무인 리산과 미국으로 날아가 약 한 달간 백악관, 펜타곤, 록히드마틴, 보잉사 앞에서 피켓시위를 했다. 공원에 텐트를 치고 김밥을 싸가지고 다니며 한편으로는 열심히 페이스북과 오마이뉴스에 소식을 전했다. 펜타곤 앞에서 28년간 주1회 반전평화운동을 해왔다는 가톨릭 워커들을 만났다.

그래. 세계에 평화담론이 차고 넘쳐야 한다!

Any soldier is some mom's child! (양쪽 군사 모두 어머니 자식!)
Weapons are like drugs, Consumption never ends, Destroying earth's life! (무기는 마약과 같아서 계속 소비하나 결국 죽는다!)
No Expensive War, Yes less Expensive Peace! (비싼 전쟁 말고 싼 평화를!)
Stop Making War and Weapon! (중단하라 전쟁과 무기생산!)
70 Year Division is Long Enough! (70년 분단 이제 끝내!)

Peace Treaty Right Now! (평화협정 당장 하라!)

평화어머니, 평화여성회, 이프 등은 2016년 6. 25일 광화문에서 월 1회 〈평화를 춤추자〉 플래시몹을 시작했다. 온갖 박해의 사슬을 끊고 일어서자는 세계여성들의 목소리를 담은 One Billion Rising과 송소희의 통일아리랑 음악에 맞추어 커다랗게 만든 짙은 분홍의 깃발을 휘날리고 꽹과리를 치며 분홍 천을 둥글게 펼쳐 광장을 뛰어다녔다. 그렇게 우리 모두는 겨울을 촛불로 지켜내고 봄에는 승리를 맞았다. 이제 지역으로 돌아간 촛불을 꽃불로 지켜내어 건강한 지역공동체를 조직할 때가 되었다. 동학다큐소설을 쓰며 꿈꾸었던 동학공동체가 전국 226개의 시군구에 생겨나기를 희망한다. 사람을 하늘처럼, 만물을 하늘처럼 여기자는 동학은 앞으로 통일과정에서나 통일 이후에 생겨날 모든 문제를 해결할 열쇠를 쥐고 있다.

• 우리는 사람을 하늘처럼 귀하게 모시는 동학정신을 마음에 새기고 몸소 실천한다.
• 우리는 모든 사람이 평등하고 사람답게 대접받는 세상을 만들기 위해 노력한다.
• 우리는 씨앗 한 알 속에 우주가 있다는 믿음으로 농업과 농촌을 살리기 위해 힘쓴다.
• 우리는 모든 차별과 부정, 불의를 배격하며 정의로운 삶을 살기 위해 노력한다.

젊어서부터 지금까지 이어진 학생운동, 여성운동, 평화운동, 동학운동… 그것은 다르지 않다. 정의롭게, 함께 존중하며 행복하게 잘 살자는 것 아닌가.

나는 조용하고 소극적인 어린 시절을 보냈다. 결석한 다음날 결석계를 가지고 가면 담임이 '너 어제 결석했니?'라고 물을 정도였으니까. 그 말은 오래도록 내 자존심을 상하게 했지만 한편으로는 존재감 없는 어린 시절을 살아도 괜찮다는 생각을 하게 해주었다. 어린이나 젊은이가 뛰어난 면모를 보이지 않더라도 사람은 열 번 된다고 격려했던 지혜로운 옛 어른들처럼 사랑의 눈빛으로 지켜보며 기다려줄 일이다.

내가 뒤늦게 씩씩한 페미니스트가 된 것처럼 사람들은 뒤늦게 철이 늘기도 한다. 호주제폐지운동을 하면서 마초들과 살벌하게 논쟁을 벌였지만 그들 역시 미숙한 시대에 휘둘렸던 미숙한 존재였다. 시대가 성숙해지면 그들에게도 진화할 기회가 온다. 그러니 무시하고, 경멸하고, 증오할 필요는 없다. 왜냐하면 그런 감정들은 자기의 영적레벨을 낮은 상태로 붙잡아두어 정확하게 해결할 길을 방해하기 때문이다. 누구의 도움도 얻어내지 못하고 혼자 씨를 뿌리고 밀을 거두어 빻고 빵을 만드는 암탉 우화를 생각하며 내가 그 암탉과 같다는 생각을 가끔 한다. 그러나 억울하다는 생각은 한 번도 하지 않았다. 내 힘으로 무언가를 해서 다른 사람도 행복할 수 있다면 세상에 태어나 저질렀던 민폐를 줄이는 일이 될 테니 얼마나 뿌듯한가.

모르고 사는 것보다는 알고 사는 게 낫고, 문제를 풀어가며 사는 게 참고 사는 것보다 낫다. 나는 내가 존재하는 시공간의 주인이니까. 나와 우리는 완벽한 생명체이니까 시스템도 완벽을 향해 만들어 가면 더 좋을 것이다. 오래전 방한한 텐진 빠모 스님은 "싸우더라도 분노와 증오로 싸우지 말고 자유를 향한 마음을 가지고 싸우라"고 하셨다. 젊은 페미니스트들에게 명상을 강력 추천한다. 명상수행을 하면 더 이상 분노와 슬픔에 잠기지 않게 된다. 태산처럼 내공이 쌓이면 지혜가 열릴 것이다. 당신은 이미 완벽한 존재라는 것을 늘 기억하시라.

유숙열

다 지났으니 하는 말이지만 7년 넘게 투병생활을 했다.
약의 부작용으로 몸무게가 15㎏이 늘어 오랜만에 본
사람들은 날 알아보지 못했던 때도 있었다.
요즘은 마음의 평정을 얻었고 건강도 되찾았다.
지금은 10여 년 전 그 때 병이 나길 잘했다는 생각이 든다.
난 그 때 멈췄어야 했다.
돌이켜보니 난 꼭 폭주기관차같이 살았다. 병이 나지 않고
계속 갔더라면 어디서 펑크가 나더라도 났을 것이다.
인생이란 그런 것이다. 이제는 돌아와 거울 앞에선 누님처럼,
아니 할머니처럼 그렇게 살고 싶다.

Photo by 윤연

놈들이 나를 미치게 했고
엄마의 재혼이
나를 페미니스트로 만들었다

　　장시(?)인지 연작시인지 정체모를 '석삼년의 비밀'을 쓴 때
는 2012년 11월, 장소는 서울 강남성모병원 정신과 폐쇄병동이다. 세
번째 입원이었고 20일 만에 퇴원했지만 왜 어떻게 아프기 시작했는지
그 시발을 얘기해야 할 것 같다. 내가 맨 처음 발병한 때는 2005년 봄.
이프에서 주최하는 안티미스코리아페스티벌을 앞두고 참가자들과 합
숙을 들어갔을 때였다. 당시 기억은 잘 나지 않지만 이상 증세를 보이
던 나를 주시하고 있던 친구들(엄을순 이프 대표, 최보문 가톨릭의대 교수, 유지나
동국대 교수 등)이 나를 병원에 입원시켰었다.

　　혹자는 정신병과 페미니즘이 무슨 상관이냐고 물을지도 모르겠다.
그러나 가부장제 사회에서 사는 여성들은 누구나 다 사회가 낙인찍는
각종 평판과 악명에 노출돼 있고 그것을 견디는 것이 무엇보다 심한
스트레스다. 2004년부터 2005년은 내 인생 최악의 시기였다. 다니던
직장(문화일보)에서는 반강제로 사직서를 썼고 남편과 이혼도 했고 내
모든 것을 다 쏟아 부었던 페미니스트저널 이프는 마지막 호(완간호)를
준비하고 있었다. 한마디로 나는 그 때까지의 내 모든 삶과 한꺼번에
이별을 하는 중이었다.

노조의 대모, 요물, 일개 여직원 …

최악은 강요된 사직서였다. 나는 1991년 창간 때부터 사직서를 쓴 2004년까지 13년간을 문화일보에서 일했다. 그렇지만 내게 꽃 시절은 처음 몇 년간 뿐이었고 그 이후는 경영진에게 블랙리스트 1호로 찍혀 다니던 내내 부당인사와 탄압, 희망퇴직 강요, 해고 위협에 시달렸다. 그 당시 느낀 억울함과 모욕감 같은 것들은 십 수 년이 지난 지금까지도 마치 어제 오늘 일처럼 생생하다. 어쩌면 문화일보에 다니면서 내가 여성들만의 페미니스트저널을 꿈꾸고 1997년 결국 이프를 만들게 됐던 것도 그 이유 때문일지도 모른다.

나는 재직 중에만 6, 7명의 사장을 겪었는데 새로 사장이 부임할 때마다 인사상의 불이익을 당하고 사직서를 강요당했다. 나중에 들어 알았지만 연극 〈자기만의 방〉 대본을 썼다는 이유로 문화일보 홀 관리인으로 발령이 났다가 취소되는 해프닝도 있었다. 조사부, 사업부, 인터넷뉴스팀, 출판국 같은 비기자직 지원부서로 발령이 난 적도 있었고 또 대기발령이 났던 적도 있었다. 노조에서 부당인사에 대한 항의로 지방노동위원회에 제소해 원직복귀명령을 받아낸 적도 있었다. 정말 길지도 않은 세월을 파란만장하게 보냈다.

내가 경영진에게 그렇게 찍힌 이유는 페미니스트라서가 아니라 노조활동 때문이었다. 문화일보는 당시 신생 신문사였기 때문에 노동조

합이 없었고 내가 처음 제안하여 노조가 만들어졌던 것은 사실이다. 그러나 그것은 언론노동자로서 당연한 권리가 아닌가? 그런데 나는 '노조의 대모(그들의 표현)'라는 이유로 부임하는 사장들에게 '우선 제거 대상자'로 꼽혀 고생을 한 것이다. 이해할 수 없는 것은 나를 탄압한 그들이 같은 언론인 출신이라는 사실이다.

D일보 출신 원로언론인인 K회장은 장관을 지낸 적도, 대학 총장을 지낸 적도 있는 명망가였다. 그는 내가 술을 잘 먹는다는 소문(?)만 듣고 그것을 흠잡아 나를 남자 꼬이는 '요물' 취급을 했다. 역시 D일보 출신 원로언론인인 N사장은 K회장과는 스타일이 달랐으나 반노조에 성차별적이고 여성혐오적인 것은 마찬가지였다. 그는 여성을 동료로 보지 못했다. 그에게 나는 '일개 여직원'에 불과했다. 내 인사문제로 회사가 지방노동위원회에 부당노동행위로 제소되고 노조가 파업에 돌입하려하자 그는 '일개 여직원' 하나 때문에 회사가 이렇게 난리냐고 호통을 쳤다고 한다.

K회장이나 N사장이나 모두 나를 사람취급을 안했다. 나는 그들에게 투명인간이었다. 뒤로는 사직서를 요구했지만 사내에서 마주치기라도 하면 말없이 사람 좋은 미소를 지었다. 그들은 여자를 인간대접하거나 동료대접 하는 법을 배우지 못한 것 같았다. 그들 세대에게 여자는 아내이거나 술집여자이거나 비서나 여직원이 전부였는지도 모르겠다. 거기에 노조 활동하는 극렬페미니스트 기자라니? 그들의 눈에 비친 나는 도대체 무엇이었던 걸까?

페미니스트 죽이는 귀신이 붙었나?

그러나 또 다 그런 건 아니었다. 현대에서 왔던 기업인 출신으로 지금은 고인이 된 K사장은 내가 대통령임명으로 비상임 방송위원이 되자 "신문사 이름을 빛내줘서 고맙다"며 겸임으로 일할 수 있도록 나를 논설위원실로 발령을 내려했다. 그런데 이번엔 논설실장이 틀었다. 당시의 Y논설실장은 정치적으로 보수적인 입장이었는데, 나를 불러서 대놓고 "대통령(노무현 대통령)한테 임명장을 받은 사람이 대통령을 비판하는 논설을 쓸 수 있겠냐?"는 말도 안 되는 이유를 들어 나의 논설위원실 진입을 반대했다. 논설위원들도 자기 분야가 있어 나는 여성, 문화 부문 논설을 쓰면 될 터인데 괜한 어깃장을 놓는 것이었다. 기업인 출신 사장이 언론계 텃세에 밀린 꼴이었다.

결국 나의 논설위원실 진입은 논설실장의 반대로 불발되고 나는 다시 편집국으로 내려와 후배가 부장으로 있는 문화부 소속 여성전문위원으로 발령이 났다. 그러나 배당된 지면은 없이 부장으로 있는 후배에게 일일이 기획을 들이밀어 후배기자들의 지면을 경쟁해서 빼앗아와야 하는 고약한 입장이 되었다. 당시 문화부장이었던 B부장은 등단한 시인이기도 했지만 무엇보다도 고정희 시인과 함께 지리산에 갔다가 고 시인은 실족사하고 혼자서 살아온 바로 그 사람이기도 했다. 기획안을 써내는 족족 퇴짜를 놓는 그를 보며 "이 x한테 한국의 페미니스트 죽이는 귀신이 붙었나?" 하는 생각을 했던 기억이 있다.

그러자 이번에는 정치부장을 했던 L부국장(그도 후배다)이 자기가 내 담당이 됐다며 나를 만나자고 했다. 편집국에서 나에게 지면도 주지 않으면서 후배들 사이에 뺑뺑이를 돌리는 꼴이었다. 나는 문화일보의 '나병환자'가 된 기분이었다. 당시 나는 너무 괴로웠고 정말 힘들었다. 출근하면 산소 결핍증 환자처럼 숨 쉬는 것도 힘들고 버텨내는 것이 정말 고역이었다. 집에 와서도 밤에 잠을 이룰 수가 없었다. 눈을 감으면 그대로 관 속으로 들어가 버릴 것만 같아 뜬눈으로 새우기 일쑤였고 나중에는 환청까지 들렸다.

　결국 나는 건강의 위협을 느껴 사표를 쓰기로 했다. 당시 편집국장인 K국장은 부장 시절 내 사직서를 못 받아서 경위서(?)를 썼던 사람이었다. 그래서 나는 "당신이 내 사직서를 받을 운명인가 보다"고 말하며 쿨 하게(?) 사직서를 냈다. 그는 행복하게 웃으며 내 사직서를 받았다. 그렇게 언론인으로서의 나의 커리어는 나이 오십에 중단되었고 나는 병들었다. 결과적으로 노무현대통령한테 방송위원 임명받은 것을 꼬투리 잡혀 신문사를 떠나게 된 것이다. 지금 문화일보는 노조도 없어졌고 소위 조중동보다 더한 보수우익신문이 되었다. 그리고 난 지금도 가급적이면 그 건물 앞을 지나치지 않으려고 한다. 아직도 그 상처가 아프기 때문이다.

　사실 나는 1980년 해직기자 출신이다. 우리 세대라면 누구도 비껴갈 수 없었던 광주 5.18과 연루되어 직장(합동통신)에서 쫓겨났다. 1980

년 5월 당시 한국기자협회장으로 지명수배 중이던 직장 선배를 숨겨줬다 해직기자 대열에 서게 됐고 남영동 대공분실에 잡혀가 이근안에게 물고문도 당하고 짧지만 서대문 구치소 생활도 했다. 그 후 언론계 취업이 금지돼(블랙리스트가 그때도 있었다) 결혼하고 1982년 미국으로 갔다. 미국서 뉴욕에 있는 미주조선일보에 취업해 일하다가 현지 채용직 원들의 근무조건이 너무 열악해 노동조합을 만들었다가 1990년에 또 다시 해고됐다. 그러니까 타의에 의해 직장을 그만둔 게 문화일보가 처음이 아니다.

다섯살 어린 시절로 돌아가는 퇴행현상을 보였다

그러니 나를 발병에 이르게 한 것이 문화일보에서의 경험만은 아닐 것이다. 그런 외적인 이유 말고 보다 근본적이고 개인적인 이유가 있을 것이다. 난 어린 시절 엄마의 재혼으로 성이 다른 아버지 밑에서 자랐다. 그리고 나이 오십이 넘어 발병했을 때는 글자를 배우고 시계 보는 법을 배우던 다섯 살 어린 시절로 돌아가는 퇴행현상을 보였다. 처음 이름을 배울 때 나만 혼자 성이 다른 것을 알고 충격을 받았던 그 즈음으로 되돌아간 것이었다. 그래서 길거리에 있는 간판이나 상호에 있는 글자들을 모조리 찾아 읽으며 그 글자들과 나와의 상관관계를 찾는 증상을 보였다.

물론 지금은 호주제가 없어져서 양부의 성을 따를 수도 있지만 내

증상의 원인이 죽은 아버지, 즉 생부가 나에게 남긴 성에 있다는 깨달음은 정말 슬펐다. 그래서 무언가 내 머릿속을 엄습해 올 때마다 난 노트북을 열고 죽기 살기로 그것을 밝혀내려 글을 썼고, 당시의 경험은 이프에서 펴낸 내 시집 『외로워서』(나는 이 시집을 통해 유복녀로 태어난 것을 커밍아웃했다)에 모두 기록되어있다. 그렇다. 결국 나를 무너뜨린 것은 내가 태어나기도 전에 죽어버린 아버지에 대한 말할 수 없는 '분노'와 해결할 수 없는 '그리움'이었다. 죽은 아버지에 대한 '분노'와 '그리움'이라는 모순된 감정이 내 고통의 근원이었던 것이다.

결국 나를 페미니스트로 만든 것은 내 엄마였다. 더 구체적으로 얘기하자면 엄마의 재혼이었다. 어린 시절 엄마의 시어머니인 할머니는 틈만 나면 어린 나의 손을 잡고 "충신은 두 임금을 섬기지 않고 열녀는 두 낭군을 섬기지 않는다"는 시조를 읊어댔다. 돌이켜 생각해보니 내 페미니즘의 실체는 일제시대 태어나 6.25를 겪은 내 어머니 시대 시집살이의 망령에서 한 치도 벗어나지 못한 것이었다. 기가 막힌 노릇이었다. 나는 내 어머니를 위한 변명을 하기 위해 페미니즘을 한 것이다. 세상을 향해 온갖 소리를 해댔지만 그것은 곧 "스물여섯 살에 과부가 된 여자가 자식 데리고 재혼한 게 그렇게 큰 죄냐?"는 항의였던 것이다.

이제 와서 나는 나를 길러준 아버지에게 생전에 고맙다는 인사도 하지 못하고 사랑고백도 하지 못한 것이 후회스럽다. 나를 길러준 아버지는 내가 대학 1학년 때 돌아가셨다. 나는 재혼한 엄마를 죄인 취급하는 사회를 비난하는데 바빠서 엄마를 사랑하고 또 전남편의 자식인 나를 차별 않고 키워준 아버지에게 소홀하고 무심했던 것이 후회된다.

내가 미국 가서 일하고 아이를 키우는 어려운 여건에서도 여성학을 공부하고 페미니즘에 올인했던 이유는 그것이 여자들의 이야기였기 때문이었다. 남자들의 이야기로 넘쳐나는 세상에서 페미니즘은 내 얘기를 하게 해주고 또 여자들의 이야기를 들려주었다. 페미니즘 별거 아니다. 결국 사람 사는 얘기이고 그것을 특히 여자들의 입장에서 하는 얘기인 것이다.

석삼년의 비밀

어느 미친년의 넋두리

세 번째로 병원엘 갔어.
남편은 단양인가 통일원 세미나 갔고
난 딸을 불러서
옛날의 그 밤처럼
불을 켜놓은 채로
그 아이의 손을 잡아
내 가슴에 얹어놓고 잤어.
걔는 드르렁 드르렁
그 정도는 아니지만

어쨌든 코를 골고 잤고

난 꼬박 뜬눈으로 샜지.

생각이 꼬리에 꼬리를 물고 이어져서.

내가 그걸 통제할 수 없다고 판단하고

난 내 발로 걸어서

지난 4월 치료 종료한 케이스를

7개월 만에 다시 치료를 시작했어.

치료제 두 알, 부작용 방지약 한 알

합해서 세 알을 처방받아 먹고,

집에 와 잠을 잤지.

그리고 그 다음에 내가

어떻게 다시 병원에 입원해 있는지

잘 기억이 안나.

내일 지구에 종말이 와도

오늘 사과나무를 심겠다고 한 인간은 스피노자던가?

아 나는 병에 걸렸어.

위중해.

목숨이 경각에 달렸어.

네버 엔딩 스토리야.

아. 내 얘기는 언제나 끝이 날까?

그럼 나는...?

내가 세라자드야?

샤리아 왕이야?

설마 내가 아버지를 죽인 오이디푸스야?

에이, 넌 여자잖아, 그럴 수가 없잖아.

그럼 난 뭐야.

난 도대체 누구야?

너는 유숙열이라니까.

이름, 이름이 그 사람을 말해주는 거야.

그럼 유숙열의 고백?

맨 처음 고백이잖아.

그런데 그걸 난 죽은 다음에야 얘기했어.

팔이 떨려.

양손이 다 떨려.

팔인지 손인지 하여튼

부들부들 떨려.

아. 우리 집안이 교육자 집안이야.

할아버지는 교장선생님

아버지는 교감선생님

그런데 두 분이 다 돌아가셨으니까

엄마의 꿈은 학교를 세우는 거였어.

그런데 나는

미국 가서 여성학이라는 것을 공부해 갖고는

한국에 와서 페미니스트 소굴을 만들어

지식인의 성희롱을 다룬 잡지를 내지 않나,

안티미스코리아를 하질 않나.

'나는 제사가 싫다', '사위에게 주는 요리책'

이런 걸 내질 않나.

심지어 '버자이너 모놀로그'

그거 내가 번역했어.

'자기만의 방'까지는 괜찮아.

강연극이니까.

그런데 '보지의 독백'이 뭐냐? 남사스럽게.

그게 나야.

할 수 없지 뭐.

어쨌든 나는 지금 아퍼.

병이 들었어.

근데 난 이 얘기를 끝내야 살 수 있어.

내가 풀어야 하는 비밀은

석삼년의 비밀이야.

시집살이의 비밀이지.

아. 엄마는 83세에 교통사고로 돌아가셨어. 그리고 난 엄마의
죽음을 미리 보고 돌아버렸어. 한마디로 '미친년'이 된 거지.
아. 그때 죽은 사람이 엄마뿐만이 아니야. 내 남편도 죽었어.
내가 사랑하는 사람들이 한꺼번에 몽땅 다 죽어버린 거야. 그
러니 내가 어떻게 살겠어? 난 살 수가 없었어. 그래서 뱅글뱅

글 앉은 자리에서 돌면서 씨앗으로 변해 땅 속에 묻혔지.

그런데 그가 죽지 않고 살아서 내 눈 앞에 나타난 거야. 내 친구들과 함께. 그래서 내가 잘난 척을 좀 했지. 야, 니들이 인생을 알아? 인생은 해골바가지들과 여행을 하는 거야. 그렇게 폼잡고 말했더니 우리 남편은 내가 그때 멋있었대. 하하, 그러니까 나는 한 남자랑 두 번 결혼할 팔자였던 거야!

내 머리는 세 번이나 화재가 나고 폭발하고 터지고 그랬어. 뇌용량 초과야. 진실이 언제나 사실이나 현실에 있는 건 아냐. 허구fiction에도 진실은 있어. 근데 진실은 대면하기 힘들어. 누구나 겁내하지. 괴물 같으니까. 괴물, 그래 난 괴물이야.

시간여행 I

나는야 3시 12분

의사 선생님이
시계놀이를 하잔다.
선생님이
시계를 보여주며
몇 시냐고 묻는다.
바늘 하나는 3자에

또 다른 바늘은 12자에 있다.

난 "3시 12분"이라고 대답했단다.

솔직히 난 그렇게 대답한 기억이 없다.
의사 선생님이 사기 칠 이유도 없는데…

난 그냥 웃는다.
그건 그냥 시계놀이였을 뿐이라고.

나는야 3시 12분.

시간은 거꾸로 가지 않는다

'미친년'이란 시간여행을 하는 사람이야.
시간이 때로는 곤두박질을 치며
녹아내리기도 하고
정적에 휩싸여
침묵을 지키기도 하고

시간은 멈추지 않아.
늘 째깍째깍 움직이며
한결같이 흐르는 것이 시간이야.

시간은 거꾸로 갈 수 없어.

앞으로만 가는 게 시간이야.

근데 시간이 제 구실을 못할 때는 있어.

그럼 사람들이 미치지.

간단한 진실이야.

눈앞에 보이는 것을 믿을 수 없을 때

사람은 미치는 거거든.

그러니 절대로, 꿈에라도,

시계를 거꾸로 돌리지는 마!

병동의 꿈

온통 피바다 꿈을 꿨다.

나도 피투성이였다.

왜 그런지는 몰랐다.

너무 황당했다.

도대체 무슨 일이야?

이럴 리가 없는데

이건 꿈일 거야.

그런데 확성기 소리가

코드 블루 코드 블루

응급실 순환기 내과

또 다시 코드 블루 코드 블루

내과 혈액 수혈 20층

환자 위급 심 정지.

이 시간 누군가가 죽어가고 있다.

새벽 1시 40분.

근데 나는?

"자. 머리를 가라앉히고 생각을 해보자.

내가 어떻게 해야 살 수 있나를 강구해 보자."

라고 생각했다.

그 피바다 속에서, 꿈속에서 하하!

야호! 이젠 확실히 살았어.

이젠 꿈속에서도 살 궁리를 하잖아!

시간여행 II

동명왕릉의 봉황새!

그런데 우리 엄마가 웃겨.

평양에 갔었어.

내가 평양 가서

폴리티컬 스모킹을 좀 했거든.

눈에 보이는 여자마다 한복입고 나붓나붓

옛날 옛적 고려 적 같은 생각이 들어서
'문화적 충격' 뭐 이런 걸
좀 주려고 일부러 더 폈지.
수백 명의 남북방송인들이 모여 앉은
만찬장 헤드테이블에서
그러니까 사람들이 수군수군
"남쪽에서는 여성들도 저렇게 담배 핍네까?"

다음날 아침
동명왕릉에 갔는데
난 또 담배를 폈지.
모두가 차에 타고 나만 홀로 남았어.
그런데 갑자기 만찬장에서
내 옆에 앉아 있던 남자가 나타나
"동명왕릉에 봉황새가 날아온 것 같습니다"
라고 말하는 거야.
아니 그 남자가 간덩이가 부어도 이만저만이지.
남쪽에서 온 여자한테
그게 워쩌자는 수작이여?
연애대장 유지나는
"언니, 그럴 땐 대동강에 봄바람이 불어왔다든가
아니면 뭐 머시기 머시기 어쨌든 같이 뻐꾹새를 날려야지!"

서울에 돌아와서

엄마한테 전화 걸었어.

"엄마 봉황새가 무슨 새야?"

"좋은 새지, 왜?"

"어떤 남자가 나한테 '동명왕릉에 봉황새가 날아온 것 같다'
고 말했어."

"그 남자 몇 살인데?"

내가 그걸 어떻게 알아? 이북에 있는 남잔데.

아니 우리 엄마 정말 웃기지 않니?

그 남자 나이는 알아서 뭐하게?

그럼 나 싸이처럼 새 된 겨? 봉황새?

멍충아, 그건

존재하지 않는 새야

이 세상에 없는 새라구!

그럼 나 없는 사람이야?

아하, 석삼년의 비밀은

없는 사람처럼 살라는 얘기였구나!

눈 없는 사람처럼 3년,

귀 없는 사람처럼 3년,

입 없는 사람처럼 3년

석삼년을 없는 사람처럼!

그렇게 눈 막고, 귀 막고, 입 막고

각각 3년씩 9년을 살면

한국여자들 어떻게 되는 거야?

'완전 병신' 되는 거지.

그런 걸 시집귀신이라고 불러.

그럼 어떡해야 해?

우리 대명천지에

그렇게는 못살지.

여자들이 살아남으려면

고양이처럼

9개의 목숨을 가져야 해.

영어로 나인 라이브스 9 Lives!

석삼년을 통과할 수 있는

9개의 목숨을 갖고

구사일생 九死一生 으로

살아남는 거지.

그리고 새를 고르는 거야.

봉황새처럼

이 세상에 없는 새.

그런 새 우리 싫어해.

우린 새 중에도 공작새를 젤로 좋아해!

특히 그 춤, 여자를 꼬이려는 공작 춤!

그러니까 남자들이 공작 춤을 추게 만들고

그리고 남자들을 장가보내는 거지.

아, 시집 말고 장가!

그럼 게임 끝!

P.S 그리고 Sea World가서

신나게 물놀이 하는 거야!

음… 말장난 좀 했어. 머리 식히려고.

대한민국 페미니스트의 고백

1판 1쇄 발행 2017년 7월 17일
1판 2쇄 발행 2017년 9월 20일

지은이 김서영 안현진 이세아 홍승희 하예나 최나로 국지혜 홍승은 달리 조남주 파랑 정박미경 변경미 조박선영 박지아 김영란
전현경 이진옥 박미라 권혁란 제미란 김미경 황오금희 유지현 고은광순 유숙열
펴낸이 유숙열
책임편집 조박선영
디자인 데시그
마케팅 김영란

펴낸곳 이프북스
출판등록 2017년 4월 25일 제2017-000108
주소 서울 마포구 독막로 18길 5
전화 02-387-3432 **팩스** 02-3157-1508
이메일 ifbooks@naver.com **홈페이지** www.onlineif.com

ISBN 979-11-961355-0-8 23330

*이 책은 페미니스트저널 이프의 전 편집위원 김신명숙, 전 광고디렉터 박혜숙, 정유미 그리고 윤숙경, 전 아트디렉터 허은철 등
총 13인의 지원으로 제작되었습니다.
*이프북스 로고는 남윤정 님의 재능기부로 디자인되었습니다.